Ludovico ARIOSTS RASENDER ROLAND,
nacherzählt von ITALO CALVINO

DIE ANDERE BIBLIOTHEK
Herausgegeben von Hans Magnus Enzensberger

Ludovico ARIOSTS RASENDER ROLAND,
nacherzählt von ITALO *Calvino*

Mit ausgewählten Passagen des Originals
in der Verdeutschung von Johann Diederich GRIES

Aus dem Italienischen übersetzt, eingerichtet
und kommentiert von Burkhart KROEBER

Mit 63 Zeichnungen von Johannes
Grützke

EICHBORN Verlag
Frankfurt am Main 2004

ISBN 3-8218-4545-7
Copyright © 1995 by Palomar S.r.l.
e Arnoldo Mondadori Editore S.p.A., Milano
Copyright © für die deutsche Ausgabe:
Eichborn AG, Frankfurt am Main 2004

Ludovico Ariosts
Rasender Roland

PRÄSENTATION

1. *Rotholandus, Roland, Orlando*

In jedem Atlas zur Geschichte des Mittelalters gibt es eine Karte, auf der, gewöhnlich in violetter Farbe, die Eroberungen des Frankenkönigs und späteren Kaisers Karl angeführt sind. Eine mächtige lila Wolke legt sich quer über Westeuropa, erstreckt sich im Osten bis über Elbe und Donau, bleibt aber im Südwesten an der Grenze des noch sarazenischen Spanien stehen. Nur am untersten Rand lappt die Wolke über die Pyrenäen und bedeckt Katalonien: die Spanische Mark, das einzige Stück, das Karl der Große in den letzten Jahren seines Lebens dem Emir von Cordoba hatte entreißen können. Unter all den Kriegen, die Karl geführt und gewonnen hat, gegen Bayern, Friesen, Slawen, Awaren, Bretonen, Langobarden und andere, nehmen diejenigen gegen die Araber einen relativ kleinen Raum in der Geschichte des Frankenkaisers ein; in der Literatur dagegen haben sie sich immer riesenhafter vergrößert, bis sie das ganze Erdenrund überzogen und die Buchseiten ganzer Bibliotheken füllten. In der Phantasie der Dichter – und davor noch der Völker – ordnen sich die Fakten in einer anderen Perspektive als derjenigen der Geschichte: in der Perspektive des Mythos.

Um den Ursprung dieser außerordentlichen Mythenproduktion zu benennen, verweist man gewöhnlich auf eine dunkle, unglückliche Episode: Im Jahre 778 unternahm Karl der Große einen Feldzug nach Saragossa, mußte sich aber schnell wieder über die Pyrenäen zurückziehen. Während dieses Rückzugs wurde die Nachhut des fränkischen Heeres bei Ronceval (dem heutigen Roncesvalles, frz. Roncevaux) von baskischen Bergbewohnern angegriffen und vernichtet. Die offiziellen karolingischen Chroniken verzeichnen unter den Namen der getöteten fränkischen Würdenträger den eines gewissen Hruodlandus.

Soweit die Geschichte, doch die Wahrheit der Fakten hat wenig mit dem Epos zu tun. Das *Chanson de Roland* wurde gut dreihundert Jahre nach der Schlacht von Ronceval geschrieben. Wir befinden uns etwa im Jahr 1100, zur Zeit des Ersten Kreuzzugs – dies ist die passendste historische Bezugnahme. Europa ist durchdrungen vom Geist des heiligen Krieges, der christliche und muslimische Welt einander gegenüberstellt. In diesem Klima entsteht in Frankreich ein episches Gedicht unbekannter Autorschaft (der Name Turold erscheint erst im letzten Vers) in schlichten, bewegenden und feierlichen Strophen: *La Chanson de Roland.* Karl der Große hat – so die Fabel – fast ganz Spanien erobert, nur nicht Saragossa, das noch in sarazenischer Hand ist. Dessen König Marsilios bietet ihm Frieden und Bekehrung zum Christentum an, wenn das fränkische Heer dafür aus Spanien abzieht. Der tapfere Roland will den Kampf fortsetzen, aber Karl, der schon 200 Jahre alt und kriegsmüde ist, folgt dem gegenteiligen Rat seines Schwiegersohns Ganelon (Guenes oder Gano von Mainz), der jedoch Verrat begeht und mit Marsilios vereinbart, daß die Sarazenen mit überlegenen Kräften die von Roland geführte fränkische Nachhut im Tal von Ronceval überfallen. Der Paladin vollbringt wahre Wunder mit seinem Schwert Durendal, dem Geschenk eines Engels, doch seine Krieger fallen rings um ihn her einer nach dem anderen. Erst als er tödlich verletzt ist, stößt Roland in sein Zauberhorn Olifant, um König Karl zu Hilfe zu rufen.

Man weiß nicht, ob Turold nicht bloß eine schon vorhandene Tradition poetisch aufgefrischt hat, das heißt, ob die Sage von Ronceval bereits zum Repertoire der sogenannten Vaganten- oder Spielmannsdichtung gehörte, mit dem fahrende Sänger von Hof zu Hof zogen, ein mündliches Repertoire, das an einem bestimmten Punkt schriftlich fixiert wurde, sei's in gereimten Epen *(chansons de geste,* it. *cantari di gesta)* oder in Prosaerzählungen, aus denen die Verseschmiede dann ihre Motive bezogen. Zu letzteren gehört die dem Reimser Erzbischof Turpin zugeschriebene lateinische Chronik *Historia Karoli Magni et Rotholandi,* die als direktes Zeugnis eines Zeitgenossen galt und von späteren Ependichtern und Romanautoren immer als zuverlässige Quelle angeführt wurde, obwohl sie in Wirklichkeit ebenfalls erst zur Zeit der Kreuzzüge abgefaßt worden war.

Was wir mit Sicherheit sagen können, ist, daß sich ausgehend vom *Chanson de Roland* eine lange Tradition gebildet hat und daß die Heldentaten der Paladine Karls des Großen, seit sie von Turolds strengem Kriegerepos zur Literatur der höfischen Romane und Aventiuren übergegangen waren, sehr populär wurden, in Spanien und Italien mehr noch als in Frankreich. Aus Roland wurde südlich der Pyrenäen Don Roldán und südlich der Alpen Orlando. Die Verbreitungszentren der *chansons de geste* reihten sich längs der Pilgerrouten: am Jakobsweg nach Santiago de Compostela, der durch Ronceval führte, wo man ein angebliches Grab von Roland-Roldán-Orlando besichtigen konnte, und an der Straße nach Rom, die Karl der Große während seines Krieges gegen die Langobarden und zu seinen Besuchen beim Papst benutzt hatte. In den Pilgerherbergen priesen die fahrenden Sänger die Heldentaten der Paladine vor einem Publikum, das die Personen wie Familienmitglieder wiedererkannte.

In Italien waren diese fahrenden Sänger nicht nur diejenigen, die aus Frankreich kamen; es gab auch venezianische *giullari* (Gaukler, Spielleute), wie sie auf italienisch genannt wurden, die sich die französischen Verse der Ritterepen in eine den Dialekten der Poebene näherstehende Sprache übersetzten. So entstand im dreizehnten und vierzehnten Jahrhundert eine »frankovenezianische« Literatur, die das französische Epen-Repertoire übernahm und mit neuen Taten bereicherte. Bald folgten auch Übersetzungen ins Toskanische: An die Stelle der monotonen einreimigen Laissen setzten die Toskaner eine narrative Strophe mit weitausgreifendem und bewegtem Rhythmus: die Stanze.

Von Roland berichtet die französische Tradition nur das letzte Gefecht und den Tod. Sein ganzes übriges Leben, Geburt, Herkunft, Kindheit, Jugend, Abenteuer vor Ronceval, findet er unter dem Namen Orlando in Italien. Dort wird festgelegt, daß sein Vater ein Fähnrich Karls des Großen namens Milon von Clermont (Milone da Chiaromonte) war und seine Mutter eine Schwester des Königs namens Berta. Nachdem Milon das Mädchen verführt hat und den Zorn seines königlichen Schwagers fürchten muß, raubt er sie und flieht mit ihr nach Italien. Manchen Quellen zufolge ist Orlando in Imola in der Romagna geboren, anderen zufolge in Sutri im Latium; daß er Italiener ist, wird nirgendwo bezweifelt. Überdies werden ihm die Titel eines Gonfaloniere di Santa Chiesa (Bannerträger der Kirche) und eines Senators von Rom zugeschrieben.

Mit alledem ist er jedoch noch keine »Person« im modernen Sinne des Wortes geworden. Eine sparsam typisierte Figur bei Turold und beim Pseudo-Turpin (der ihn sogar zu einem Keuschheitsfanatiker macht: er hat sich nie einer Frau genähert, nicht einmal seiner Ehefrau), bleibt er eine solche auch in den italienischen Fassungen – mit einer melancholischen Note und einem unschönen körperlichen Merkmal: Er schielt.

Als Rivale Orlandos, der mit zuviel hoher Verantwortung beladen ist, tritt sein Vetter Rinaldo von Chiaromonte hervor (der Renaud eines französischen *chanson de geste*), ein abenteuerlustiger Paladin und rebellischer Geist, der sogar gegen Karl den Großen aufbegehrt. In den populären italienischen *cantari* wird er bald zum Lieblingshelden. Im Aufstieg Rinaldos zum Protagonisten und in der gleichzeitigen Erniedrigung Karls des Großen zur fast komischen Figur eines leicht vertrottelten Alten sehen die Historiker einen Reflex des Autonomiestrebens der feudalen Vasallen oder der guelfischen Kommunen gegenüber der kaiserlichen Autorität, und sicher ist, daß beide Charakterisierungen in erster Linie dazu dienen, der Erzählung Schwung zu geben.

In der Feindschaft der tapferen und loyalen Chiaromontesi gegen die perfide Sippe der Maganzesi (Mainzer) schildern die italienischen Epen die Vorgeschichte von Ganelons Verrat in Ronceval. Dieses Hauptthema wird vor dem Hintergrund der mythischen Eroberung Spaniens durch Karl den Großen entfaltet, ein Anachronismus, der durch einen symmetrischen zweiten Anachronismus aufgewogen wird: Die sarazenischen Heere dringen viel tiefer nach Frankreich ein als zur Zeit von Karl Martell, nämlich bis vor die Mauern von Paris, das sie lange belagern. Neben all diesen Motiven lassen die italienischen

Epen auch noch Raum für die Kriege zwischen Franken und Langobarden sowie für märchenhafte Abenteuer der Paladine im Orient und ihre Liebesgeschichten mit mohammedanischen Prinzessinnen.

Die Zeit, in der sich die Taten dieser Heldenlieder abspielen, ist also ein Konzentrat aller Zeiten und Kriege, vor allem derer des Zusammenstoßes zwischen Islam und christlichem Abendland von Karl Martell bis zu Ludwig dem Heiligen. Und genau als die Kreuzzüge mit ihrem propagandistischen Druck und ihrem militärischen Gewicht nicht mehr Tagesaktualität waren, wurden Zweikämpfe und Schlachten zwischen christlichen Rittern und Ungläubigen bloßer Erzählstoff, Symbol für jeden Streit, jede Großmut, jedes Abenteuer, und die Belagerung von Paris durch die Mauren ein Mythos wie der des Trojanischen Krieges.

Im gleichen Maße, wie an den Höfen und in den Städten ein lesekundiges Publikum heranwuchs, das nicht mehr nur aus Gelehrten und Geistlichen bestand, verbreiteten sich – neben den Versepen, die zum mündlichen Vortrag oder Vorsingen gedichtet wurden – auch kurze Romane in französischer und dann in toskanischer Sprache. Diese in Prosa geschriebenen Romane berichteten nicht nur die Ereignisse des karolingischen Zyklus; es gab auch den »bretonischen Zyklus«, der von König Artus und seiner Tafelrunde handelte, von der Suche nach dem heiligen Gral, den Hexereien des Zauberers Merlin, den Lieben Isoldes und Genovefas. Diese keltische Sagenwelt voller Zauber- und Liebesgeschichten wurde in Frankreich sehr populär (und gelangte von dort nach England), so daß sie den eher strengen karolingischen Zyklus verdrängte. In Italien dagegen wurde sie vor allem an den Adelshöfen und von den Damen goutiert; das einfache Volk blieb Orlando, Rinaldo und Ganelon treu. Die Zweikämpfe zwischen Paladinen und Mauren waren auf der Apenninenhalbinsel in jenes extrem konservative Kulturdepot eingegangen, das wir Folklore nennen.

In Süditalien hat sich ihre Popularität bis in unsere Tage gehalten: bei den neapolitanischen Bänkelsängern (zumindest bis ins vorige Jahrhundert), im sizilianischen Puppentheater (das noch heute lebendig ist) und bei den Malereien auf den Seiten der sizilianischen Karren. Das Repertoire des *Teatro dei Pupi,* das aus den mittelalterlichen Ritterepen, den Poemen des Cinquecento und barocken Kompilationen schöpfte, besteht aus zyklischen Geschichten, die in Fortsetzungen dargeboten wurden und sich über viele Monate hinzogen, manchmal bis zu einem Jahr und mehr.

Und als mit der Einführung der allgemeinen Schulpflicht in Italien auch auf dem traditionell wenig lesefreudigen Land ein paar Bücher zu zirkulieren begannen, war das am meisten gelesene eine mehrfach modernisierte und zurechtgestutzte Chronik, die zu Beginn des 15. Jahrhunderts abgefaßt worden war, *I Reali di Francia* (Die fränkischen Royals), eine Prosa-Nacherzählung der Geschichten des karolingischen Zyklus, verfaßt von einem toskanischen Bänkelsänger namens Andrea da Barberino.

2. *Wie sich Roland verliebt*

Zwischen den Intellektuellen und den populären Kunsterzeugnissen hat es schon immer (und erst recht im zwanzigsten Jahrhundert mit den modernen Formen der

»Massenkultur«, vor allem des Kinos) ein wechselvolles Verhältnis gegeben: erst Ablehnung oder süffisante Überheblichkeit, dann ironisches Interesse, dann Entdeckung von Werten, die man anderswo vergeblich sucht. Am Ende macht sich der gebildete Leser wie der hochkultivierte Dichter zu eigen, was naive Unterhaltung war, und formt es um.

So war es auch bei der Ritter- und Abenteuerliteratur der Renaissance. In der zweiten Hälfte des 15. Jahrhunderts stieg die Popularität der Geschichten von Orlando und Rinaldo fast gleichzeitig an den beiden kultiviertesten Höfen Italiens, dem der Medici in Florenz und dem der Este in Ferrara, aus den Niederungen der Straßen und Plätze zu den Höhen der gebildeten Kreise auf. In Florenz war es ein noch etwas biederer Dichter, Luigi Pulci (1432–84), der – offenbar auf Bestellung der Mutter von Lorenzo Magnifico – bekannte Abenteuer parodistisch-karikierend in Reime setzte. So nannte er sein Poem auch nicht nach den im Vordergrund stehenden heroischen Paladinen, sondern nach einer der grotesken Figuren in ihrem Umfeld, dem Riesen *Morgante,* den Orlando bezwungen und zu seinem Schildknappen gemacht hat.

In Ferrara war es ein Edelmann am Hofe der Este, Matteo Maria Boiardo, Conte di Scandiano (1441–94), der sich dem Ritterepos gleichfalls distanziert näherte, aber durchzogen von der melancholischen Nostalgie dessen, der enttäuscht über seine Zeit die Phantasmen der Vergangenheit wiederzubeleben sucht. Am Hof von Ferrara wurden die Romane des bretonischen Zyklus viel gelesen, in denen es nur so wimmelt von Zaubereien, Drachen, Feen, einsamen Prüfungen schweifender Ritter und dergleichen; die Vermengung dieser märchenhaften

Geschehnisse mit den karolingischen Sagen hatte bereits in einigen französischen *chansons de geste* und in vielen italienischen *cantari* begonnen, bei Boiardo trafen nun die beiden Stränge erstmals auf die humanistische Kultur mit ihrem Bestreben, wieder an die Klassiker der heidnischen Antike jenseits des Mittelalters anzuknüpfen. Die technischen Mittel des Dichters waren allerdings noch primitiv, die großzügige Vitalität, die seine Verse ausströmen, kommt weitgehend aus ihrem herben Ton. Das Epos vom »verliebten Roland«, *Orlando innamorato,* das beim Tod des Autors noch unvollendet war, ist ein Gedicht in grob gezimmerten Versen, geschrieben in einem unsicheren Italienisch, das ständig in den Dialekt übergeht. Sein Glück war zugleich sein Unglück: die Liebe, die andere Dichter ihm entgegenbrachten, war so befrachtet mit der Aufforderung, ihm zu Hilfe zu kommen wie einem Geschöpf, das nicht aus eigener Kraft zu leben vermag, daß sie ihn schließlich verdunkelte und vom Markt verdrängte: Im 16. Jahrhundert, als sich der Primat des Toskanischen in der literarischen Sprache durchgesetzt hatte, schrieb Francesco Berni den ganzen *Orlando innamorato* in »guter« Sprache neu, und drei Jahrhunderte lang wurde das Werk nur in dieser Bearbeitung gedruckt, bis man im 19. Jahrhundert den authentischen Text wiederentdeckte, dessen Wert für uns gerade in dem liegt, was die Puristen wegzensiert hatten: in seinem Charakter als Monument eines *anderen* Italienisch, das aus den Dialekten der Poebene entstanden war.

Doch vor allem wurde der *Innamorato* durch den *Furioso* verdunkelt, also durch die Fortsetzung, die Ludovico Ariosto zehn Jahre nach Boiardos Tod zu schreiben begann, eine Fortsetzung, die sogleich etwas ganz anderes war – aus der rauhen Schale des Quattrocento bricht das Cinquecento explosionsartig wie eine üppige Vegetation voller Blüten und Früchte hervor.

Boiardos Unglück im Glück dauert an: Auch wir sprechen hier von seinem *Innamorato* nur als einem »Vorläufer« des *Furioso,* um ihn rasch abzufertigen wie in einer »Zusammenfassung der vorangegangenen Folgen«. Wir wissen, daß wir damit etwas Falsches und Ungerechtes tun, denn die beiden Werke sind zwei eigenständige Welten, aber es läßt sich hier leider nicht vermeiden.

Zu den wenigen psychologischen Zügen des überlieferten Roland-Orlando gehörte, wie schon gesagt, daß er keusch und unerreichbar für Liebesverführungen war. Boiardos »Neuheit« bestand darin, einen *verliebten Roland* zu präsentieren. Um den christlichen Kaiser Karl seiner besten Paladine zu berauben, vor allem der beiden Vettern Orlando und Rinaldo, hat Galafron, der Kaiser von Cathay (China), seine beiden Kinder nach Paris geschickt: die bildschöne Angelica, die sich auf Hexenkünste versteht, und den Recken Argalías, der eine unfehlbare Zauberlanze und einen gegen jede Klinge gefeiten Helm besitzt. Als würde das noch nicht genügen, hat er auch einen Ring, der ihn unsichtbar macht.

Argalías fordert die Ritter zu einem Zweikampf heraus: Wer es schafft, ihn aus dem Sattel zu werfen, soll seine Schwester bekommen, und wer von ihm aus dem Sattel geworfen wird, soll sein Sklave werden. Kaum haben sie Angelica erblickt, sind alle anwesenden Ritter, Christen wie Ungläubige (es herrscht die österliche Waffenruhe, und alle sind zu einem Turnier gekommen), in Liebe zu ihr entbrannt, sogar König Karl verliert den Kopf. Nach einer Reihe gewonnener Zweikämpfe wird Argalías von dem Sarazenen Ferragu getötet, doch nun greift Orlando ein, um dem Sieger die schöne Beute streitig zu machen. Angelica nutzt die Gelegenheit, um zu fliehen, indem sie sich unsichtbar macht, vergeblich verfolgt von Rinaldo (hier Rainaldo oder Ranaldo). Während der Flucht trinkt die durstige Angelica aus einer magischen Quelle: Es ist die Quelle der Liebe, die Schöne verliebt sich in Rinaldo. Auch Rinaldo trinkt aus einer magischen Quelle, aber es ist die Quelle des Hasses: Aus dem Verliebten, der er war, verwandelt er sich in einen Verächter Angelicas und flieht sie. Angelica, die nicht mehr ohne Rinaldo leben kann, läßt ihn auf einem verzauberten Boot entführen, aber er will nichts von ihr wissen, und nach einer abenteuerlichen Reise von Insel zu Insel gelingt es ihm, ihr zu entkommen. Nach Cathay zurückgekehrt, wo sie sich in der Festung Albracca verschanzt, wird Angelica von dem Tatarenkönig Agrican und dem Tscherkessenkönig Sacripant belagert, die sich ebenfalls unglücklich in sie verliebt haben. Ersterer behält die Oberhand, aber zur Verteidigung Angelicas taucht Orlando auf, der noch immer in sie verliebt ist und diverse andere Zaubereien überstanden hat. Er kämpft einen Tag und eine Nacht lang mit Agrican und tötet ihn schließlich. Dieser Zweikampf (Erstes Buch, 18.–19. Gesang) ist zu Recht die meistbewunderte Episode des Poems: In später Nacht, als die beiden Recken müde vom Kämpfen sind, legen sie sich ins Gras und betrachten die Sterne. Orlando spricht mit Agrican über Gott, und der Tatarenkönig bedauert, nie etwas von ihm gewußt zu haben. Am Morgen nehmen sie ihren Zweikampf wieder auf, und als Agrican tödlich verwundet wird, bittet er seinen Gegner um die Taufe.

Die Schlachten und Zweikämpfe um Albracca zu erzählen ist schwierig, weil immer neue Heere und neue

Vorkämpfer hinzukommen, darunter Galafron, Angelicas Vater, der seinen getöteten Sohn rächen will, und Marfisa, die Königin Indiens, die niemals ihre Waffen ablegt, und alle führen gleichzeitig eigene Sonderkriege mit häufigem Tausch der Feinde und der Verbündeten. Auch Rinaldo erscheint, getrieben vom Haß auf Angelica, um seinen Vetter Orlando daran zu hindern, sich in seiner hoffnungslosen Leidenschaft zu verlieren. Angelica läßt sich von Orlando verteidigen (der freilich, als der vollkommene Ritter, der er ist, sich hütet, sie zu berühren), aber sie denkt nur daran, Rinaldos Leben vor der (unbegründeten) Eifersucht Orlandos zu retten. Zahllose Nebengeschichten von Feen und Riesen und Verzauberungen verzweigen sich aus den Hauptsträngen – so gelingt es zum Beispiel Angelica, Orlando vom Streit mit Rinaldo abzubringen, indem sie ihn mit der schwierigen Aufgabe betraut, einen verzauberten Garten zu entzaubern.

Während die Paladine durch den Orient streifen, wird Frankreich von immer neuen Invasionen bedroht. Zuerst von Gradasso, dem König von Sericana, dem es gelingt, sogar König Karl gefangenzunehmen, und der dann von Astolfo besiegt wird, als dieser, ohne es zu bemerken, in den Besitz der unfehlbaren Lanze des verstorbenen Argalías gelangt ist. Dann von Agramante, dem König von Afrika, auf dessen Geheiß König Rodomonte (hier Rodamonte) in die Provence übersetzt und König Marsilio (angestachelt von dem perfiden Ganelon/Gano) die Pyrenäen überquert. Rinaldo eilt dem bedrohten Karl zu Hilfe, und Angelica folgt ihm, ihrerseits verfolgt von Orlando. Sie kommen an den zwei magischen Quellen vorbei, und diesmal trinkt Angelica aus der des Hasses und Rinaldo aus der der Liebe. Orlando und Rinaldo sind erneut Rivalen; in einem für die christlichen Heere so ernsten Moment denken die beiden Vettern nur an ihren Streit.

Da bietet sich König Karl als Schiedsrichter an: Angelica soll in die Obhut des greisen Herzogs Naims von Bayern gegeben und demjenigen der beiden Recken zugesprochen werden, der sich im Kampf gegen die Ungläubigen am besten bewährt. Bei Montalban nördlich der Pyrenäen kommt es zur entscheidenden Schlacht: entscheidend vor allem deshalb, weil – obwohl Boiardos Poem noch einige Gesänge weitergeht, um die Belagerung von Paris zu erzählen – es diese Schlacht ist, bei der Ariost sein Poem einsetzen läßt, indem er die Fäden der diversen Handlungsstränge aufnimmt. Aber entscheidend auch, weil es diese Schlacht ist, in der Ruggiero, ein sarazenischer Ritter, der seinen Stammbaum auf Hektor von Troja zurückführt, der christlichen Kriegerin Bradamante begegnet (hier Bradiamonte oder Brandiamante), der Schwester Rinaldos, wodurch die beiden schlagartig von Feinden zu Verliebten werden.

Die Episode ist deshalb so wichtig, weil es Boiardos Absicht war (offenbar auf ausdrücklichen Wunsch des Herzogs Ercole I. von Ferrara), die Legende zu beglaubigen, nach welcher das Haus Este sich auf die Vermählung des Ruggiero von Risa (Reggio di Calabria) mit Bradamante von Chiaromonte zurückführte. Damals war eine Genealogie, mochte sie auch imaginär sein, von großer Bedeutung: Gegner des Hauses Este hatten das Gerücht verbreitet, die Herren von Ferrara stammten von dem Verräter Ganelon ab; dem galt es zu widersprechen. Boiardo hatte das genealogische Motiv allerdings erst ziemlich spät in sein Gedicht eingeführt und nicht mehr die Zeit gehabt, es zu entfalten; so kam es Ariost zu, diese Aufgabe zu vollenden. Unterdessen waren jedoch auf Ercole I., dem offenbar viel an der Sache gelegen war, seine Söhne Alfonso I. und Kardinal Ippolito gefolgt, die von solchen Phantastereien wenig hielten. Im übrigen war Ariost gewiß nicht der Typ des schmeichlerischen Höflings. Dennoch hielt er sich treu an die Aufgabe, die er gern erfüllte, denn er hatte eigene Gründe: Zum einen handelte es sich bei dem Thema um ein erzählerisches Motiv erster Ordnung – zwei Verliebte, die loyale Kämpfer zweier feindlicher Heere sind und deshalb den ihnen vom Schicksal bestimmten Ehebund niemals verwirklichen können –, zum anderen erlaubte es ihm, die mythische Zeit der Ritter mit dem aktuellen Geschehen zu verknüpfen, also die Gegenwart von Ferrara und Italien ins Spiel zu bringen.

3. *Der weise Ludovico und der verrückte Orlando*

Länger als ein Jahrhundert war Ferrara die Hauptstadt der epischen Dichtung. Die drei größten Versepen der Renaissance – der *Orlando innamorato,* der *Orlando furioso* und Torquato Tassos *Gerusalemme liberata* – sind am Hof der Este entstanden.

Warum war dieser Teil der Poebene so fruchtbar an Stanzen voller Waffengeklirr und Pferdegetrappel? Bei so unwägbarer Materie wird kein Erklärungsversuch jemals erschöpfend sein, aber einige Gegebenheiten kann man gleichwohl benennen: Die ferraresische Gesellschaft war eine reiche, dem Luxus zugetane, genießerische Gesellschaft; sie war eine gebildete Gesellschaft, die ihre Universität zu einem wichtigen Zentrum humanistischer Studien gemacht hatte, und sie war vor allem eine militärische Gesellschaft, die sich einen eigenen Staat geschaffen und verteidigt hatte, zwischen Venedig und dem Kirchenstaat und dem Herzogtum Mailand, ein beachtliches Territorium im Herzen jenes Schlachtfeldes ewiger europäischer Kriege, das die Poebene damals war, und infolgedessen Prozeßpartei in allen Streitigkeiten zwischen Frankreich und Spanien um die Vorherrschaft auf dem Kontinent. Doch in der Epoche Franz' I. und Karls V. ist es der neue Typus des großen Zentralstaates, der sich herausbildet, während das italienische Ideal des Stadtfürstentums an Bedeutung verliert. Der *Orlando furioso* entsteht in einem Ferrara, in dem zwar der Kriegerruhm noch das Fundament aller Werte bildet, das sich aber inzwischen bewußt ist, nur eine Randfigur in einem sehr viel größeren diplomatischen und militärischen Spiel zu sein. Das Epos verdoppelt sich ständig auf zwei zeitlichen Ebenen: auf der des Rittermärchens und auf der der politisch-militärischen Gegenwart, ein Strom vitaler Impulse überträgt sich aus der Zeit der Paladine (wobei der episch-historische Hintergrund des Karolingischen immer mehr vom Phantastisch-Arabesken überwuchert wird) auf die italienischen Kriege des Cinquecento (wobei die Apologie der Unternehmungen des Hauses Este immer mehr von bitteren Tönen über die Leiden des heimgesuchten Italien überlagert wird).

Wer ist dieser Ludovico Ariosto, der an die ritterlichen Heldentaten nicht mehr glaubt und dennoch all seine Kräfte, seine Leidenschaften und seinen Perfektionswillen daransetzt, Kämpfe zwischen Paladinen und Mauren in einem mit minutiöser Sorgfalt ausgearbeiteten Versepos darzustellen? Wer ist dieser Dichter, der daran leidet, wie die Welt ist und nicht ist und sein könnte, und der sie dennoch als ein buntes und vielgestaltiges

Schauspiel darstellt, dem man mit ironischer Weisheit zuschauen kann?

Als Sohn eines hohen Beamten des Herzogs von Ferrara und einer Edelfrau aus Reggio Emilia wurde Ludovico Ariosto 1474 in Reggio geboren, studierte in Ferrara und trat mit dreißig Jahren als Sekretär in den Dienst des Kardinals Ippolito d'Este, des Bruders von Alfonso I. Im Auftrag des Kardinals unternahm er zahlreiche Reisen in die benachbarten Hauptstädte, nach Mantua, Modena, Mailand, Florenz, und war auch mehrmals in Rom, um über Fragen des schwierigen Verhältnisses zwischen Ferrara und dem Papst (erst Julius II., dann Leo X.) zu verhandeln.

Ein Leben also nicht als Höfling, sondern als Staatsbeamter, dem verantwortliche und vertrauliche diplomatische Aufgaben anvertraut wurden, bei denen er manchmal auch Gefahren und Abenteuer zu gewärtigen hatte (in der Zeit, als Papst Julius II. mit dem Haus Este verfeindet war). Bewegte und schwierige Jahre, denen Ariost gleichwohl die Zeit und die nötige Konzentration abzutrotzen verstand, um den *Orlando furioso* zu schreiben, dazu Gedichte, Komödien und sieben *Satiren,* die uns das beste Bild seines Charakters geben und von den Enttäuschungen und kargen Genugtuungen seines Lebens erzählen.

1518, als Kardinal Ippolito zum Bischof von Budapest ernannt wurde, weigerte sich Ariost, ihm zu folgen, und trat statt dessen in den Dienst des Herzogs Alfonso über. Es war ein noch härterer Dienst, denn er umfaßte auch einen dreijährigen Aufenthalt in der Garfagnana Estense, einem noch heute recht wilden Teil des Apennin, wo er das Amt des Gouverneurs versah, das heißt mit einer eher formalen als effektiven Autorität dem Gesetz

Respekt verschaffen sollte in einer brutalen Welt voller feudalherrlicher Übergriffe, wie sie in den waldigen Bergtälern damals üblich waren. Nur von 1525 bis 1533, seinem Todesjahr, gelang es ihm, ein etwas geruhsameres Leben zu führen, nun wieder zurückgekehrt nach Ferrara, wo er das Amt eines Superintendenten der Hofschauspiele versah.

Sein wahres Leben war dreißig Jahre lang der *Furioso* gewesen. Gegen 1504 hatte er ihn zu schreiben begonnen, und man kann sagen, daß er immerfort an ihm weitergearbeitet hat, denn ein Werk wie dieses kann nie als abgeschlossen gelten. Nachdem er es 1516 in einer ersten Fassung in vierzig Gesängen publiziert hatte, versuchte er ihm eine Fortsetzung zu geben, die unfertig blieb (die sogenannten *Fünf Gesänge,* die postum veröffentlicht wurden) – die Erfindungskraft, das Glück des ersten schöpferischen Elans schienen verloren. So widmete er sich weiter dem Polieren und Perfektionieren der Sprache und des Versbaus der vierzig Gesänge, einer Arbeit, deren Ergebnisse in der zweiten, nicht erweiterten Fassung von 1521 sichtbar werden. Doch die wahre Erweiterung eines Epos von der polyzentrischen und synchronen Struktur des *Furioso,* mit Handlungssträngen, die sich in jede Richtung verzweigen und ständig überschneiden oder gabeln, kann nur aus dem Innern heraus erfolgen, indem man die Episoden wuchern läßt und ständig neue Symmetrien und neue Kontraste erzeugt. So war das Werk sicher schon von Anfang an gebaut worden, und so fuhr der Autor fort, es zu erweitern, bis zum Vorabend seines Todes: Die endgültige Fassung in sechsundvierzig Gesängen erschien 1532.

Hauptthema des Poems ist, wie Roland-Orlando aus einem unglücklich in Angelica Verliebten zu einem rasenden Irren wird, wie die christlichen Heere durch die Abwesenheit ihres tapfersten Recken Frankreich zu verlieren drohen und wie die Vernunft, die der Verrückte verloren hat (das Gefäß, das seinen Verstand enthält), von Astolfo auf dem Mond wiedergefunden und in den Leib ihres rechtmäßigen Besitzers zurückgetrieben wird, so daß er seinen Platz unter den Edlen wieder einnehmen kann. Paralleles Thema ist das der Hindernisse, die sich der Vermählung von Ruggiero und Bradamante entgegenstellen, bis es ersterem gelingt, aus dem Lager der Sarazenen in das der Franken überzuwechseln, die Taufe zu empfangen und letztere zu ehelichen. Die beiden Hauptmotive verflechten sich mit denen der Kriege zwischen Karl und Agramante in Frankreich und in Afrika, der Massaker des Rodomonte in dem von den Mauren belagerten Paris und der Zwistigkeiten im Lager Agramantes, bis es zum entscheidenden Zweikampf zwischen den stärksten Recken des einen und des anderen Lagers kommt (I, 1–4):

Die Frauen, Ritter, Waffen und Amouren,
Die Hofart sing' ich, den verwegnen Mut,
Der Zeiten, da der Mohr von Libyens Fluren
Zog übers Meer und Frankreich setzt' in Glut,
Dem Zorne folgend und den Jugendfurien
Des Königs Agramant, des rasches Blut
Zu rächen schwor mit grimmigem Erbos'n
Den Tod Trojans an Kaiser Karl dem Großen.

Ich will zugleich von Roland Dinge sagen,
Die nimmer Reim und Prosa noch gelehrt:
Wie er zum Narren ward durch Liebesplagen,
Da man ihn sonst für so gescheit erklärt;

Wenn *sie,* die mich fast ebenso geschlagen
Und täglich mehr mein bißchen Witz versehrt,
Mir wird zuletzt genug davon vergönnen,
Um, was ich angelobt, vollziehn zu können.

Großmüt'ger Sproß von Herkules' Geschlechte,
Erhabne Zier und Glorie dieser Zeit,
Empfanget, Hippolyt, von Euerm Knechte,
Was er Euch einzig weihen kann und weiht.
Euch zahlt vielleicht dies Wort- und Reimgeflechte
Zum Teil zurück, was Eure Huld mir leiht;
Und daß ich wenig geb', ist nicht zu rügen,
Denn was ich hab', Euch geb' ich's mit Vergnügen.

Ich werd' Euch oft in jener Helden Kreise,
Die mein Gesang mit würd'gem Lob erhebt,
Den Rüd'ger nennen, der mit hehrem Preise
Als Ahnherr Eures alten Stamms gelebt.
Den hohen Mut, die Taten, kühn und weise,
Verkünd' ich Euch, wenn Ihr Gehör mir gebt
Und lassen wollt von Euerm tiefen Denken,
Um meinem Lied ein wenig Raum zu schenken.

Roland bleibt weiterhin eine zugleich zentrale und abgehobene Figur. So wie er in der Tugend alles menschliche Maß übertraf, immun gegen die Leidenschaften in den Volksepen, ein keiner Versuchung erliegender Verliebter bei Boiardo, so überschreitet er hier das menschliche Maß (nachdem er es in den Zweifeln und Ängsten der Eifersucht durchmessen hat), um in blindeste Bestialität einzutreten. In dieser unerwarteten neuen Verkörperung des nackten Rasenden, der Eichen ausreißt, wird Roland wenn nicht zu einer echten und wahren Person, so doch zu einem lebendigen poetischen Bild, wie es noch nicht dagewesen war in der langen Reihe von Epen, die ihn mit Helm und Rüstung dargestellt hatten.

Man muß sagen, daß die Helden des *Furioso,* wenn auch immer gut erkennbar, nie wirklich voll und rund ausgemalte Personen sind; selbst bei Boiardo, dem soviel weniger elaborierten Dichter und Erzähler, ist mehr Bemühen um Charakterzeichnung zu spüren. Was Ariost am Herzen liegt, obwohl er mit der Feinheit eines Miniaturenmalers vorgeht, ist die vielfältige Bewegung der vitalen Energien, nicht die Körperlichkeit der individuellen Porträts. So wird zum Beispiel der Engländer Astolfo, den Boiardo als komisch-heroische Figur erfunden hat, als ein Typ, dem Glück und Unglück quasi per Zufall widerfahren, bei Ariost zwar zu einem der Kraftzentren des Poems, aber er verliert dabei jenes Quantum an psychologischen Konnotationen, das er im *Innamorato* hatte. Nie enthüllt er uns etwas von sich selbst, von dem, was er denkt und fühlt, und doch – oder gerade deshalb – wird die Ariostsche Seele (diese Präsenz, die sich niemals fassen und definieren läßt) vor allem in ihm erkennbar, dem Erforscher des Mondes, der nie über etwas staunt, der inmitten des Wunderbaren lebt und sich magische Gegenstände, Zauberbücher, Metamorphosen und geflügelte Rösser mit der Leichtigkeit eines Schmetterlings zunutze macht, aber stets, um praktische, nützliche, ganz und gar rationale Ziele zu erreichen.

4. *Christen und Ungläubige*

Der Fehler jeder Vorrede zum *Orlando furioso* ist, als erstes zu sagen: Es handelt sich um ein Epos, das sich als Fortsetzung eines anderen Epos präsentiert, welches seinerseits einen Zyklus unzähliger Epen fortsetzt, die sich ihrerseits aus einem ersten Ur-Epos herleiten ... Der Leser fühlt sich sofort entmutigt: Wenn er, bevor er zu lesen beginnt, sich mit allem Vorangegangenen beschäftigen muß, und mit dem Vorangegangenen des Vorangegangenen, wann wird er dann jemals zu Ariost kommen? In Wahrheit erweist sich jedoch jede Vorrede sehr schnell als überflüssig: *Der Rasende Roland* ist ein in seiner Gattung einzigartiges Werk und kann – fast würde ich sagen: muß – ohne jede Bezugnahme auf irgendein vorangegangenes oder folgendes Werk gelesen werden. Er ist ein Universum für sich, in dem man kreuz und quer umherreisen, aus und ein gehen und sich verlieren kann.

Daß der Autor die Erschaffung dieses einzigartigen Universums als eine Fortsetzung, einen Appendix, eine Zutat zu einem anderen Werk ausgibt, ist ein Zeichen der außergewöhnlichen Diskretion Ariosts, ein Beispiel für das, was die Engländer *understatement* nennen, der besondere Geist einer Selbstironie, die stets danach trachtet, die großen und wichtigen Dinge möglichst klein zu machen.

Über die Vorgeschichte können die Leser sich in wenigen Strophen kurz informieren (5–9):

Graf Roland, den Angelica seit Jahren
Von Liebesglut für sie entbrannt gesehn,
Und der bei Indern, Medern und Tataren
Für sie erfocht unsterbliche Trophä'n,
War wieder abendwärts mit ihr gefahren;
Wo, an dem Fuß der hohen Pyrenä'n,
Des Frankenreichs und Deutschlands Kriegesbanden,
Geführt von König Karl, im Felde standen;

Damit ihr Tun, so töricht und verwegen,
Bereuten Fürst Marsil und Agramant,
Der, daß er so viel Volk, als Lanz' und Degen
Handhaben kann, hertrieb von Libyens Strand;
Der, daß er wagte, Spanien aufzuregen,
Zu überziehn das schöne Frankenland.
Und so kam Roland zu gelegnen Stunden;
Doch reut's ihn bald, daß er sich eingefunden.

Denn leider mußt' er seine Schöne missen;
So falsch ist oftmals unsers Urteils Gang!
Die er, umringt von tausend Hindernissen,
Beschützt von Sonnenauf- bis -untergang,
Wird mitten unter Freunden ihm entrissen,
In seiner Heimat, ohne Schwertes Zwang.
Der kluge Kaiser war's, der sie ihm raubte
Und so gar schweren Brand zu löschen glaubte.

Vor kurzem hatt' ein Zwist erst angefangen
Rolands und seines Vetters, des Rinald;
Denn beiden glüht' ein liebevoll Verlangen
Im Herzen nach der reizenden Gestalt.
Karl, dem der Ritter Zwiespalt nahgegangen,
Der ihrer Hilf' entzog den sichern Halt,
Gab diese nun, die unter beiden Freiern
Den Streit erweckt, dem Herzog über Baiern;

Zum Lohne sie verheißend dem von jenen,
Der an dem großen Tage dieser Schlacht
Im Feld erlegt die meisten Sarazenen
Und durch die beste Tat verdient sich macht.
Doch der Erfolg war wider Wunsch und Wähnen,
Denn fliehen mußte der Getauften Macht.

Dem Feinde glückt's, den Herzog selbst zu fassen
Nebst vielem Volk; so blieb das Zelt verlassen.

Dies vorausgeschickt, braucht man nur noch Angelica zu folgen, die im Galopp durch den Wald entflieht, eine Figurine im Profil auf dem Hintergrund eines farbenprächtigen Wandteppichs. Rings um sie kreisen drei Ritter, die Rinaldo, Ferragu und Sacripant heißen, aber auch andere Namen haben könnten, da ihre Funktion hier nur ist, Pirouetten und Fechtbewegungen auszuführen wie in einem Ballett. Im übrigen wird keiner der drei Ritter, die im ersten Gesang auftreten, im weiteren Verlauf noch eine bedeutende Rolle spielen, nicht einmal Rinaldo, dessen Unternehmungen und dessen Tapferkeit zwar Stoff für viele Episoden des *Furioso* geben, der jedoch immer nur eine Nebenfigur bleibt. Sie sind vor allem Personen des *Orlando innamorato,* die sich sozusagen auf der Schwelle des neuen Poems verbeugen und um die Erlaubnis bitten, in die zweite Reihe zurückzutreten, um das Feld einer nach anderen Kriterien geordneten Konstellation von Protagonisten zu überlassen (10–23):

> Wo* sich das Fräulein fand in gleicher Lage;
> Und sie, die man bestimmt zum Siegeslohn,
> Bestieg ein Roß noch vor dem harten Schlage,
> Und als es nottat, war sie rasch entflohn;
> Wohl ahnend, wie das Glück an diesem Tage
> Dem Christenglauben Unheil würde drohn.
> Sie floh ins Holz, und auf den engen Wegen
> Kam ihr zu Fuß ein Rittersmann entgegen.

* Im Zelt des Herzogs von Bayern, vgl. den Schluß der vorigen Stanze.

Den Helm auf seinem Haupt, das Schwert zur Seiten,
Am Leib den Panzer und den Schild zur Hand,
Lief er doch leichter durch des Waldes Weiten,
Als nach dem Ziel halbnackt der Bauer rannt.
Nie hat die Hirtin, die im Grase gleiten
Die Schlange sieht, so schnell den Fuß gewandt,
Wie jetzt Angelica den Zügel wandte,
Da sie den Ritter dort zu Fuß erkannte.

Der Paladin, die Blume tapfrer Männer,
War Haimons Sohn, der Herr von Montalban,
Dem kurz zuvor Bajard, sein guter Renner,
Höchst wundersam entfloh auf irrer Bahn.
Beim ersten Blick, als wohlgeübter Kenner,
Erkannt' er gleich, obwohl noch weit voran,
Die englische Gestalt, die holden Wangen,
Die in der Liebe Netzen ihn gefangen.

Die Jungfrau eilt, ihr Roß herumzuschwenken,
Und jagt es schlaffen Zügels durch den Hain,
Durch dick und dünn, ohn' an den Weg zu denken,
Ob's mag der beste, der bequemste sein.
Bleich, außer sich, unfähig, es zu lenken,
Läßt sie des Weges Wahl ihm ganz allein,
Streift auf und ab durch rauhe Waldespfade
Und kommt zuletzt an eines Stroms Gestade.

Hier fand sich Ferragu am Uferrande,
Mit Staub bedeckt und ganz voll Schweiß und Blut.
Ihn trieben Durst und Mattheit aus dem Brande
Der Schlacht hinweg; doch nun er ausgeruht,
Verweilt er wider Willen noch am Strande,
Weil er, zu rasch, zu gierig nach der Flut,

Den Helm vorhin ins Wasser fallen lassen
Und ihn bis jetzt nicht konnte wieder fassen.

Das Fräulein kam, von großer Angst beklommen,
Dahergerannt und schrie aus aller Macht.
Der Heide springt, da er den Ton vernommen,
Zum Ufer auf, beschaut sie mit Bedacht
Und sieht sogleich bei ihrem Näherkommen,
Obwohl die Angst sie trüb und blaß gemacht
Und längst von ihr ihm jede Nachricht fehlte:
Es ist Angelica, die Auserwählte.

Und weil er höflich ist und wohl so heftig
Von Liebe glüht wie jenes Vetternpaar,
Zeigt er sich gleich zu ihrem Schutz geschäftig.
Verwegen, kühn, obwohl des Helmes bar,
Zieht er das Schwert und rennt, laut drohend, kräftig
Ein auf Rinald, dem wenig bange war.
Sie hatten sich gesehn verschiedne Male,
Auch schon im Kampf erprobt mit blankem Stahle.

Und nun beginnen sie ein greulich Schlagen,
Wie sie da sind, zu Fuß, mit bloßem Schwert.
Kaum würd' ein Amboß ihre Hieb' ertragen,
Wie leicht nun werden Ring' und Blech versehrt!
Doch während sie einander sich zerplagen,
Übt sich, gespornt, im schnellen Lauf das Pferd.
Denn jene treibt, so sehr sie kann, es wacker
Mit beiden Fersen durch Gebüsch und Acker.

Nachdem die Krieger lang' im eitlen Streben
Sich abgemüht, den Kampfpreis zu empfahn
(Denn in den Waffen hatte keiner eben

Mehr oder minder als sein Feind getan),
Begann Rinald die Stimme zu erheben
Und sprach zuerst den span'schen Ritter an,
Als der im Busen fühlt' ein Glühn und Treiben,
Daß er nicht wußte, wo damit zu bleiben.

»Wohl«, spricht er, »ist mein Weh nur dein Verlangen,
Doch gleiches Weh hast du dir selbst verhängt.
Wenn dies geschieht, weil jenes helle Prangen
Der neuen Sonne dir die Brust versengt:
Was bringt's dir denn, hier so mit mir zu rangen?
Denn ob dein Arm mich tötet oder fängt,
Hast du die Schöne dennoch nicht gewonnen:
Indes wir zaudern, ist sie längst entronnen.

Wie besser wär' es doch vor allen Dingen,
Liebst du sie auch, ihr über'n Weg zu gehn,
Sie aufzuhalten, sie zum Stehn zu zwingen,
Bevor sie uns noch weiter mag entgehn.
Wenn wir sie erst in unsre Hände bringen,
Dann mag das Schwert den Ausspruch tun, für wen.
Sonst weiß ich nicht, wie nach so viel Beschwerden
Uns andres mag zuteil als Schaden werden.«

Dem Heiden war dies Wort nicht zum Verdrusse;
Verschoben ist der harte Zweikampf schon,
Und so geschwind vergißt man, nach dem Schlusse
Der Waffenruh, den Haß, des Zornes Drohn,
Daß Ferragu beim Scheiden von dem Flusse
Nicht läßt zu Fuß den wackern Haimonssohn.
Er lädt ihn ein und nimmt ihn auf die Kroppe,
Und folgt der Spur des Fräuleins im Galoppe.

O Biederkeit der alten Rittersitten!
Die Nebenbuhler waren, die entzweit
Im Glauben waren, bittern Schmerz noch litten
Am ganzen Leib vom feindlich wilden Streit,
Frei von Verdacht und in Gemeinschaft ritten
Sie durch des krummen Pfades Dunkelheit.
Das Roß, getrieben von vier Sporen, eilte,
Bis wo der eine Weg in zwei sich teilte.

Und da sie nun nicht wissen oder wähnen,
Ob da-, ob dorthin ihre Schöne flieht;
Denn wirklich sehn sie diesen Weg wie jenen
Voll neuer Spur ohn' jeden Unterschied:
So führt das Glück auf *den* den Sarazenen,
Indes Rinald die andre Straße zieht.
Der Heide trabt im Dickicht auf und nieder
Und sieht zuletzt am ersten Ort sich wieder.

Verschiedenen Glaubens zu sein (»entzweit im Glauben« – *di fé diverso*) bedeutet im *Furioso* kaum mehr als die Verschiedenheit der Farben bei Schachfiguren. Die Zeiten der Kreuzzüge, in denen der karolingische Zyklus den symbolischen Wert eines Kampfes um Leben und Tod zwischen Christentum und Islam angenommen hatte, sind lange vorbei. Zwar scheint kein Fortschritt zu einem besseren Verständnis der »Anderen«, der »Ungläubigen« oder »Mauren« gemacht worden zu sein: man spricht von den Mohammedanern weiter als von »Heiden« und Götzenanbetern und unterstellt ihnen den Kult einer ausgefallenen mythologischen Trinität (Apollo, Macone und Trevigant). Doch was ihren Wert und ihre Zivilisiertheit angeht, werden sie auf gleicher Stufe wie die Christen dargestellt, fast ohne exotische Charakterisierung oder Kostümierung mit anderen Sitten und Bräuchen als denen des Okzidents (wie noch bei Boiardo, bei dem die Sarazenen ausgestreckt lagen »*wie Hunde / Auf Teppichen; / Wie es ihr Brauch ist / Entgegen den Sitten Frankreichs*«). Sie sind Feudalherren wie die christlichen Ritter, und sie unterscheiden sich nicht einmal durch Uniformen, wie es in modernen Armeen der Fall ist, denn hier bekämpfen die Gegner sich immer in den gleichen Harnischen und Helmen und Kettenhemden und eisernen Handschuhen.

In Wirklichkeit sind die »Mauren« (oder »Mohren«)* eine phantastische Erfindung, für die es keine historische oder geographische Bezugsgröße gibt. Allerdings keine abstrakte Erfindung, im Gegenteil, man möchte sagen: Im »Feindeslager« war alles konkreter und deutlicher charakterisiert und körperlicher, angefangen bei Roland-Orlandos unmittelbarem Antagonisten Rodomont.

Die Literaturhistoriker haben viel darüber diskutiert, welche Haltung Ariost zu der mittelalterlichen Vergangenheit, die der Stoff seines Poems ist, und besonders zum Rittertum hatte. Auch wenn er die Taten seiner Helden durch die Brille der Ironie und der märchenhaften Überhöhung sieht, spricht er nie schlecht von den ritterlichen Tugenden, und nie verkleinert er die menschliche Größe, die jene Ideale voraussetzen, auch wenn ihm selbst nichts anderes mehr übrigzubleiben scheint, als sie zum Vorwand für ein grandioses und faszinierendes Spiel zu machen.

---

* Im Italienischen gibt es nur die Bezeichnung *mori,* die dem spanischen *moros* entspricht und auf lateinisch *mauri* zurückgeht, den Sammelnamen für die arabisch-berberischen Bewohner Nordafrikas. Es mag zwar unter den Sarazenen auch ein paar Schwarzafrikaner gegeben haben, aber in der Regel sind mit *mori* nicht »Mohren«, sondern Mauren gemeint (A. d. Ü.).

Ariost scheint ein heller, heiterer und problemloser Dichter zu sein, und doch bleibt er mysteriös: In seiner nicht nachlassenden Meisterschaft beim Bauen von Stanzen auf Stanzen scheint er nur damit beschäftigt, sich selbst zu verbergen. Gewiß ist er weit entfernt von der tragischen Tiefe, mit der Cervantes ein Jahrhundert später im *Don Quijote* die Auflösung der Ritterliteratur vollendet. Aber unter den wenigen Büchern, die sich retten können, als der Pfarrer und der Barbier die Bibliothek anzünden, die den Hidalgo von La Mancha in den Wahnsinn getrieben hat, ist der *Orlando furioso*...

5. *Die Stanze*

Von Anfang an kündigt sich der *Furioso* als das Epos der Bewegung an, oder besser gesagt, er kündigt die besondere Art von Bewegung an, die ihn in ganzer Länge durchlaufen wird, eine Bewegung in durchbrochenen Zickzacklinien. Wir könnten den allgemeinen Plan des Werkes zeichnen, indem wir den fortwährenden Überschneidungen und Verzweigungen dieser Linien auf einer Karte von Europa und Afrika folgten, aber es würde schon genügen, den ersten Gesang als ein einziges Ineinander von Verfolgungen, Irreführungen, Zufallsbegegnungen, Verwirrungen und Programmwechseln zu definieren.

Es ist dieser Zickzack, den die galoppierenden Pferde und die Zuckungen des menschlichen Herzens zeichnen, durch den wir in den Geist dieser Dichtung eingeführt werden; in die Lust am Tempo der Handlung mischt sich sofort ein Gefühl für die Weite des verfügbaren Raumes und der Zeit. Das herumtastende Vorgehen ist nicht nur die Gangart der Verfolger Angelicas, sondern auch die des Dichters. Man möchte fast sagen, daß Ariost zu Beginn seiner Erzählung noch nicht recht weiß, wie es weitergeht, daß er den Gang der Verwicklung noch nicht kennt, der ihn in der Folge leiten wird, aber daß er eines schon vollkommen präsent hat: diesen Elan und zugleich diese Ungezwungenheit im Erzählen, also das, was wir mit einem bedeutungsgeladenen Ausdruck als seine *schweifende* Bewegung definieren können.

Diese Charakteristika des Ariostschen Raumes können wir sowohl auf der Skala des ganzes Epos oder der einzelnen Gesänge als auch auf der viel kleineren Skala der Strophe oder des einzelnen Verses erkennen. Die *Stanze* ist das Maß, an dem wir besser erkennen, was Ariost an Unverwechselbarem hat: In der Stanze bewegt er sich, wie er will, dort ist er zu Hause, sein Wunder besteht vor allem aus Zwanglosigkeit.

Dafür gibt es vor allem zwei Gründe: einen im Wesen der Stanze als einer Strophe, die sich auch zu langen Diskursen und zum Wechsel zwischen Tönen erhabener und lyrischer Art und solchen prosaischer und spielerischer Art eignet, und einen in Ariosts Art zu dichten, nämlich ohne sich an irgendwelche Gattungsgrenzen zu halten, ohne sich wie Dante eine Symmetrie-Regel gesetzt zu haben, die ihn zu einer bestimmten Zahl von Gesängen und in jedem Gesang zu einer bestimmten Zahl von Strophen zwingt (sein kürzester Gesang hat 72 Stanzen, der längste 199), und vor allem ohne eine rigide Einteilung des Stoffes. Der Dichter kann sich die Sache bequem machen, wenn er will, er kann mehrere Strophen verwenden, um etwas zu sagen, was ein anderer in einem Vers sagen würde, oder in einem Vers konzentrieren, was Stoff für eine lange Rede sein könnte.

Das Geheimnis der Ariostschen Stanze liegt darin, daß sie dem Rhythmus der gesprochenen Sprache folgt, in der ganzen Fülle und Vielfalt dessen, was man die »unwesentlichen Zutaten des Sprechens« genannt hat, wie auch in der Schnelligkeit der ironischen Bemerkung; ihr umgangssprachliches Register ist jedoch nur eines von vielen, die vom Lyrischen bis zum Tragischen und zum Gnomischen reichen und in ein und derselben Strophe koexistieren können. Ariost kann von einer denkwürdigen Knappheit sein, viele seiner Verse sind sprichwörtlich geworden: *ecco il giudicio uman come spesso erra!* (»So falsch ist oftmals unseres Urteils Gang!«) oder: *oh gran bontà dei cavalieri antiqui!* (»O Biederkeit der alten Rittersitten!«), aber es sind nicht nur diese Einschübe und Einwürfe, durch die er seine Tempowechsel vornimmt. Es ist schon die Struktur der Stanze selbst, die sich auf eine Diskontinuität im Rhythmus gründet: Den sechs Versen, die durch dreimal zwei verschränkte Reime verbunden sind, folgen die zwei letzten mit gepaartem Reim, wodurch ein Effekt erzeugt wird, den wir heute als *Antiklimax* bezeichnen würden, ein schroffer Wechsel nicht nur im Rhythmus, sondern auch im psychisch-geistigen Klima, vom Gebildeten zum Populären, vom Evokativen zum Komischen.

Natürlich spielt Ariost mit diesem Umklappen der Strophe auf seine ihm eigene Weise, aber das Spiel könnte dennoch monoton werden, wäre nicht die Gewandtheit des Dichters, mit der er die Stanze verflüssigt, indem er Pausen einführt, die Haltepunkte an verschiedene Positionen setzt, verschiedene syntaktische Gangarten an das metrische Schema anpaßt, lange und kurze Satzperioden abwechselt, die Strophe aufbricht und sie in einigen Fällen mit anderen verknüpft, ständig die Zeitstufen der

Erzählung wechselt, aus dem historischen Perfekt ins Imperfekt und ins Präsens und ins Futur springt, kurz, eine Flucht von Erzählebenen und -perspektiven schafft.

Wie haben hier mehrfach das Wort »Spiel« wiederholt. Man darf aber nicht vergessen, daß Spiele, von denen der Kinder bis zu denen der Erwachsenen, stets eine ernste Grundlage haben und vor allem Techniken der Einübung lebensnotwendiger Fähigkeiten und Haltungen sind. Das Spiel Ariosts ist das einer Gesellschaft, die sich als Hüterin und Entwicklerin einer Weltsicht empfindet, aber auch spürt, wie sich unter ihren Füßen, zwischen dem Knistern und Knarren von Erdbeben, die Leere auftut.

Der vierundsechzigste und letzte Gesang beginnt mit einer Aufzählung vieler Personen, die wir als die wahre Widmung des *Furioso* betrachten können (mehr als die obligatorische Widmung an Ippolito, den »großmüt'gen Sproß von Herkules' Geschlechte« im ersten Gesang). Das Schiff des Epos fährt in den Hafen ein, und zu seinem Empfang haben sich auf der Mole die schönsten und edelsten Damen der italienischen Städte und die Ritter und Dichter und Gelehrten versammelt. Es ist ein Gesamtbild, ein Panorama seiner Zeitgenossen und Freunde, was Ariost da zeichnet, sein perfektes Publikum und zugleich das Bild einer idealen Gesellschaft. Das Epos tritt aus sich heraus und definiert sich durch seine Adressaten, und gleichzeitig dient es seinerseits als Definition oder Emblem der Gesellschaft seiner gegenwärtigen und zukünftigen Leser, der Gesamtheit aller Personen, die an seinem Spiel teilnehmen und sich in ihm wiedererkennen werden.

DIE VERFOLGTE ANGELICA

Am Anfang haben wir nur eine schöne Maid, die im Sattel ihres Zelters durch einen Wald flieht. Zu wissen, wer sie ist, hilft schon ein Stück weiter: Sie ist die Protagonistin eines unvollendet gebliebenen Epos, die sich beeilt, in ein gerade begonnenes Epos einzutreten. Diejenigen unter uns, die mehr darüber wissen, können erklären, daß es sich um Angelica handelt, die Tochter des Kaisers von Cathay (also von China), die mit all ihren Zauberkünsten zu den Paladinen Karls des Großen gekommen ist, um sie verliebt und eifersüchtig zu machen und so vom Krieg gegen die Mauren aus Afrika und Spanien abzubringen. Doch anstatt jetzt die ganze Vorgeschichte zu referieren, tun wir besser daran, uns in diesen Wald hineinzubegeben, in dem der Krieg, der im Frankenreich tobt, nur ab und zu als Pferdegetrappel oder Waffengeklirr versprengter Ritter zu hören ist, die plötzlich auftauchen und bald wieder verschwinden.

Rings um die fliehende Angelica schwirren Krieger, die verblendet von ihrem Begehren die heiligen Pflichten des Rittertums vergessen und in überstürztem Eifer immer wieder ins Leere laufen. Der erste Eindruck ist, daß diese Ritter nicht recht wissen, was sie wollen – ein bißchen verfolgen sie, ein bißchen zweikämpfen sie, ein bißchen drehen sie sich im Kreise, und ständig sind sie bereit, ihre Pläne zu ändern.

Nehmen wir Ferragu. Wir begegnen ihm, als er gerade versucht, seinen Helm aus einem Fluß zu fischen, in den er ihm gefallen ist: Da kommt Angelica vorbeigeritten, in die er verliebt ist und die von Rinaldo verfolgt wird. Ferragu bricht die Suche nach dem Helm ab und beginnt einen Zweikampf mit Rinaldo; mitten im Kampf schlägt Rinaldo dem Gegner vor, ihren Zwist aufzuschieben und gemeinsam die fliehende Angelica zu verfolgen. Ferragu bricht den Kampf ab und macht sich im Einverständnis mit dem Rivalen an die Verfolgung der Geliebten; dabei verirrt er sich im Wald und gelangt wieder an dieselbe Stelle, wo ihm der Helm in den Fluß gefallen war. Er bricht die Jagd nach Angelica ab und macht sich wieder auf die Suche nach seinem Helm. Da taucht aus dem Fluß das Gespenst eines Kriegers auf, den Ferragu vor einiger Zeit erschlagen hat und der nun den Helm als sein Eigentum beansprucht. Er legt Ferragu nahe, sich, wenn er einen wirklich erlesenen Kopfschmuck haben wolle, doch lieber einen so edlen Helm wie den von Roland im Kampf mit selbigem zu erobern, woraufhin Ferragu kurzerhand Fluß, Helm, Gespenst und Geliebte sein läßt, wo sie sind, um sich auf die Suche nach Roland zu begeben (I, 24–32):

> Er sieht sich wieder an des Flusses Rande,
> Dort, wo vorhin sein Helm ins Wasser fiel;
> Und da er *sie* zu finden außerstande,
> So macht er diesen sich für jetzt zum Ziel.
> Er klimmt bis zu dem letzten nassen Strande,
> Grad' an den Ort, wo ihm der Helm entfiel;
> Doch dieser ist so fest im Sand begraben,
> Daß es viel Mühe kostet, ihn zu haben.
>
> Mit einem glatten Ast vom stärksten Schusse,
> Woraus er eine Stange sich gemacht,
> Sucht er bis auf den Grund umher im Flusse,

Läßt keinen Ort mit Stößen außer acht.
Nachdem er so mit grimmigem Verdrusse
Gar lange Zeit vergeblich zugebracht,
Steigt mitten aus dem Strom ein Ritter kecklich
Bis an die Brust hervor, von Ansehn schrecklich.

In voller Rüstung war er, bis zum Haupte,
Und einen Helm hielt seine rechte Hand,
Den Helm, den Ferragu zu finden glaubte
In diesem Fluß, und dennoch ihn nicht fand.
»Ha, Schelm, Verräter deines Worts« – so schnaubte
Er den Bestürzten an, von Zorn entbrannt –,
»Gedenkst du noch den Helm mir zu entraffen,
Den du schon längst mir solltest wieder schaffen?

Verheißen hast du, als du mich erstochen –
Mich, jenen Bruder der Angelica –
Den andern Waffen nach, in wenig Wochen,
Den Helm zu werfen in die Wogen da.
Wenn nun mein Wille, dem du nicht entsprochen,
Durch Glückesfügung ohne dich geschah:
So gräm dich nicht, und mußt du je dich grämen,
So tu's, weil Trug und Meineid dich beschämen.

Doch findest du an feinem Helm Behagen,
Such einen andern, der dich höher ehrt.
Der, den Rinald, den Roland pflegt zu tragen,
Ist wohl so gut, vielleicht von größerm Wert.
Den hat Mambrin, und *den* Almont getragen,
Davon erwirb dir einen durch dein Schwert;
Und diesen, den du längst mir lassen sollen,
Den wirst du gut tun, lassen mir zu wollen.«

Als das Gespenst so schnell entsteigt den Wogen,
Sträubt sich dem Heiden jedes Haar sofort,
Dem Angesicht wird Blut und Farb' entzogen
Und in dem Halse stecken bleibt das Wort.
Doch als nun Argalías sich verwogen
(So hieß der Mann, den er erschlug alldort),
Den Treuebruch so schnöd' ihm vorzuwerfen,
Da brennen Scham und Zorn durch alle Nerven.

Er hat nicht Zeit, Entschuld'gung anzuheben,
Auch weiß er wohl, daß alles Wahrheit ist.
Stumm bleibt er, ohne Antwort ihm zu geben;
Allein die Scham, die ihm das Herz zerfrißt,
Macht, daß er, schwörend bei Lanfusas Leben,
Nie einen Helm zu tragen sich vermißt,
Wenn jenen nicht, den von Almontens Haupte
In Aspramont Roland als Sieger raubte.

Und besser hielt er diesen Eid als jenen,
Den er zuvor dem andern Ritter schwur.
Drauf ritt er fort; doch quält den Sarazenen
Noch manchen Tag die Schmach, die er erfuhr.
Nach Roland geht jetzt all sein Wunsch und Sehnen;
Bald da, bald dort verfolgt er seine Spur.
Rinald indes, der andern Weg genommen,
War in ein andres Abenteu'r gekommen.

Nicht weite Strecke war Rinald gegangen,
Da springt sein wildes Streitroß vor ihm her:
»Halt, mein Bajard, halt still und laß dich fangen,
Denn ohne dich zu sein quält mich zu sehr!«
Das taube Roß hört nicht auf sein Verlangen,
Es kehrt nicht um und läuft nur immer mehr.

49

Ihm folgt Rinald und will vor Grimm vergehen;
Doch eilen wir, dem Fräulein nachzuspähen!

Und Angelica? Sie reitet einen Tag, eine Nacht und einen halben Tag, ohne anzuhalten. Dann erreicht sie ein Wäldchen zwischen zwei Bächen, steigt ab und sucht sich die weichste Stelle im Gras, um sich hinzulegen. Versteckt in einem Rosenbusch schläft sie und seufzt. Oder träumt zu seufzen und wacht durch das Seufzen auf. Oder hört beim Erwachen ein Seufzen, das nicht das ihre ist. Oder während sie schlief, hat jemand ganz in ihrer Nähe geseufzt (33–38):

Sie flieht auf wilden, menschenleeren Wegen,
Durch finstrer Wälder grauenvolle Nacht.
Wenn nur der Zweige, wenn des Laubs Bewegen
Die Eichen, Ulmen, Buchen rascheln macht,
Wird sie durch schnelle Furcht aus ihren Stegen,
Bald hie, bald dort, auf fremde Bahn gebracht;
Denn jeder Schattenstreif auf Höhn, in Gründen,
Scheint hinter ihr Rinalden zu verkünden.

Wie wenn ein junges Reh auf Heimatauen
Durch des Gebüsches Laub die Mutter sieht,
Gepackt am Halse von des Pardels Klauen,
Der ihr das Blut aus Brust und Seiten zieht;
Wie es dann zitternd und voll Angst und Grauen
Von Wald zu Walde vor dem Wütrich flieht
Und, wenn es fliehend streift an eine Hecke,
Schon glaubt, daß es dem Feind im Rachen stecke.

Den Tag, die Nacht, die Hälfte noch der Stunden
Des andern Tags schweift sie auf irrer Fahrt,

Bis sie zuletzt ein hold Gehölz gefunden,
Dem sanfter Wind stets kühle Luft bewahrt.
Zwei klare Bäche, die es rings umwunden,
Erhalten stets den Rasen frisch und zart;
Und ihre Flut, die sich an kleinen Kieseln
Melodisch bricht, ergötzt durch lindes Rieseln.

Hier, da sie von Rinald durch tausend Meilen
Sich glaubt getrennt und sicher sich zu sehn,
Kann sie dem Wunsch, ein wenig zu verweilen,
Durch Weg und Hitze matt, nicht widerstehn,
Steigt unter Blumen ab und läßt derweilen
Ihr abgezäumtes Roß zur Weide gehn;
Und dieses irrt umher an klaren Wogen,
Die rings den Strand mit frischem Gras umzogen.

Und sieh, von blüh'ndem Dorn und Rosensprossen
Zeigt ihr ein nah Gebüsch sein stilles Dach.
Durch Eichenschutz der Sonnenglut verschlossen,
Bespiegelt sich's im silberhellen Bach
Und bietet ihr, von Schattennacht umflossen,
Im innern Raum ein kühles Laubgemach;
Denn wie die Zweig' und Blätter sich verschlingen,
Kann sie kein Blick, der Sonne selbst, durchdringen.

Ein Rasenbett in des Gebüsches Mitte
Lädt ein zur Ruh' im kühlen Aufenthalt.
Die Schöne tritt hinein mit leisem Schritte
Und legt sich nieder und entschlummert bald.
Allein sie lag nicht lang', als Rossestritte,
So wie ihr deucht, sich nahen durch den Wald.
Sacht steht sie auf und sieht mit bangem Gaffen
Am Ufer einen Rittersmann in Waffen.

Angelica späht durch die Zweige und sieht einen hünenhaften Krieger mit langem Schnurrbart, in voller Rüstung und Waffen, der auf der anderen Seite des Busches am Ufer sitzt, den Kopf auf einen Arm gestützt, und leise klagend sinnlose Satzfetzen murmelt: »Die zarte Maid ... die Rose ...« Er spricht von Rosen, dieser ungeschlachte Soldat: er riecht an einer frisch aufgeblühten Rose und sagt, es wäre eine Sünde, sie abzubrechen, vom Stiel getrennt verlöre sie jeden Wert, ihm Unglücklichen gehe es dauernd so, immer pflückten andere die Rosen. Aber sei es denn wirklich wahr, daß eine gepflückte Rose ihren Wert verliere? Warum gelinge es ihm dann nicht, sie zu vergessen? (39–44):

> Sie fühlt ihr Herz von Furcht und Hoffnung schwellen;
> Ob's Feind sei oder Freund, begreift sie nicht.
> Sie steht und lauscht, den Zweifel aufzuhellen,
> So daß kein Atemzug die Luft durchbricht.
> Der Ritter steigt hinab zum Rand der Wellen,
> Lehnt auf den einen Arm das Angesicht
> Und scheinet bald, versenkt in tiefes Sinnen,
> Das Ansehn eines Steines zu gewinnen.
>
> So ließ sein Haupt der traur'ge Ritter hängen,
> Nachdenkend, Herr, wohl eine Stunde gut.
> Dann strömt' er aus in so betrübten Klängen,
> Und doch so lieblich seiner Klagen Flut,
> Daß Mitleid wohl den Felsen müßte sprengen,
> Besänft'gen selbst des wilden Tigers Wut.
> Er weint' und seufzte so, daß Stromesbahnen
> Die Wange glich, die heiße Brust Vulkanen.
>
> »Gedanke«, sprach er, »der mein Herz entglommen
> Und eisig macht und stets es nagt und drückt!

Was soll ich tun? Ich bin zu spät gekommen,
Ein andrer hat die süße Frucht gepflückt.
Kaum hab' ich Wort und Blick von ihr bekommen,
Und jenem ist der schönste Raub geglückt.
Muß ich der Frucht so wie der Blüt' entsagen,
Warum für sie mein Herz noch länger plagen?

Die Jungfrau gleicht der jugendlichen Rose,
Die einsam, in des Gartens sichrer Hut,
Am Mutterstrauch, umhegt vom zarten Moose,
Von Herd' und Hirten unbetastet ruht.
Dann huldigt ihr der linden Luft Gekose,
Die tau'nde Morgenröt' und Erd' und Flut;
Der holde Jüngling, die verliebte Dirne
Begehren sie zum Schmuck für Brust und Stirne.

Doch kaum vom grünen Zweig, dem sie entblühte,
Kaum abgetrennt vom mütterlichen Stiel,
Verliert sie Anmut, Schönheit, was die Güte
Des Himmels gab, was Menschen wohlgefiel.
Ein Mädchen, das die unschätzbare Blüte,
Mehr wert als Aug' und Leben, gibt zum Spiel
Für einen hin, wird bei den andern allen,
Die sie vorher geliebt, im Preise fallen.

Den andern sei sie schlecht, und dem nur teuer,
Dem sie so reichlich ihre Schätze bot!
Undankbar Glück, grausames Ungeheuer!
Die andern prassen, und ich sterb' in Not.
So kann jemals erlöschen dieses Feuer?
So kann ich selbst begehren meinen Tod?
Ha, eher mag mein Leben heut zerstieben,
Als daß ich leb' und *sie* nicht dürfte lieben!«

Jetzt erkennt ihn Angelica: Er ist ein weiterer ihrer unglücklichen Verehrer, Sacripant, der König von Tscherkessien, und dieses ganze Gerede über Rosen ist eine Rede über sie! Sacripant liebt sie immer noch, aber er glaubt, sie sei, während er zu einer militärischen Unternehmung im Orient war, von Roland erobert worden.

Angelica bedenkt ihre Lage: Sie ist allein, umgeben von Gefahren aller Art, sie braucht jemanden, der sie begleitet und beschützt. Solange sie die eherne Tugend Rolands als Schutzschild hatte, war es ihr gelungen, sich von ihm nicht einmal mit einem Finger berühren zu lassen; jetzt wird sie Sacripant vorschlagen, ihr als ein ebenso keuscher Führer zu dienen. Er staunt nicht schlecht, als er die verloren Geglaubte auf einmal vor sich stehen sieht und ihren Vorschlag hört, doch in seiner Verliebtheit glaubt er ihr alles, was sie ihm über ihre Zeit mit Roland erzählt (56):

> Es mochte wahr sein, doch nicht glaublich war es
> Für einen, der nicht den Verstand verlor.
> Er aber hielt's für möglich, hielt für wahr es,
> Wie er ja noch auf schlimmren Irrtum schwor.
> Wenn wir verliebt sind, sehn wir Unsichtbares,
> Und was wir sehn, kommt unsichtbar uns vor.
> Es ward geglaubt; denn leicht für glaublich achten
> Die Unglücksel'gen das, wonach sie trachten.

Die Geschichte von Angelicas Keuschheit mochte wahr sein, allerdings klingt sie wenig glaubhaft für jeden, der nicht so blind in sie verliebt ist wie dieser Tscherkesserkönig. Aber dies ist nicht der Kern der Frage. Ob Rose oder nicht Rose, die Begegnung zwischen Angelica und Sacripant ist die Begegnung zweier Personen, die ihre

Schritte kühl kalkulieren: Sie will sich seiner bedienen und spielt ihm daher etwas vor; er will von der günstigen Lage, in der er sich plötzlich befindet, sofort profitieren. Denn Sacripant hat durchaus nicht die Absicht, dem Beispiel Rolands zu folgen und sich die Gelegenheit entgehen zu lassen. »Ich will die frische Morgenrose pflücken...« – schon beginnt dieser grobe Soldat wieder, lyrisch über Rosen zu reden, wie er es jedesmal tut, wenn er sich von ganz anderen Gedanken hinreißen läßt (58):

>»Ich will die frische Morgenrose pflücken,
>Denn durch Verzug verliert sie ihre Zeit.
>Ich weiß, daß keine Sache mehr Entzücken
>Noch größre Lust den Frauen ja verleiht;
>Obwohl sie oft durch Zürnen uns berücken,
>Auch wohl durch Tränen oft und Traurigkeit.
>Kein Zornigtun, kein Sträuben soll mich schrecken;
>Ich will den Plan entwerfen und vollstrecken.«

Doch gerade als es am schönsten ist, gerade als er schon meint, sich Angelica nehmen können, wird Sacripant durch das Auftauchen eines ganz in Weiß gekleideten Ritters unterbrochen. Sie treten zum Zweikampf an und berennen sich eine Weile aufs heftigste, dann bricht Sacripantes Pferd tot zusammen, und der Unbekannte, zufrieden mit diesem Sieg, galoppiert davon (59–65):

>So redet er. Doch während er sich rüstet
>Zum süßen Sturm, tönt ein gewalt'ger Schall
>Vom Walde her; weshalb er sehr entrüstet
>Ablassen muß von seinem Überfall.
>Er deckt sich mit dem Helme, denn gerüstet

Trug er nach altem Brauch sich überall;
Eilt hin zum Renner, zäumt ihn, schnell geschäftig,
Schwingt sich hinauf und faßt die Lanze kräftig.

Seht aus der Waldung einen Ritter kommen,
Der aussieht wie ein kecker, rüst'ger Mann.
Von weißen Federn ist sein Helm umschwommen,
Und ein Gewand, ganz schneeweiß, hat er an.
Fürst Sacripant, der's übel aufgenommen,
Daß jener ihm die Lust, die kaum begann,
Durch Zwischenkunft gestört, höchst unersprießlich,
Betrachtet ihn mit stolzem Blick verdrießlich.

Voll Zuversicht, daß er ihn niedersetze,
Ruft er, wie jener naht, ihn auf zum Streit.
Der andre, den ich nicht für schlechter schätze
Um einen Gran an Mut und Tapferkeit,
Bricht mitten durch die schwülstigen Geschwätze,
Legt ein die Lanz' und sportnt zu gleicher Zeit.
Schnell dreht sich Sacripant wie Ungewitter,
Und Kopf an Kopf nun rennen beide Ritter.

Nie fahren Löw' und Stier mit solchem Toben
Im Sprunge zu und stoßen sich so wild,
Wie diese beiden jetzt, die Lanz' erhoben,
Losrannten und durchbohrten Schild und Schild.
Von unten bebten bei dem Stoß bis oben
Die nackten Höh'n, das grüne Talgefild.
Gut, daß die Panzer derb und tüchtig waren,
Sonst hätt' ihr Speer gewiß die Brust durchfahren.

So kamen auch die Pferd' an ihrem Teile,
Gleich Widdern stoßend, grade zugerannt.

Des Sarazenen Roß starb ohne Weile,
Das, da es lebt', als tüchtig war bekannt.
Auch jenes andre fiel, allein in Eile
Stand's wieder auf, da es den Sporn empfand.
Des Heiden Roß blieb liegen, lang sich streckend
Und seinen Herrn mit ganzer Last bedeckend.

Der fremde Held, der fest im Sattel blieben,
Sieht, wie dort Mann und Roß zu Boden schlug,
Und fühlt zu neuem Kampfe kein Belieben;
Ihm scheint, es sei mit diesem Gang genug.
Schon hat er rasch den Renner angetrieben
Und nimmt durchs Dickicht seinen graden Flug;
Und ehe sich der Heide mag ermannen,
Ist er wohl eine Meile schon von dannen.

Wie wenn der Pflüger, nach vergangnem Wetter,
Vom Boden sich erhebt, betäubt, erschreckt,
Wohin des Donners gräßliches Geschmetter
Ihn zu erschlagnen Stieren hingestreckt,
Und sieht die Eiche sonder Kron' und Blätter,
Die er vordem von weitem schon entdeckt:
So nun erhob sich, jetzt zu Fuß, der Heide,
Und Zeugin war Angelica dem Leide.

Zu seiner großen Beschämung muß Sacripant nun erfahren, daß er nicht von einem Krieger aus dem Sattel geworfen worden ist, sondern von einer Kriegerin. Die Amazone mit dem weißen Federbusch war keine andere als die unbesiegbare Bradamante.

Angelicas Heil hängt wirklich von unvorhersehbaren Eingriffen ab: So viele Paladine wollen sie beschützen, und wer taucht schließlich auf, um sie aus der Not zu

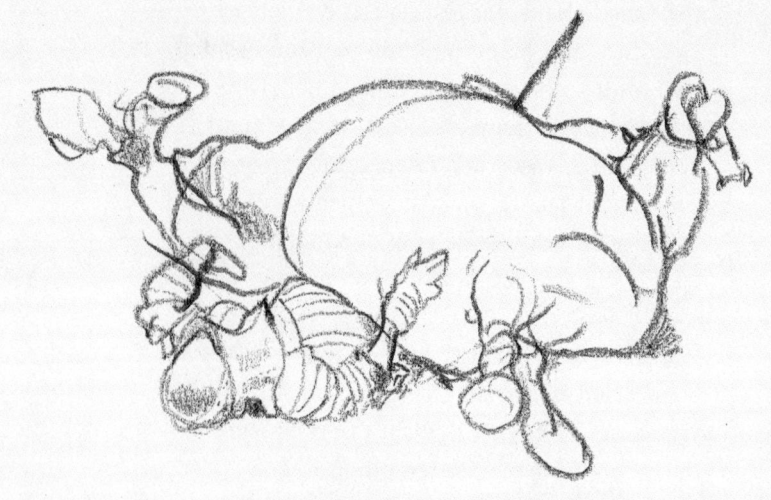

retten? Eine andere Frau. Und wer ist mitten in diesem verrückten Reigen der einzige, der vernünftig handelt, auf der Basis eines wohlüberlegten Plans? Ein Vierbeiner. Kaum nämlich ist der Zweikampf vorbei und Sacripant sitzt zusammen mit Angelica auf deren Pferd, tönt plötzlich ein gewaltiger Lärm durch den Wald: Ein prächtig aufgezäumter Hengst kommt donnernd herangestürmt; sein Ungestüm ist so groß, daß Bäume und Felsen erbeben. Angelica ist erleichtert: endlich ein vertrautes und freundliches Wesen! »Den kenne ich!« ruft sie aus: »Das ist Baiardo!« Es handelt sich in der Tat um den edlen Renner Rinaldos, der seinem Herrn entflohen ist und mit hängendem Zügel durch den Wald galoppiert. Sacripant will ihn am Zaumzeug ergreifen, aber Baiardo tritt mit Hufschlägen um sich, die ein Gebirge aus Eisen spalten würden (72–74):

Sie waren nicht zwei Meilen weit gedrungen,
Da wird umher der weite Waldesraum
Von solchem Krachen und Gelärm durchklungen,
Als bebte rings im Forste jeder Baum.
Drauf kommt ein hohes Roß hervorgesprungen,
Reich aufgeschirrt, mit goldnem Zeug und Zaum,
Das über Busch und Bach setzt, Bäum' entblättert
Und alles, was im Weg ist, niederschmettert.

»Läßt Zweiggewirr und Dunkel mich erkennen« –
Das Fräulein spricht's –, »was vor uns dort geschieht,
So ist's Bajard, der mit so wildem Rennen
Den Weg sich öffnet durch das Waldgebiet.
Es *ist* Bajard, ich kann ihn sicher nennen;
O wie so gut er unsre Not erriet!

Ein einz'ger Klepper paßt sich schlecht für beide;
Schnell kommt er uns zu Hilf' in unserm Leide.«

Ab steigt der Ritter, naht dem Roß, und eben
Erhebt er nach dem Zügel seine Hand;
Da wird ihm Antwort mit dem Kreuz gegeben,
Denn blitzschnell hat Bajard sich umgewandt.
Doch trifft er nicht, wohin die Hufe streben;
Traf er das Ziel – dann armer Sacripant!
Denn Kraft genug ist in dem Huf enthalten,
Um ein Gebirge von Metall zu spalten.

Als er Angelica sieht, begrüßt der stolze Hengst sie jedoch mit freudigen Gesten wie ein Hündchen seinen wiedergefundenen Herrn. Diese Vertrautheit zwischen Angelica und Rinaldos Pferd ist eine alte Geschichte, sie geht zurück auf die Zeit, als Angelica in Rinaldo verliebt war und Rinaldo nichts von ihr wissen wollte. Jetzt liebt er sie, und sie will nichts von ihm wissen; solche Vertauschungen kommen vor, wenn man aus verzauberten Quellen trinkt. Das Verhältnis zwischen Angelica und dem Pferd hat sich jedoch nicht geändert, im Gegenteil: besänftigt durch ihre Liebkosungen, läßt Baiardo schließlich Sacripant aufsitzen (75–76):

Zum Fräulein geht der Renner nun verständig,
Indem er sanft, demütig sich erweist:
So wie der Hund umhüpfet, froh lebendig,
Den Herrn, der zwei, drei Tage war verreist.
Bajard vergaß sie nicht, denn eigenhändig
Hatt' in Albracca sie ihn oft gespeist,
Als sie in Liebe für Rinalden brannte,
Der damals rauh, danklos sich von ihr wandte.

Das Fräulein faßt den Zügel mit der Linken
Und streichelt mit der Rechten Hals und Bug;
Und wie ein Lamm gehorcht er ihren Winken,
Denn der Bajard war zum Bewundern klug.
Dem Ritter scheint der Augenblick zu winken,
Auf springt er, spornt und hält ihn scharf genug;
Und auf des Kleppers halb entladnem Rücken
Eilt sie vom Kreuz zum Sattel vorzurücken.

Da aber erscheint Rinaldo, der seinem Renner zu Fuß nachgeeilt ist, und fordert Sacripant auf, von dem Pferd abzusteigen, das nicht ihm gehört – um es in wohlerzogenen Worten zu sagen, in Wirklichkeit titulieren der Herr von Montalban und der König von Tscherkessien sich gegenseitig als Straßenräuber und Strauchdiebe wie in einem Wirtshausstreit (II, 3–5):

»Herab, du Räuber«, rief Rinald dem Heiden
Voll Hochmut zu, »herab von meinem Pferd!
Ich pflege nicht des Meinen Raub zu leiden,
Und teuer mach ich's dem, der sein begehrt.
Auch will ich dich von dieser Dame scheiden,
Denn sie dir lassen wäre strafenswert.
Das beste Roß, das schönste Weib auf Erden
Sind nicht gemacht, um Räubergut zu werden.«

»Das lügst du wohl, daß ich ein Räuber wäre«,
Ertönt, gleich stolz, des Sarazenen Schrei'n.
»Wer *dich* so nennt, wird sicher (wie die schwere
Beschuld'gung geht) der Wahrheit treuer sein.
Die Probe zeig's, wer würd'ger ist der Ehre,
Die ihm das Fräulein und das Roß verleihn.
Obwohl, was *sie* betrifft, muß ich bekennen:
Nichts auf der Welt ist ihrer wert zu nennen.«

> Wie manchesmal ein Paar beißsücht'ge Bracken,
> Treibt Mißgunst oder andrer Groll sie an,
> Mit scheelem Auge, rot wie glühnde Schlacken,
> Und rauhem Knurren sich einander nahn
> Und dann, zornwütig, hochgesträubt den Nacken,
> Ans Beißen kommen mit gefletschtem Zahn:
> So kommt es jetzt zum Schwert vom Schrei'n und Zanken
> Auch zwischen dem Tscherkesser und dem Franken.

Der Zweikampf wäre ungleich, da Rinaldo zu Fuß ist, aber Baiardo weigert sich, gegen seinen Herrn zu kämpfen, und bockt so lange, bis Sacripant schließlich absteigt, um Rinaldo direkt anzugreifen.

Wieso aber war Baiardo, wenn er seinem Herrn so treu ergeben ist, ihm überhaupt davongelaufen? Wir werden bald verstehen, daß diese Flucht (aus der sich genau besehen alle Wechselfälle des *Orlando furioso* ergeben) ein außergewöhnlicher Treue- und Intelligenzbeweis war. Um seinem verliebten Herrn zu dienen, hatte Baiardo sich aus eigener Initiative auf Angelicas Spur gesetzt, damit Rinaldo, wenn er ihm nachlief, zu seiner Angebeteten gelangte. Hätte er seinen Herrn aufsitzen lassen, wäre er von ihm geführt worden, wie es bei Pferden die Regel ist; durch seine Flucht aber war *er* es, der seinen Herrn führte. Dieser Baiardo, der so unbezweifelbar Pferd ist, tendiert dazu, die Grenzen seiner Pferdenatur zu überschreiten, gerade weil er ein ideales Pferd sein will. Ein Prozeß, dessen Umkehrung wir bei einem anderen berühmten Reittier des Poems sehen werden: beim Hippogryphen, der nur wenige Merkmale eines Pferdes hat, aber dazu gebracht wird, brav als Pferd zu dienen, auch wenn er fliegt.

BRADAMANTE
UND DER HIPPOGRYPH

In einem Wirtshaus unweit der Pyrenäen wird gerade das Abendessen serviert. Plötzlich ertönt von draußen ein großer Lärm. Der Wirt und seine Kellner laufen hin, die einen ans Fenster, die anderen auf die Straße, und starren offenen Mundes zum Himmel hinauf. Die Frauen dagegen rennen aus der Küche und verstecken sich im Keller.

»Was zum Teufel ist denn da? Eine Sonnenfinsternis? Ein Komet?« Die beiden Gäste sehen nicht aus wie Leute, die sich leicht aus der Ruhe bringen lassen: der eine ist ein Ritter in prächtiger Rüstung mit strahlendem Antlitz und langem goldenen Haar, der andere ein häßlicher Kerl im Kettenhemd, kleinwüchsig und mit kohlpechrabenschwarzem Kraushaar.

Der Wirt entschuldigt sich rasch: »Nichts, nichts, es ist schon vorbei. Es kommt jeden Abend vorbeigeflogen, man muß es nicht weiter beachten. Es ist ein Pferd, ein geflügeltes Pferd mit einem Zauberer drauf. Wenn er eine schöne Frau sieht, kommt er herabgeschossen und raubt sie. Deswegen laufen sie alle weg, die Frauen, die schönen und die, die sich für schön halten, also alle. Er bringt sie in ein Zauberschloß hoch oben in den Pyrenäen und behält sie dort. Auch Ritter hält er dort gefangen, alle, die er im Zweikampf besiegt hat, und bisher ist noch jeder, der ihn herauszufordern gewagt hat, sein Opfer geworden« (IV, 4–7):

Alsbald sieht man den Wirt mit all den Seinen
Und *den* am Fenster, *den* am Wege stehn,
Gen Himmel starrend, daß man sollte meinen,
Es sei Verfinstrung, ein Komet zu sehn.
Ein großes Wunder sieht man dann erscheinen,
Dem man nicht leicht wird Glauben zugestehn:
Hoch in der Luft ein mächt'ges Roß mit Flügeln
Und einen Rittersmann in dessen Bügeln.

Die Flügel waren groß, bunt von Gefieder,
Und in der Mitte saß ein Ritter drauf,
Mit hellem, glattem Stahl bewehrt die Glieder,
Und lenkte gegen Abend seinen Lauf.
Sich senkend, taucht' er ins Gebirge nieder;
Und – sprach der Gastwirt, und er schnitt nicht auf –
Dies sei ein Nekromant, der solcherweise
Gar oft, bald ferner und bald näher, reise.

Mal fliegt er auf bis zu den Sternenauen,
Mal streift er dicht am Boden, fast im Staub,
Und rafft an Schönen sich in diesen Gauen
Zusammen, was er nur vermag zum Raub,
So daß die armen Mädchen oder Frauen,
Ob wirklich reizend oder dafür taub
(Es kommt auf eins heraus – er nimmt sie alle!),
Die Sonne meiden hier in jedem Falle.

»Er hat ein Schloß, hoch in den Pyrenäen«,
Erzählt der Wirt, »durch Zauberkraft erbaut,
Von Stahl, so schön und glänzend anzusehen,
Wie man auf Erden keines je geschaut.
Es wagten schon viel Ritter hinzugehen,
Doch von der Rückkehr hört man keinen Laut.

Drum denk' ich, Herr, und hege starkes Bangen,
Sie sind getötet oder doch gefangen.«

Die beiden Gäste zucken mit keiner Wimper. Sowohl der große Blonde wie der kleine Schwarze sind genau deswegen gekommen.

»Gut«, sagt der Ritter mit dem langen Haar, »wenn du mir einen Führer besorgst, würde ich diesen Zauberer gerne herausfordern.«

»Ich kann dir den Weg zeigen«, wirft der kleine Kraushaarige ein. »Auf mich kannst du dich verlassen.«

Genau das war es, was Bradamante erwartet hatte. Denn dieser prächtige blonde Ritter ist niemand anders als die tapferste Kriegerin im Lager Karls des Großen, Bradamante, die Schwester Rinaldos von Montalban, und der kleine Schwarze ist Brunello, ein Meisterdieb in Diensten des sarazenischen Heeres, unter anderem dafür berühmt, daß er Angelica einen Zauberring aus Cathay gestohlen hat. Beide sind hergekommen, um aus dem Schloß des Zauberers Atlas einen dort gefangenen Ritter zu befreien, den Sarazenen Ruggiero/Rüdiger. Bradamante weiß über Brunello Bescheid, ja sie ist extra in diesem Wirtshaus abgestiegen, um ihm den gestohlenen Ring abzunehmen, der das einzige Mittel gegen die Zauberkünste des »Nekromanten« Atlas ist. Der Dieb hat sie jedoch nicht erkannt, und sie hütet sich, ihm zu sagen, wer sie ist.

Darf man einen Dieb bestehlen? Darf man einen Lügner belügen? Bradamante hatte sich gerade entschlossen, diese Gewissensfrage mit Ja zu beantworten, als der Hippogryph aufgetaucht war.

Der Grund, aus dem Brunello sich auf Ruggieros Spur gesetzt hat, ist ein wichtiger: Er soll ihn zu König Agramant zurückbringen, damit er seinen Platz in den Reihen der sarazenischen Recken wieder einnimmt. Bradamante hat ebenfalls einen wichtigen Grund: Sie liebt Ruggiero.

Als Angehörige zweier feindlicher Heere sind die beiden sich in einer Schlacht begegnet, haben sich auf den ersten Blick ineinander verliebt und dann gleich wieder aus den Augen verloren. Hinter dem Ganzen steht eine Prophezeiung: Jeder Schritt Ruggieros, der ein vom Schicksal Ausersehener ist, wird von den Sternen bestimmt. Die Sterne haben beschlossen, daß er zum Christentum übertreten und Bradamante heiraten solle, aber es ist auch ein Beschluß der Sterne, daß er nach dieser Heirat durch Verrat der bösen Mainzer Sippe sterben muß.

Dies alles weiß der Zauberer Atlas, denn er hat Ruggiero aufgezogen und ist ihm inniger zugetan als eine Mutter. Ebendeswegen hat er, um zu verhindern, daß Ruggiero seiner geliebten Bradamante nach- und somit seinem Schicksal entgegenläuft, ihn in seinem Zauberschloß eingesperrt und mit schönen Frauen und tapferen Rittern umgeben, damit er sich in guter Gesellschaft befindet.

Früh am nächsten Morgen reiten Bradamante und Brunello hinauf in die Pyrenäen. Das Schloß, ganz aus Stahl gebaut, liegt hoch auf einem unerklimmbar steilen Felsen. Als sie es von einer gegenüberliegenden Höhe aus vor sich sehen, packt Bradamante ihren Führer im Genick und fesselt ihn an eine Tanne. Den Zauberring steckt sie sich an den Finger, reitet zum Fuß des unzugänglichen Felsens hinunter und stößt in ihr Horn.

Das ist eine Herausforderung zum Kampf. Der Zauberer kommt auf dem Hippogryphen ins Tal herabgeflogen. An seinem linken Arm hängt ein in Seide gewickelter

Schild, der, sobald er enthüllt wird, den Gegner blendet; in der rechten Hand hält er ein aufgeschlagenes Buch. Er braucht bloß die Zauberformeln aus diesem Buch vorzulesen, und jeder, der mit ihm kämpft, fühlt einen Hagel von Speer-, Schwert- und Keulenschlägen auf sich niederprasseln, ohne daß der Zauberer auch nur einen Finger gerührt hat (11–18):

Von Berg zu Berg, von Wald zu Walde zogen
Sie fort zum höchsten Pyrenäenrand,
Wo Frankreich, Spanien (ist die Luft gewogen)
Dem Aug erscheint, samt zweier Meere Strand.
So werden Tusziens und Dalmatiens Wogen
Vom Apennin Camaldolis erkannt.
Dann mußten sie auf rauhen, sauern Steigen
Ins tiefe Tal sich wieder abwärtsneigen.

In diesem steht ein Fels, des Haupt umfangen
Von einer schönen Mauer ist, aus Stahl,
Und sich so hoch erhebt mit stolzem Prangen,
Daß rings die Berg' ihm weichen allzumal.
Wer ohne Flügel will hinaufgelangen,
Verwendet fruchtlos alle Müh' und Qual.
»Sieh«, sprach Brunell, »dort ist das Schloß zu schauen,
Die Zauberhaft der Ritter und der Frauen.«

Behauen war der Fels an allen Ecken,
Und so gerad', als wär' er's nach dem Blei;
Auch war nicht Pfad noch Treppe zu entdecken,
Auf welchen dort hinaufzukommen sei.
Es müsse wohl ein Tier mit Flügeln hecken
In diesem Nest, fiel jedem leichtlich bei.
Hier nun, erkennt das Fräulein, ist's vonnöten,
Den Ring zu nehmen und Brunell zu töten.

Doch scheint's ihr feig, daß sie ums Leben bringe
Den unbewehrten, schlechtgebornen Mann,
Da sie gar wohl zu jenem kostbarn Ringe,
Ohn' ihn zu töten, sich verhelfen kann.
Brunell ist nicht gewärtig solcher Dinge;
Da faßt sie ihn und bindet ihn sodann
An eine Tanne mit erhabnem Haupte,
Nachdem sie schnell ihn seines Rings beraubte.

Und wie er immer wein' und klag' und stöhne,
Sie löste nicht des armen Wichtes Band.
Den Berg hinab ritt nun gemach die Schöne,
Bis sie am Fuß des Turmes sich befand.
Nun weckt sie schleunig ihres Hornes Töne,
Denn kommen soll zur Schlacht der Nekromant;
Und nach dem Stoß, mit drohendem Geschreie,
Ruft sie zum Zweikampf ihn heraus ins Freie.

Kaum hört der Zaubrer Schall und Ruf erklingen,
Als er sogleich vor seinem Tor erscheint;
Schnell durch die Luft trägt ihn das Roß mit Schwingen
Zu jener, die er einen Ritter meint.
Sie aber läßt sich nicht in Schrecken bringen,
Denn ganz unschädlich, sieht sie, ist der Feind,
Und nicht mit Keule, Speer noch Schwert beladen,
Die irgend nur dem Panzer könnten schaden.

Zur Linken hatt' er nur des Schildes Wehre,
Umhüllt mit purpurseidnem Überzug;
Die Rechte hielt ein Buch voll Charaktere,
Und lesend macht' er Wunderspiel genug.
Oft schien er anzurennen mit dem Speere,
Daß mancher schon die Augen niederschlug;

> Oft traf er, schien's, mit Degen oder Keule,
> Und war weit fern und macht' auch keine Beule.
>
> Das Roß gehört nicht zu den Zauberdingen,
> Ein Greif erzeugt's mit einem Mutterpferd.
> Der Vater hat die Federn und die Schwingen,
> Kopf, Vorderfüß' und Schnabel ihm beschert;
> Der Mutter gleicht's in allen andern Dingen,
> Was seinen Namen, Hippogryph, erklärt.
> In die Rhipäen kommt manchmal dergleichen,
> Doch selten nur, fern aus des Eismeers Reichen.

Aber gegen Bradamante, die den Ring am Finger hat, vermag kein Zauber etwas. Atlas umflattert sie auf dem Hippogryphen und liest seine Formeln vor, während sie so tut, als wehre sie sich verzweifelt gegen einen Hagel imaginärer Schläge. Dem Zauberer gefällt es, mit seinen Gegnern zu spielen wie eine Katze mit der Maus, um dann plötzlich den Schild zu enthüllen und sie zu blenden. So versucht er's auch diesmal: Bradamante schließt die Augen und tut, als falle sie in Ohnmacht. Er läßt das Flügelroß landen, steigt ab und nähert sich ihr mit einer Kette in der Hand. Im nächsten Moment hat die bärenstarke Amazone den Magier gepackt, und aus der Nähe betrachtet erweist er sich als ein wehrloser und verzweifelter alter Mann (20–29):

> Das andre war nur lügenhaft und nichtig,
> Denn gelb schien rot durch seinen Zaubertrug;
> Allein für Bradamanten war's nicht wichtig,
> Weil sie der Ring bewahrt vor allem Lug.
> Doch haut sie oftmals in die Luft gewichtig,
> Treibt da und dort ihr Roß umher im Flug

Und müht sich ab mit Sprüngen und mit Hieben,
So wie man, eh sie kam, ihr vorgeschrieben.

Und jetzt, nachdem sie ihre Kunst im Reiten
Sattsam gezeigt, springt sie herab vom Pferd,
Um besser nun das Letzte zu bereiten,
Was sie die kluge Zauberin gelehrt.
Der Magus will zum letzten Zauber schreiten,
Nicht wissend, ahnend, was sie vorgekehrt.
Den Schild entblößt er, in der sichern Meinung,
Sie falle hin vor seines Lichts Erscheinung.

Er könnte zwar die Hülle gleich entraffen,
Ohn' erst die Ritter so zu hintergehn;
Doch ihm behagt's, dem schönen Spiel der Waffen,
Mit Lanz' und Schwert, ein Weilchen zuzusehn.
So scheint es oft dem Kater Lust zu schaffen,
Sich mit der Maus im Spiel herumzudrehn;
Und wird der Spaß ihm endlich doch zuwider,
So beißt er sie und streckt sie tot danieder.

Dem Kater war der Zaubrer zu vergleichen
Im frühern Kampf, der Maus die andre Schar;
Doch der Vergleich schien nicht mehr auszureichen,
Seit jene mit dem Ring zugegen war.
Dem Zauberer in keinem Stück zu weichen,
Nahm aufmerksam sie alles Nöt'ge wahr;
Und als sie kaum ihn sah mit offnem Schilde,
Schloß sie das Aug' und warf sich aufs Gefilde.

Nicht daß der Blitz des leuchtenden Metalles,
Wie allen andern, Schaden ihr gebracht;
Sie tat's, damit beim Anblick ihres Falles
Der Feind vom Pferde steige unbedacht.

Und wie sie es geplant, so glückt ihr alles:
Kaum lag sie da, schon kam, mit aller Macht
Die Schwingen regend, in gewalt'gem Bogen
Der luft'ge Reiter auf sie zugeflogen.

Der Zaubrer läßt den Schild in seiner Decke
Am Sattelknopf, steigt ab und naht in Hast
Dem Fräulein, das, wie hinter einer Hecke
Der Wolf auf einen Rehbock, auf ihn paßt.
Nicht säumend nun, erhebt sie sich vom Flecke,
Sowie er kommt, und hält ihn eng umfaßt.
Der Arme ließ das Buch am Boden liegen,
Mit dem allein er sonst gewußt zu kriegen.

Mit einer Kette lief er ihr entgegen,
Die er zu solchem Brauche bei sich führt,
Und dachte sie dem Fräulein anzulegen,
Wie er vordem die andern festgeschnürt.
Sie aber konnt' ihn leicht zu Boden legen,
Und ich verzeih's, wenn er sich wenig rührt.
Der Unterschied war hierbei gar zu heftig:
Er nur ein schwacher Greis und sie so kräftig.

Schon hebt sie, um den Kopf ihm abzuhauen,
Die Siegerhand zum raschen Strafgericht;
Allein sie hemmt den Streich bei näherm Schauen,
Als ziem' ihr nun so schnöde Rache nicht.
In dem Besiegten fand sie einen grauen,
Ehrwürd'gen Greis mit trübem Angesicht;
Die Runzeln seiner Stirn, die weißen Haare
Verkünden ihr zum mindsten siebzig Jahre.

»Bei Gott, o Jüngling, nimm mir dieses Leben!«
So sprach der Greis voll Unmut und Verdruß.

Allein wie *er* verlangt, es hinzugeben,
Faßt *sie,* es nicht zu nehmen, den Entschluß.
Zu wissen wünscht das Fräulein, wer denn eben
Der Zaubrer ist und was ihn treiben muß,
In solcher Wüst' auf steilem Felsenzacken
Die Burg zu bau'n und alle Welt zu placken.

»O wehe mir! Nicht aus verruchtem Triebe« –
Der Zaubrer sprach's mit heißer Tränenflut –
»Baut' ich das Schloß auf hohem Felsgeschiebe,
Noch raubt' ich aus Begier nach fremdem Gut.
Nur einen Ritter, den ich zärtlich liebe,
Wollt' ich dem Tod entziehn durch sichre Hut,
Der, wie der Himmel zeigt, nach wenig Jahren
Soll durch Verrat, als Christ, den Tod erfahren.

Bradamante ist nicht die Frau, die sich durch Klagen erweichen läßt: Als erstes zwingt sie den Zauberer, gewisse rauchende Gefäße zu zerbrechen, wodurch sich sein Schloß in Luft auflöst (37–42):

Der Nekromant, von eigner Kett' umfangen,
Muß wider Willen mit der Jungfrau ziehn;
Und scheint ihm alle Kühnheit gleich entgangen,
Vertraut sie doch, auch so noch, kaum auf ihn.
Nur wenig Schritte waren sie gegangen,
Als an des Berges Fuß die Spalt' erschien
Mitsamt den Stufen, die im Kreis sich biegen,
Auf welchen sie hinauf zum Burgtor stiegen.

Der Alte nahm ein Felsstück von der Schwelle,
Auf dem ein Haufen fremder Zeichen stand.
Gefäße, voll von Feuer, birgt die Stelle,
Die immer rauchen, »Ollen« zubenannt.

Doch kaum daß sie der Zaubergreis zerschelle,
Und leer, unwirtlich steht die Felsenwand;
Die Mauern und die Türme sind zerstoben,
Als hätte nie sich dort ein Schloß erhoben.

Schnell hat der Greis dem Fräulein sich entwunden,
Wie oft die Drossel aus dem Netze fuhr;
Und seine Burg, mit ihm zugleich verschwunden,
Entließ nun die Gesellschaft der Klausur.
Die Frau'n und Ritter, die sich dort befunden,
Sahn, statt im Prachtschloß, sich auf freier Flur;
Und viele wohl vermißten das Gebäude,
Denn diese Freiheit nahm gar große Freude.

Den Sacripant und den Gradass erkannte
Das Fräulein hier; Prasild ward offenbar,
Der mit Rinalden kam aus der Levante;
Mit ihm Irold, dies wahre Freundespaar.
Hier ward zuletzt die schöne Bradamante
Den vielersehnten Rüd'ger auch gewahr,
Der, als er überrascht sie wahrgenommen,
Mit großer Freundlichkeit sie hieß willkommen.

Denn Rüd'ger liebt sie mit gewalt'gem Triebe
Mehr als sein Aug' und Herz und eignes Sein,
Seit sie den Helm einst abnahm ihm zuliebe
Und drob die Wund' erhielt am Schädelbein;
Ich sage nicht, wie und von wessen Hiebe
Und wie hernach im rauhen, öden Hain
Sie sich gesucht bei Nacht und Tageshelle
Und nicht gefunden, als auf dieser Stelle.

Da er nun hier sie traf mit sichrer Kunde,
Daß sie allein die Freiheit ihm errang,

Freut' er sich so, daß er mit vollem Munde
Laut jubelnd pries des Glückes Überschwang.
Nun stiegen sie hinab zum Felsengrunde,
Wo sie vorhin den Zauberer bezwang
Und wo man noch das Flügelroß entdeckte,
Dem der verhüllte Schild zur Seite steckte.

Ruggiero und seine Mitgefangenen sehen sich plötzlich befreit unter freiem Himmel. Sofort eilen sie ins Tal hinunter und versuchen, das geflügelte Roß einzufangen. Der Hippogryph öffnet die Flügel, flattert auf, setzt sich hier-, da- und dorthin, mal oben auf einen Felsen, mal unten in eine Schlucht, mal auf eine Wiese (43–44):

Das Fräulein geht und greift ihm nach dem Zügel.
Der Gaul harrt ihres Kommens ruhig dort;
Dann spreizt er durch die heitre Luft die Flügel
Und setzt sich wieder hin an höherm Ort.
Sie folgt ihm nach; er fliegt zu anderm Hügel,
Doch höher nicht und auch zu weit nicht fort;
So wie die Kräh' im Sand mit manchem Satze
Den Hund verlockt von dem zu jenem Platze.

Rüd'ger nebst Sacripanten und Gradassen
Und alle, die vom Berg herabgeeilt,
Ziehn auf- und abwärts, um das Pferd zu fassen,
Wo sie nur irgend hoffen, daß es weilt.
Nachdem es lang' umsonst sie rennen lassen,
Hinauf, wo sich die höchste Kuppe steilt,
Hinab zum Talsumpf in der Felsen Mitte,
Hemmt es zuletzt bei Rüdigern die Schritte.

Hier schnappt eine weitere Falle des alten Magiers zu: Der Hippogryph läßt sich nur von Rüdiger reiten. Kaum ist Rüdiger aufgestiegen, erhebt sich das geflügelte Roß mit ihm in die Lüfte. Und so wird der eben befreite Ritter von neuem entführt (45-50):

> Und dieses war ein Werk von Atlas' Händen,
> Des Zärtlichkeit nicht zu ermatten schien,
> Um die Gefahr von Rüd'gern abzuwenden;
> Daran nur denkt er, dies nur kümmert ihn.
> Drum eilt er, ihm das Flügelroß zu senden,
> Um so ihn aus Europa fortzuziehn.
> Rüd'ger ergreift's und will es mit sich führen,
> Allein es will sich nicht vom Flecke rühren.
>
> Nun eilt er, vom Frontin herabzuspringen
> (Frontin, so heißt des mut'gen Jünglings Pferd)
> Und auf das hohe Luftroß sich zu schwingen,
> Dem, spornend, er die Kühnheit reizt und mehrt.
> Es läuft, stemmt dann die Füße, hebt die Schwingen
> Und fliegt zum Himmel auf; nicht leichter fährt
> Der Falk empor, ist ihm die Kapp' genommen
> Und ihm der Reiher zu Gesicht gekommen.
>
> Die Schöne, die in schreckenden Gefahren
> Rüd'gern erblickt auf seinem hohen Flug,
> Bleibt lange so erstarrt, daß sie zur klaren
> Besinnung erst zurückkommt spät genug.
> Was sie vordem von Ganymed erfahren,
> Den man vom Vaterreich gen Himmel trug,
> Das glaubt sie nun von diesem, all' und jedes;
> Ist er doch wohl so schön wie Ganymedes.
>
> Solang' es möglich ist, ihn zu erkennen,
> Folgt ihm ihr Aug'; und wie er allgemach
> Noch weiter fliegt, als ihre Blicke rennen,

Folgt sie ihm noch mit ihrem Geiste nach.
Nicht Ruh noch Stillstand kennt und will sie kennen
Mit ihren Tränen, ihrem Weh und Ach.
Als Rüd'ger ihrem Blick nicht mehr erschienen,
Gewahrt sie nun das gute Roß, Frontinen.

Es dazulassen, müßte sie sich schämen,
Als leichten Fang des ersten, der es raubt.
Für seinen Herrn will sie es mit sich nehmen,
Den sie gewiß noch einst zu sehen glaubt.
Der Vogel steigt, von Rüd'gern nicht zu zähmen;
Tief unter ihm bleibt der Gebirge Haupt,
So tief gesenkt, daß er nicht sieht von oben,
Wo flach das Erdreich ist und wo erhoben.

Wie er so hoch ist, daß vom Erdenkreise
Der Blick ihn kaum als kleinen Punkt erspäht,
Lenkt nun der Hippogryph dahin die Reise,
Wo Sol sich senkt, wenn er im Krebs sich dreht,
Die Luft durchschiffend nach des Kahnes Weise,
Dem günst'ger Meereswind die Segel bläht.
Wir lassen ihn, er wird den Weg schon enden,
Und wollen jetzt uns zu Rinaldo wenden.

DIE INSEL DER FEE ALCINA

Es ist ein hartes Schicksal, ein Schicksal zu haben. Der Ausersehene schreitet voran, und seine Schritte können nicht anders, als ihn an das Ziel zu bringen, das ihm die Sterne vorbestimmt haben, oder an die weiteren Ziele, ob glücklich oder unglücklich, wenn ihm die Sterne, wie es bei Ruggiero/Rüdiger der Fall ist, eine Liebesheirat, eine ruhmreiche Nachkommenschaft und leider auch ein vorzeitiges Ende beschieden haben. Doch zwischen dem Punkt, an dem er sich nun befindet, und der Erfüllung seines Schicksals können sich noch so viele Dinge ereignen, so viele Hindernisse auftürmen, so viele andere Willensregungen einschieben, um den Willen der Sterne zu vereiteln, daß der Weg, den der vom Schicksal Ausersehene beschreiten muß, keine gerade Linie sein kann, sondern nur ein unendliches Labyrinth. Zwar wissen wir, daß alle Hindernisse am Ende nichtig sind, daß alle fremden Eingriffe niedergerungen werden, aber es bleibt der Zweifel, ob das, was wirklich zählt, die schließliche Ankunft ist, das von den Sternen bestimmte Endziel, oder nicht doch der Gang durch das unendliche Labyrinth, die Hindernisse, die Irrtümer, die Peripetien, die dem Dasein Form geben.

Nehmen wir Ruggiero. Die Prophezeiungen des Zauberers Merlin erlauben keinen Zweifel: Er wird Bradamante heiraten, damit aus ihrer Vermählung das Geschlecht der Este, der Herzöge von Ferrara, hervorgehen kann. Und damit, noch wichtigere Konsequenz, ein obskurer Beamter des Hauses Este namens Ludovico Ariosto – zum

Ruhm seiner Herren und zu seinem eigenen Vergnügen – den *Orlando furioso* schreiben kann. Diese Zukunft ist sicher, unverrückbar und leuchtend: Ruggiero/Rüdiger wird, was immer er auch entscheiden mag oder nicht, was oder wer immer auch dazwischentreten mag, um ihn zurückzuhalten oder anzuspornen, am Ende dem mohammedanischen Glauben abschwören, die Taufe empfangen und in den ebenso starken wie liebenden Armen der Kriegerin Bradamante landen.

Ruggiero verkörpert ein ehern-unwandelbares Schicksal, doch er scheint keine Eile damit zu haben. Zwei Kräfte oder Kraftzentren streiten sich um ihn: auf der einen Seite die verliebte Bradamante, die beharrlich und unermüdlich hinter ihm her ist, unterstützt von der Zauberin Melissa, der Prophetin des zukünftigen Ruhmes der Ferrareser; auf der anderen sein König Agramantes, der nicht einen der tapfersten Kämpfer des sarazenischen Heeres verlieren will, und sein Vormund Atlas, der Zauberer, der in der Absicht, die Weissagung der Sterne zu dementieren, sein Mündel fern des Waffenhandwerks erzogen hatte, indem er es als Kind in den Bergen des Maurenlandes versteckte. Den Sieg wird Bradamante davontragen, aber einstweilen haben die militärische Disziplin der Sarazenen und die beschützende Liebe des Zauberers mindestens ebensoviel Einfluß auf Ruggieros Lebensweg wie seine Liebe zu der schönen Feindin.

Bradamante hat den Geliebten soeben aus Atlas' Schloß befreit; Ruggiero steigt auf das Flügelroß, und dieses fliegt mit ihm davon. Besteht sein Schicksal darin, immer wieder befreit oder immer wieder entführt zu werden? Ruggiero befindet sich nicht in der besten Lage, um sich diese Frage zu stellen: Er fliegt bereits über dem Ozean, jenseits der Säulen des Herkules. Die Insel, auf welcher der Hippogryph landet, ist sicher verzaubert: Pflanzen und Tiere bewegen sich auf ihr mit einer solchen Anmut, daß man meinen könnte, man dringe in die Bildwirkerei eines Wandteppichs ein (VI, 17–26):

> Zwar fester Mut ist Rüdigern gegeben,
> Und seine Farbe bleibt unwandelbar;
> Doch daß sein Herz nicht innen sollte beben
> Mehr als ein Laub, das halt' ich nicht für wahr.
> Weit von Europa trug des Vogels Schweben
> Den Ritter schon hinweg, und weit auch war
> Das Zeichen schon im Rücken ihm geblieben,
> Das Herkules den Schiffern vorgeschrieben.
>
> Der Hippogryph, dies Wunderpferd mit Schwingen,
> Fährt durch die Luft mit ihm so schnell und leicht,
> Daß ihn gewiß im raschen Flügelschwingen
> Der Blitze hurt'ger Diener nicht erreicht.
> Kein Tier von allen, so die Luft durchdringen,
> Hat man gesehn, das ihm an Schnelle gleicht.
> Kaum fahren, glaub' ich, Blitz' und Donnerkeile
> Vom Himmel auf die Erd' in größrer Eile.
>
> Nachdem das Roß gewalt'gen Raum durchflogen,
> Nicht *einmal* weichend vom geraden Plan,
> Begann's, der Lüfte satt, in weitem Bogen
> Absinkend, einem Eiland sich zu nahn,
> Dem gleich, zu welchem unterhalb der Wogen
> Sich Arethusa wandt' auf dunkler Bahn,
> Als vor dem Buhlen, den sie lange quälte
> Und lange mied, sie sich umsonst verhehlte.
>
> Gewiß, daß ihm auf allen seinen Reisen,
> So weit es flog, kein schöner Land sich wies;

Und mocht' es auch die ganze Welt umkreisen,
Es fände nie ein reizenders als dies,
Auf welches jetzt in weitgeschwungnen Kreisen
Der Vogel sich mit Rüd'gern niederließ:
Anmut'ge Hügel, wohlbebaute Flächen
Und weiche Wiesen mit kristallnen Bächen.

Der Palme Haupt, des Lorbeers duft'ge Kronen,
Der Myrte Zweig' im angenehmen Hain,
Orangen auch, verflochten mit Zitronen,
Geschmückt mit Frucht und Blüten im Verein,
Verdecken hier, im Sommer heißer Zonen,
Mit dichtem Schirm der Mittagssonne Schein;
Und singend irrt in den belaubten Hallen
Mit sicherm Flug die Schar der Nachtigallen.

Mit Rosen und mit Lilien prangt der Rasen
Stets kühl und frisch durch lauer Lüfte Wehn,
Wozwischen bald Kaninchen oder Hasen,
Bald Hirsche mit erhabner Stirne gehn,
Die, sicher vor der Jagd, bald ruhig grasen
Und bald, die Kräuter wiederkäuend, stehn.
Damhirsch' und Rehe, flink, gewandt sich regend,
Durchhüpfen ohne Zahl die wilde Gegend.

Als nun der Hippogryph dem Erdenreiche
So nah ist, daß ein Sprung zu wagen stand,
Schwingt Rüd'ger sich vom Sattel auf die weiche
Begraste Flur herab, schnell und gewandt.
Doch daß der Gaul nicht in die Luft entweiche,
Behält er fest den Zaum in seiner Hand,
Den er um eine Myrt' am Ufer bindet,
Die zwischen Pinien sich und Lorbeern findet.

Nicht weit davon, an einen Quellenrande,
Den ein Zitron- und Palmenkranz umflicht,
Legt er den Schild, die Handschuh ab im Sande
Und nimmt von seiner Stirn des Helms Gewicht
Und kehrt bald nach den Höh'n, bald nach dem Strande
Den frischen Lüften zu sein Angesicht;
Indes die Winde mit anmut'gem Säuseln
Der Buchen und der Tannen Wipfel kräuseln.

Er netzt den dürren Gaum mit kühlen Fluten
Und plätschert mit den Händen drin umher,
Um aus den Adern sich zu ziehn die Gluten,
Entzündet durch die Last der harten Wehr.
Daß sie ihm Last war, läßt sich wohl vermuten;
Er kam nicht eben nur vom Markte her.
In voller Rüstung, ohne je zu weilen,
Ritt er im Fluggalopp dreitausend Meilen.

Auf einmal will sein Roß, das er soeben
Im dichten Hain, vor Sonnenglut gedeckt,
Am Strande ließ, sich auf die Flucht begeben,
Durch irgend etwas im Gesträuch erschreckt,
Und macht die Myrte, die es hielt, erbeben,
So daß ihr Fuß mit Blättern sich bedeckt,
Die Myrte bebt, das Laub wird abgeschüttelt,
Doch ohne daß der Flieger los sich rüttelt.

Man darf sich nicht wundern, wenn das erste sprechende Wesen, dem Ruggiero begegnet, nicht Menschengestalt hat, sondern eine Pflanze ist. Der Myrtenbaum, an den er den Hippogryphen mit dem Zügel gebunden hat, murmelt und ächzt und bittet den Neuankömmling schließlich mit klagender Stimme, sein Reittier etwas weiter drüben anzubinden. Die Wohlgesetztheit seiner Rede ist ungewöhnlich für einen Angehörigen des Pflanzenreiches. Ruggiero ist verwirrt und bestürzt, doch der Myrtenbaum beeilt sich, ihm aus der Verlegenheit zu helfen, indem er sich vorstellt und erzählt, wie es ihn an diesen Ort verschlagen hat: Er ist Astolfo, der Sohn des Königs von England (27–33):

Gleichwie ein Klotz von Holz mit hohlen Zellen,
Von Mark geleert, den man ins Feuer legt,
Wenn durch der Hitze Macht die Dünste schwellen,
Die er gepreßt und feucht im Innern hegt,
Sich hören läßt mit Kochen, Brausen, Bellen,
Bis einen Ausweg diese Wut sich schlägt:
So hört man jetzt die Myrte brausen, kochen
Von innerm Zorn, bis sie die Rind' erbrochen.

Und aus dem Innern, trüb und wehemütig,
Dringt hell und deutlich eine Stimm' und spricht:
»Bist du so mild, bist du so edelmütig,
Wie deine reizende Gestalt verspricht,
So nimm dies Tier von meinem Baume gütig;
Es fehlt mir schon an eignen Leiden nicht,
Ohn' andre Martern und ohn' andre Plagen,
Die auf mich los auch noch von außen schlagen.«

Beim ersten Ton von dieser Stimme wandte
Der Ritter sein Gesicht und sprang empor;
Und als er sie für die des Baums erkannte,
Ward er bestürzt wie nimmer noch zuvor.
Worauf er schnell, das Roß zu lösen, rannte;
Schamröte brach auf seiner Wang' hervor:
»Verzeihe«, sprach er, »dem begangnen Fehle,
Waldgöttin seist du oder Menschenseele!

Hätt' ich gewußt, daß unter dieser rauhen
Und harten Rind' ein Menschengeist sich hehlt,
Du würdest nicht dein Laub zerrüttet schauen,
Nicht die lebend'ge Myrte so gequält.
Doch laß darum nicht ab, mir zu vertrauen,
Weswegen du, wohlredend und beseelt,
Mußt in so rauhbehaartem Körper wohnen;
So möge dich des Himmels Hagel schonen!

Und kann ich jemals dir für mein Verbrechen,
Früh oder spät, Entschädigung verleihn,
Bei jener Schönen will ich's dir versprechen,
Die Herrin ist von meinem bessern Sein.
Es mag geschehn durch Handeln oder Sprechen,
Du sollst gewiß mit mir zufrieden sein.«
So freundlich bot sich Rüd'ger an zur Buße:
Da bebt der Baum vom Wipfel bis zum Fuße.

Und einen Schweiß sieht man der Rind' entdringen
Wie aus dem grünen, kaum gefällten Ast,
Wenn ihn nach langem und vergebnem Ringen
Nun endlich die Gewalt des Feuers faßt.
»Dein Edelmut«, beginnt er, »muß mich zwingen,
Dir zu entdecken sonder Hehl und Rast,
Wer ich einst war und wer mit dem Gewande
Der Myrte mich versah am holden Strande.

Ich hieß Astolf, war Frankreichs Paladinen
Einst zugesellt, im Kriege weit bekannt.
Mit Roland und Rinald, die wohl verdienen,
Daß alle Welt sie rühmt, war ich verwandt
Und wär' als Herrscher Engellands erschienen,
Wenn Vater Otto aus dem Leben schwand.

Obwohl mein Reiz manch Weib in Flammen setzte,
So schadet' ich doch mir allein aufs letzte.

Die verzauberte Welt ist für Ruggiero stets eine fremde Kraft, die er erleidet, so daß er verloren darin umherirrt; für Astolfo dagegen ist sie eine geistesverwandte Welt, mit der er sich sofort identifiziert, sei's, daß er sie mit Hilfe von magischen Objekten und Mächten beherrscht, sei's, daß er ihr Gefangener bleibt – wie hier, wo er von der Fee Alcina in einen Myrtenbaum verwandelt worden ist. Das traurige Los seiner Verwandlung wird in einem knappen, sehr anschaulichen Bericht erzählt.

Die Inseln des Indischen Ozeans sind voll von Feen und Zaubereien. Als Astolfo nach allerlei Abenteuern und Mißgeschicken dort hingelangt war, spazierte er einmal mit anderen Rittern am Strand entlang und verfing sich in den unsichtbaren Netzen der Fee Alcina, der Schwester einer anderen sehr mächtigen Fee: der berühmten Morgana. Scheinbar ohne Netze und Köder zog Alcina alle Arten von Fischen aus den Wogen, sogar Wale, groß wie Inselchen oder Schiffe. Auf einem dieser Wale-Inselchen-Schiffe wurde Astolfo dann von ihr entführt (34–42):

Als wir zurück von jenen Inseln kehrten,
Die Indiens Flut von Osten her umspült
(Wo mich, Rinald und andre Kriegsgefährten
Ein dunkles Kerkerloch gefangenhielt,
Bis Roland nun mit jener vielbewährten
Gewalt'gen Kraft die Freiheit uns erzielt),
Ging westwärts unser Pfad längs jenen Fluren,
Die oft des Nordwinds Ungestüm erfuhren.

Vom Weg und unserm Mißgeschick geleitet,
Erreichten wir am Morgen einst den Strand,
Wo, von der angenehmsten Flur umbreitet,
Ein Schloß der mächtigen Alcina stand.
Wir trafen sie, allein und unbegleitet,
Von ihrem Schlosse fern, am Meeresrand,
Wo sie die Fische, sonder Netz und Hamen,
So an sich zog, daß sie ans Ufer kamen.

Delphine schwimmen her mit eil'gem Rauschen,
Mit offnem Maule kommt der dicke Thun.
Seekälber auch und feiste Robben lauschen
Auf ihren Ruf, gestört im trägen Ruhn.
Meerbrassen, Lachse, Barben und Karauschen
In großer Meng' und Eil' erscheinen nun;
Nordkaper dann, Walfisch' und Kraken kommen
Mit ungeheuern Rücken angeschwommen.

Da sahn wir einen Walfisch, der von allen
Der größte war, die je das Meer gesehn;
Wohl mochten aus den salzigen Kristallen
Elf Schritt' und höher noch die Schultern stehn.
Wir mußten all' in *einen* Irrtum fallen
(Denn keine Regung war an ihm zu sehn),
Daß sich vor uns ein Inselchen befände;
So weit entfernt war eins vom andern Ende.

Alcina zog die Fisch' aus feuchten Bahnen
Durch bloße Wort' und Zauberkünst' empor.
Geboren ward Alcina mit Morganen,
Ich weiß nicht, ob zugleich, ob nach, ob vor.
Sie sah mich an; wohl ließ ihr Blick mich ahnen,
Daß mich die Fee zum Günstling auserkor.

Auch sann sie nun, mich listig fortzubringen
Von meiner Schar, und also mußt's gelingen.

Mit heitrem Antlitz kam sie uns entgegen,
In ihrem Wesen achtungsvoll und zart,
Und sprach: ›Ihr Ritter, ist es euch gelegen,
So rastet heut bei mir von eurer Fahrt.
Dann zeig' ich euch in meinen Jagdgehegen
Die schönsten Fische von verschiedner Art,
Mit Schuppen, glatt und borstig, ein Gewimmel
Von größrer Anzahl als die Stern' am Himmel.

Und wollt ihr zur Sirene, so die rauhen
Meerfluten stillt durch süße Melodien,
So kommt mit mir zu jenes Ufers Auen,
Wohin um diese Zeit sie pflegt zu ziehn.‹
Sie ließ dabei uns jenen Walfisch schauen,
Der, wie gesagt, ein Inselchen uns schien;
Und ich, der immerfort (ich büßt' es teuer!)
Voreilig war, stieg auf das Ungeheuer.

Rinaldo winkte mir, nicht fortzugehen,
Auch Dudo winkt'; es kam mir nicht zugut.
Die Fee Alcina ließ die beiden stehen
Und sprang mir lächelnd nach mit frohem Mut.
Diensteifrig ließ der Walfisch nun sich sehen
Und schwamm mit uns durch die gesalzne Flut.
Bald sah ich ein, wie sehr die Torheit schade;
Doch zu entfernt schon war ich vom Gestade.

Rinaldo kam ins Meer uns nachgeschwommen,
Mir beizustehn, und fand beinah sein Grab;
Denn plötzlich sah man einen Südwind kommen,
Der Meer und Himmel wie mit Nacht umgab.

Was aus ihm ward, hab' ich noch nicht vernommen.
Alcinens Trost half meinen Sorgen ab,
Und diesen Tag und noch die Nacht durchzogen
Wir auf dem Ungeheu'r die weiten Wogen.

Hier muß man wissen, wie die Situation auf der Insel war: In Wirklichkeit sind es drei Feen: zwei dem Laster ergebene, Morgana und Alcina, und eine tugendhafte, Logistilla. Die Insel, die rechtmäßiges Eigentum Logistillas wäre, ist je zur Hälfte von ihren beiden Schwestern usurpiert worden. Als Ruggiero von Laster und Tugend reden hört, weiß er schon, welche Wendung die Geschichte nehmen wird: Er war aufgebrochen als Held eines Ritterepos, das ganz aus Abenteuern und Wundern bestand, und nun läuft er Gefahr, sich in einem allegorischen Gedicht wiederzufinden, in dem jede Erscheinung eine moralische und erzieherische Bedeutung hat. Er muß so schnell wie möglich hinaus: Rasch läßt er sich beschreiben, wie er zu der tugendhaften Logistilla gelangt. Er will nicht so enden wie Astolfo, der zwar die Wonnen Alcinas genossen, aber gleich darauf das Los erlitten hat, das alle Exliebhaber der Fee erwartet: eine Regression ins Reich der Pflanzen oder der Steine.

Ruggiero macht sich an die Durchquerung der allegorischen Insel. Eine Schar monströser Figuren kommt ihm entgegen, es ist klar, daß es sich um die Haupt- oder Todsünden handelt; er zögert nicht, sie anzugreifen und auseinanderzujagen. Dann kommt eine Riesin mit langen Zähnen, das muß die Habgier sein; Ruggiero besiegt auch sie. Schließlich erhebt sich vor ihm das prächtige Schloß Alcinas. Das muß eine Allegorie der Lust sein, denkt Ruggiero, und sein Kampfgeist weicht einer milderen Stimmung.

Am Tor erwartet ihn Alcina mit ihrem Hofstaat. Er braucht bloß die schwarzen Augen der Fee zu sehen und den Blick über ihre milchweiße Haut gleiten zu lassen, schon kommt ihm alles, was er von Astolfo gehört hat, wie ein albernes Märchen vor. Während eines festlichen Mahls verspricht Alcina, ihn nachts in seinem Schlafzimmer zu besuchen.

Ruggiero hat vergessen, daß er sich zwischen lauter allegorischen Figuren befindet: Die Nachtstunden, die er mit gespitzten Ohren verbracht hat, um die eingebildeten Schritte der betörenden Schönen zu zählen und auf das Geräusch der Tür zu warten, haben genügt, ihn davon zu überzeugen, daß die Epopöe, die er durchlebt, nicht ein Epos voll kühler Pädagogik ist, sondern eines voll banger Lebenslust (VII, 21–26):

Man nahm die Tische weg mitsamt der Speise,
Und nun begann im Kreis ein frohes Spiel.
Ein jeder fragt' hier seinen Nachbarn leise
Etwas Geheimes, wie es ihm gefiel,
Und das verliebte Paar konnt' auf die Weise
Sich leicht erklären, und gelangt' ans Ziel;
Denn auf die Letzt ward der Beschluß genommen,
Man wolle diese Nacht zusammenkommen.

Bald, und viel früher ward das Spiel beschlossen,
Als eben sonst die Sitte war alldort.
Die Diener traten ein, und schnell zerflossen
Vor ihren Fackeln, floh'n die Schatten fort;
Und im Geleit der lieblichen Genossen
Begab sich Rüd'ger nun zum Lagerort
In ein Gemach, an Kühlung reich und Schimmer,
Das man ihm anwies als das beste Zimmer.

Und als man mit Konfekt und guten Weinen
Gehör'gerweis' ihn noch einmal bedacht,
Ging in sein Zimmer jeder von den Seinen
Und wünscht' ihm ehrerbietig gute Nacht.
Schnell warf sich Rüd'ger in die duft'gen Leinen,
Sie schienen von Arachnen selbst gemacht;
Und ängstlich horcht' er auf das kleinste Rauschen,
Um seiner Schönen Ankunft zu erlauschen.

Sooft er hört, daß irgendwas sich rühre,
Hebt er den Kopf und glaubt, sie werde nahn.
Oft spürt er nichts und glaubt doch, daß er spüre,
Und seufzt hernach, entdeckt er seinen Wahn.
Oft springt er auf und öffnet sacht die Türe
Und guckt hinaus; doch niemand kommt heran.
Und tausendmal verflucht er die Minuten,
Die sich beim Weitergehn so wenig sputen.

Oft sagt er sich: »Jetzt geht sie fort!« Und immer
Wird nun genau ein jeder Schritt gezählt,
Den sie gebrauchen mag von ihrem Zimmer
Bis hin zu dem, wo ihn die Sehnsucht quält.
So schlimm betrügt er sich, und oft noch schlimmer,
Solange sie sich seinem Blick verhehlt.
Oft zagt er, daß, zur Marter seiner Liebe,
Noch zwischen Frucht und Hand sich Störung schiebe.

Die schöne Fee, da lange Zeit verstrichen
Mit köstlicher Beduftung aller Art,
Da jeder Lärm im Schloß der Ruh gewichen
Und sie zu säumen keinen Grund gewahrt,
Kommt aus dem Zimmer ganz allein geschlichen;
Und auf geheimen Wegen, leis' und zart,

Naht sie dem Ort, wo Rüd'ger viel gelitten,
Seit Furcht und Hoffnung um sein Herz sich stritten.

Wer die allegorische Maschine wieder in Gang setzen wird, um sie definitiv aus dem Feld zu räumen, ist Bradamante. Die verliebte und willensstarke Kriegerin gibt keine Ruhe, bis sie die Zauberin Melissa losgeschickt hat, um Ruggiero aus dem Bann der bösen Fee zu befreien, indem sie ihm den magischen Ring des Zauberers Atlas überreicht. Mit diesem Ring am Finger sieht Ruggiero in Alcina nicht mehr die betörende Schöne, sondern ein garstiges altes Weib und entschließt sich zu fliehen. Er entgeht der Verfolgung durch andere obskure Symbolfiguren, gelangt ins Reich der Logistilla und findet dort allegorische Figuren aller Tugenden vor. Zum Glück findet er auch Astolfo wieder, befreit und in Menschengestalt. Gemeinsam suchen und finden sie einen Weg, um zurück auf die von Waffengeklirr und Pferdegetrappel widerhallenden Schachtfelder des Ritterepos zu gelangen.

ROLAND, OLYMPIA UND DIE ARKEBUSE

Das Heer Karls des Großen wird in den Mauern von Paris belagert. Nachts spähen die Wachen von den Zinnen auf die Feuer des sarazenischen Lagers, das die Stadt auf allen Seiten umgibt. Aber nicht nur die Wachen sind wach. Graf Roland wälzt sich auf seinem Feldbett umher, ohne Schlaf zu finden; ihn plagt ein Gedanke, der die Beständigkeit und zugleich die Unruhe eines Mondreflexes auf dem wellengekräuselten Meer hat. Ist es die Belagerung, an die er denkt, sind es die Schlachten und Gefahren, die dem fränkischen Heer drohen? Nein, er ist weit entfernt von solchen Gedanken, die als einzige den Geist eines Paladins seiner Klasse beschäftigen müßten, der überdies noch ein leuchtendes Beispiel an Keuschheit darstellt. Sobald seine Lider nur flüchtig dem Schlaf nachgeben, ist es immer dasselbe Bild, das ihm erscheint: Angelica. Er kann an nichts anderes denken, er kann nichts anderes tun als innerlich toben, weil er sie verloren hat und nicht weiß, wo sie ist.

In seinem Traum tanzt Angelica auf einem blumenübersäten Ufer. Plötzlich bricht ein Sturm los, ein Wirbelwind, der Laub und Blütenblätter aufstieben läßt. Als der Sturm sich wieder gelegt hat, ist Angelica verschwunden. Roland erwacht unter Tränen. Vielleicht ist dieser Traum eine Warnung, vielleicht ist Angelica in Gefahr... Der Paladin springt aus dem Bett, streift sich Kettenhemd und Harnisch über und wählt als Oberkleid statt des weiß-roten Mantels der Franken diesmal ein langes schwarzes Gewand, das einem gefallenen sarazenischen Ritter gehört hatte: So kann er das feindliche Lager durchqueren, ohne aufzufallen. Er sattelt sein Roß Brigliadoro, schleicht sich lautlos am Zelt seines kaiserlichen Onkels vorbei und verläßt Paris heimlich, ohne ihn um Erlaubnis zu bitten, auf der Suche nach Angelica.

Der Krieg, Karl der Große, die christlichen Ritter, das belagerte Paris müssen sich einen Moment gedulden, bis ihr tapferster Recke seine Liebesrecherche beendet hat. Es ist ein Moment des Wartens, der sich vom Herbst bis weit in den Frühling hinzieht, doch Angelica ist in keiner Provinz des von den Mauren besetzten Frankreich zu finden. Roland hat schon die Küste des Ärmelkanals erreicht, und als er am Ufer eines breiten Flusses nach einer Fähre Ausschau hält, sieht er ein Mädchen auf einem Nachen kommen, das ihm etwas sagen zu wollen scheint (IX, 1–9):

> Was kann dem Unhold Amor nicht gelingen
> Mit einem Herzen, das nur ihn verehrt,
> Wußt' er aus Rolands Brust hinwegzubringen
> Die Treue, die sein Herr mit Recht begehrt?
> Einst war er weis', achtsam in allen Dingen,
> Zum Schutz der heil'gen Kirche stets bewehrt;
> Jetzt macht er sich, durch eitle Lieb' ein Blinder,
> Aus Karl und sich nicht viel, aus Gott noch minder.
>
> Doch ich verzeih's ihm nur zu gern und hege
> Vergnügen noch, ihn mir so gleich zu sehn;
> Denn ich auch bin zum Guten krank und träge,
> Frisch und gesund dem Bösen nachzugehn. –
> Ganz schwarz gekleidet zieht er seiner Wege;
> Und ohne Gram, von Freunden fortzugehn,

Eilt er ins Feld hinaus, wo Spaniens Scharen
Und Afrikas im Zelt gelagert waren.

Doch *nicht* im Zelt; denn Regenströme machten,
Daß *der* sich einen Baum sucht, *der* ein Haus,
Zu zehn und zwanzig, vieren, sieben, achten,
Teils nah am Lager, teils auch weit hinaus,
Sie schlafen nun, die Müden, Überwachten;
Der stützt sich auf die Hand, *der* streckt sich aus.
Sie ruhn; der Graf könnt' ihrer viele töten,
Doch will er jetzt nicht Durindana röten.

Wehrloses Volk im Schlafe zu erschlagen,
Verschmäht des Grafen edelmüt'ger Sinn.
Um eine Spur der Schönen zu erjagen,
Eilt er von einem Ort zum andern hin.
Ist jemand wach, dem schildert er mit Klagen
Gestalt und Kleidung seiner Königin
Und bittet dann, daß man die Huld ihm gönne,
Ihm kundzutun, wo er sie finden könne.

Und als der helle, klare Tag gekommen,
Ward nun das ganze Mohrenheer durchrannt.
Er konnt' es sicher tun und unbeklommen,
Denn ganz arabisch war sein Kriegsgewand.
Auch mußte dies zu seiner Absicht frommen,
Daß er nicht bloß das Fränkische verstand.
Er sprach so fließend nach der Art der Mohren,
Als wär' er selbst in Tripolis geboren.

Drei Tage lang, zu keinen andern Zwecken
Als dem des steten Suchens, blieb er hier;
Dann späht' er rings in Städten und in Flecken,

Und nicht allein im fränkischen Revier;
Auch noch Auvergnes und Gascognes Strecken
Durchsucht' er bis zum letzten Dorfe schier,
Zog aus Provence bis nach Kleinbritanien
Und aus der Picardie bis fast nach Spanien.

Zu End' Oktobers, wann die Jahrszeit eben
Dem armen Baum sein Laubgewand entzieht,
Die Glieder ihm enthüllend, bis mit Beben
Er sich zuletzt ganz bloß und nackend sieht;
Wann sich geschart die Vögel fortbegeben,
Da war's, als Roland auf die Fahrt geriet,
Die er nicht ließ, dieweil der Winter währte,
Nicht ließ, seitdem der Frühling wiederkehrte.

So kam er einst, von Land zu Lande reitend,
Nach schon gewohnter Art an einen Fluß,
Der, zwischen Normann und Bretagner gleitend,
Zum Meere strömt mit ruhigem Erguß,
Jetzt aber schäumend schwillt, weit aus sich breitend,
Durch Schneegeflut und Berges-Regenguß.
Die Brücke war vom Ungestüm der Wogen
Hinweggeschwemmt, der Übergang entzogen.

Der Paladin spät längs dem Uferrande,
Aufwärts und ab, nach Mitteln, wie von dort
Wohl zu gelangen sei zum andern Strande,
Denn nicht als Fisch noch Vogel kommt er fort.
Da, siehe! naht ein Nachen sich dem Lande,
Und eine Jungfrau sitzt am Steuerbord.
Sie wolle kommen, gibt sie ihm ein Zeichen,
Doch läßt den Kahn das Ufer nicht erreichen.

Es ist ein kühnes und großmütiges Unternehmen, zu dem die Botin von jenseits des Ärmelkanals Herrn Roland einlädt: Er wird aufgefordert, in die Irische See zur Insel Ebuda zu eilen, wo die Leute jeden Tag eine gefangene Jungfrau an eine Klippe ketten, auf daß sie von einem Seeungeheuer verschlungen werde. Was, wenn auch Angelica dort gelandet wäre? Dieser gräßliche Verdacht läßt Roland unverzüglich in Saint Malo an Bord eines Schiffes gehen. Doch ein gewaltiger Sturm hindert das Schiff daran, sich den weißen Küsten Englands zu nähern, und treibt es zurück an die flämische Küste.

In Antwerpen geht Roland von Bord. »Endlich ein fahrender Ritter!« ruft ein alter Mann aus, der ihn auf der Mole zu erwarten scheint. »Folge mir, ich beschwöre dich, denn Olympia, die Gräfin von Holland, braucht deine Hilfe!«

Eigentlich hat Roland keine Zeit, da er sich gleich wieder auf die Suche nach Angelica machen will, aber er ist nicht der Mann, der sich einem Hilferuf entzieht. So läßt er sich von dem Alten zu Olympia führen, die ihm ihre schreckliche Geschichte erzählt. Cimosko, der König von Friesland, dessen Sohn Arbant um ihre Hand angehalten hat und von ihr abgewiesen worden ist, hat Holland überfallen und mit Krieg und Brand überzogen. Dieser hochfahrende und stolze Herrscher verfügt über eine tödliche Waffe, die Waffe der Zukunft, der es beschieden ist, die Kriege in Metzeleien zu verwandeln und den ritterlichen Taten ein Ende zu setzen: das Feuerrohr, die Arkebuse. Natürlich hat Roland noch nie von einer solchen Teufelei gehört, und so ist es an Olympia, ihm eine summarische Lektion über die technische Funktionsweise der Feuerwaffen zu erteilen. Sie weiß nur allzu gut, worum es sich handelt, denn unter den Schüssen des gefürchteten Friesenkönigs hat sie den Vater und beide Brüder verloren (28–31):

> Er ist im Kampf so stark, so unversehrlich,
> Daß wen'ge nur ihm jetzt zur Seite stehn,
> Und in der Bosheit so verschmitzt, daß schwerlich
> Macht, Kühnheit und Verstand ihm widerstehn.
> Auch führt er eine Waffe, höchst gefährlich,
> Vor Alters nie, jetzt nur bei ihm gesehn:
> Ein eisern Rohr, zwei Ellen in der Länge,
> Gefüllt mit Blei und einem Staubgemenge.
>
> Mit Feuer wird ein Löchlein, kaum zu spüren,
> Von ihm berührt, nah an des Rohrs Verschluß;
> So wie der Arzt den Ort pflegt zu berühren,
> Wo man hernach die Ader binden muß.
> Heraus mit Krachen fährt das Blei, als führen
> Donner und Blitz heraus in *einem* Schuß;
> Und wo es hinkommt, wird, als ob es wettert,
> Alles verbrannt, gestürzt, durchbohrt, zerschmettert.
>
> Durch diese Tücke hat er in zwei Tagen
> Das Heer besiegt, die Brüder mir gefällt.
> Dem ersten ward der Panzerstahl zerschlagen
> Im ersten Kampf, das Blei ins Herz geschnellt;
> Den andern warf er dann, im flücht'gen Jagen
> Der zweiten Schlacht, getötet auf das Feld.
> Von weitem wußt' er hinten in den Rücken,
> Zur Brust hinaus die Kugel ihm zu drücken.
>
> Mein Vater, der sich hielt in einer Feste,
> Der einzigen, die ihm noch übrig war
> (Denn schon vertrieb der Feind ihn aus dem Reste),
> Ward gleicherweise seines Lebens bar.

> Indem er hin und her ging und aufs beste
> Für dies und jenes sorgt' in der Gefahr,
> Traf der Verräter, der auf viele Schritte
> Zum Ziel ihn nahm, ihn in der Augen Mitte.

In die Hände des Mörders ihrer Lieben gefallen und von ihrem terrorisierten Volk verraten, hatte Olympia noch eine letzte Hoffnung: daß der Mann, den sie liebt, Biren, der Herzog von Seeland, sie retten komme. Doch der schreckliche Arkebusenschütze hat auch Biren niedergestreckt und gefangengenommen. Olympia ist eher bereit, sich das Leben nehmen, als den Sohn ihres Feindes zu heiraten, doch bevor sie stirbt, will sie sich rächen. Sie gibt vor, in die Hochzeit einzuwilligen. Zwei treue und mutige Untertanen sind ihr geblieben, zwei junge Brüder. Den einen setzt sie in ein Boot unten im Burggraben, den anderen versteckt sie mit einem Beil bewaffnet hinter den Vorhängen ihres Alkovens. So wird dieser für den Bräutigam Arbant nicht zum Ehegemach, sondern zum Schafott: Er stürzt enthauptet zu Boden, während Olympia auf einer Strickleiter ins Boot hinunterklettert und sich in Sicherheit bringt.

Der Schmerz über den Tod seines Sohnes und der Zorn auf die Entflohene machen Cimosko erbarmungslos. Er hat Biren in der Hand und könnte ihn töten, aber es ist Olympia, an der er sich rächen will. So erklärt er sich bereit, Biren freizulassen, wenn er dafür Olympia bekommt. Olympia ist ihrerseits bereit, sich für den Geliebten zu opfern; sie würde sich Cimosko auch gleich ergeben, aber sie kennt die Treulosigkeit dieses Tyrannen. Wer garantiert ihr, daß Cimosko, wenn er sie einmal in seiner Gewalt hat, nicht doch Biren tötet? So bittet sie Roland, den ihr der Zufall und die Winde zugetrieben haben, sie zu begleiten, wenn sie zu ihrem Feind geht, um sich ihm auszuliefern, und dann darauf zu achten, daß Cimosko sein Wort hält und Biren verschont.

Es ist ein Unternehmen, zu dem sich bisher kein fahrender Ritter bereit fand: Niemand will sich den feurigen Geschossen aussetzen, für die Panzer und Kettenhemden nichts als dünne Schleier sind. Doch Roland hat seine Entscheidung schon getroffen: Er wird seine Lanze in den Dienst Olympias stellen, aber nicht, damit diese ein Gemetzel anrichtet, sondern damit sie zusammen mit ihrem Geliebten gerettet wird.

Der Paladin fordert Cimosko zum Kampf auf Lanze und Schwert heraus. Cimosko lockt ihn in eine Falle, um ihn im Rücken zu fassen; er schießt mit der Arkebuse auf ihn, doch der Schuß geht daneben. Es ist die Schlacht der ruhmreichen Vergangenheit gegen die düstere Zukunft: Hier könnte der Dichter seine feierlichsten Töne anschlagen, doch er hält sich bei der Beschreibung des Kampfes lieber ans Alltagsleben, aus dem er seine Metaphern schöpft.

Nur um eine Idee davon zu vermitteln: Cimosko versucht Roland im Rücken zu fassen, so wie die Fischer im Po-Delta die Aale mit Netzen umzingeln, und er will ihn lebend fangen, so wie die Vogelfänger die ersten Vögel am Morgen als Lockvögel nehmen; Roland spießt Feinde auf seine Lanze, so wie der Koch Tortellini auf seine Gabel spießt oder wie die Ferraresischen Fischer Frösche aufspießen, soviel auf einen Spieß gehen; Cimosko liegt mit der Arkebuse im Anschlag, so wie ein Jäger im Apennin auf Wildschweine lauert; der Arkebusenschuß tötet das Pferd, läßt aber Roland aufspringen, daß man meinen könnte, in Brescia wäre ein Pulvermagazin in die Luft geflogen (61–80):

Der Paladin, bei Dordrecht angekommen,
Sieht viele Mannschaft, die das Tor bewahrt;
Denn immer hegt, zumal erst aufgekommen,
Die Herrschgewalt Verdacht von aller Art.
Auch hatte man vor kurzem hier vernommen,
Von Seeland aus sei auf der Kriegesfahrt
Mit großer Macht an Leuten und an Schiffen
Ein Vetter des gefangnen Herrn begriffen.

Der Graf verlangt, man soll' dem König sagen,
Es wünsch' ein Rittersmann auf irrem Zug
Mit ihm auf Schwert und Lanze sich zu schlagen;
Doch dies beding' er aus mit Recht und Fug:
Vermag Cimosk den Sieg davonzutragen,
Ist sein das Weib, das den Arbant erschlug,
Das, weil es jetzt ganz nahe sich befindet,
Der Ritter gleich zu stellen sich verbindet.

Versprechen soll der Fürst im Gegenteile,
Wird er in diesem Zweikampf übermannt,
Birenen loszugeben sonder Weile
Und frei ihn gehn zu lassen in sein Land.
Der Fußknecht sagt's dem König an in Eile;
Doch er, der Mut und Adel nie gekannt,
Ist gleich bereit, sein Denken und sein Dichten
Auf Arglist und Verrat und Trug zu richten.

Ihm deucht, wofern er nur den Ritter fange,
Fang' er auch sie, die ihm solch Leid beschert,
Ist anders wirklich sie in seinem Zwange
Und hörte nicht der Fußknecht ganz verkehrt.
Drum schickt er dreißig Mann auf anderm Gange
Als dem zum Tore, wo man sein begehrt;

Die, da sie einen Umweg erst genommen,
Hervor dem Paladin im Rücken kommen.

Indes zieht der Verräter ihn mit Worten
Ein Weilchen hin; und als er Kund' erhält,
Die Schar zu Fuß und Roß sei endlich dorten,
Eilt er mit gleicher Zahl hinaus ins Feld.
Gleichwie der Jäger rings an allen Orten
Mit kluger Vorsicht Wild und Wald umstellt;
Und wie die Fischer bei Volana pflegen
Mit Netzen Fisch' und Wasser zu umhegen:

So hat der Friesenkönig, unverdrossen,
Dem Ritter jeden Weg zur Flucht vermacht.
Lebendig ihn zu fahn ist er entschlossen,
Und anders nicht; was er so leicht gedacht,
Daß er den ird'schen Blitz, vor des Geschossen
Schon manch und mancher fiel, nicht mitgebracht.
Denn diesen glaubt er diesmal nicht vonnöten,
Da er zu fangen denkt und nicht zu töten.

Dem schlauen Vogler, der der Vögel Leben
Zu Anfang schont, auf größern Fang erpicht,
Weil dieser ersten Spiel und Lockung eben
Noch größre Zahl Gefangner ihm verspricht,
Dem gleichen will Cimosk in seinem Streben;
Doch ähnlich sein will Roland jenen nicht,
Die auf den ersten Zug sich fangen lassen,
Und sprengt den Kreis, mit dem sie ihn umfassen.

Der Paladin, da, wo er das Gedränge
Am dichtsten sieht, senkt seinen Speer herab.
Spießt einen drauf und einen aus der Menge
Und *den,* und *den,* als wären sie von Papp.

Bis sechse reiht er auf die ganze Länge
Des Speeres auf; doch dieser wird zu knapp
Und läßt dem siebenten kein Plätzchen offen;
Der aber stirbt, vom harten Stoß getroffen.

So pflegt's dem schlauen Fänger wohl zu glücken,
Wenn er die Frösch' im Graben, im Morast,
Den einen nach dem andern, bald im Rücken
Und bald im Schenkel mit dem Spieße faßt,
Ohn' eher sie vom Stechholz abzudrücken,
Als bis der Raum für keinen weiter paßt. –
Die schwere Lanze schleudert weg der Ritter
Und geht nun mit dem Schwert ins Schlachtgewitter.

Die Lanze bricht, nun wird das Schwert gezogen,
Dem nie ein falscher Streich entschlüpfen kann;
Denn wo es hauend, stechend hingeflogen,
Fällt itzt ein Fußknecht, itzt ein Reitersmann.
Wohin es fährt, da färbt's mit Purpurwogen
Blau, Grün, Gelb, Schwarz und Weiß gleichfarbig an.
Cimosko flucht, daß er des Rohrs entbehre,
Hier, wo es ihm am meisten nötig wäre.

Mit lautem Ton befiehlt er, es zu bringen;
Er schreit und droht, doch niemand hört auf ihn.
Denn wem's gelang, heil in die Stadt zu dringen,
Der wagt es nicht, aufs neu herauszuziehn.
Der König sieht die andern all' entspringen
Und will, um sich zu retten, auch nur fliehn.
Er jagt ans Tor und will die Brücke heben,
Allein der Graf ist allzu schnell daneben.

Den Rücken wendend, läßt der König Brücke
Und Doppeltor dem Grafen zum Gebot

Und flieht vor allen her, weil, ihm zum Glücke,
Sein Roß im Lauf die andern überbot.
Aufs niedre Volk hat Roland keine Tücke,
Er will des Frevlers, nicht der andern Tod.
Allein sein Roß, zum Laufen schlecht gegliedert,
Scheint fast wie lahm, der Flüchtling scheint befiedert.

Er flieht von Weg zu Weg, durch manche Strecke,
Aus Rolands Blick, doch bleibt nicht lange fort
Und kommt mit neuer Wehr zurück zum Flecke,
Denn Rohr und Feuer bringt man ihm sofort.
Nun lauert er, geduckt an einer Ecke,
Dem Grafen auf: so wie der Jäger dort,
Mit Hunden, wohl bewehrt, den Spieß erhoben,
Des Ebers harrt, der niedersteigt mit Toben,

Baumäste bricht, fort schleudert Felsenmassen
Und, wo er naht mit seinem stolzen Groll,
Den Wald umher zerschmettert scheint zu lassen,
Den Berg gestürzt mit donnerndem Geroll.
Cimosko steht, den Grafen abzupassen,
Der ohne Zech' ihm nicht entwischen soll.
Wie dieser kommt, berührt er schnell mit Feuer
Des Rohres Loch – da prasselt's ungeheuer.

Von hinten flammt's gleich Blitzen in Gewittern,
Vorn kracht es durch die Luft mit Donnerhall.
Der Erde Grund, die Mauern rings erzittern,
Der Himmel widerhallt vom grausen Knall.
Zersprengen muß das Glutgeschoß, zersplittern,
Unfehlbar, was ihm aufstößt, überall.
Es pfeift und zischt; doch nach dem argen Hoffen
Des Meuchelmörders hat es nicht getroffen.

Sei's nun die Hast, zu heftiges Verlangen
Nach Rolands Tode, was ihn fehlen macht;
Sei's, daß sein Herz, das innen bebt vor Bangen,
Auch Arm und Hand zum Beben hat gebracht;
Sei's auch, daß Roland nicht den Schuß empfangen,
Weil Gottes Huld für seinen Ritter wacht:
Die Kugel, in des Rosses Bauch gestoben,
Wirft's auf die Erd', und nie hat sich's erhoben.

Gestürzt sind Roß und Mann. Schwer auf dem Lande
Bleibt jenes ruhn; leicht und gewandt entrafft
Sich Roland ihm und ist so schnell im Stande,
Als sei ihm Stärk' und Atem neu verschafft.
Wie Libyens Antäus einst vom Sande
Nach jedem Fall aufstand mit neuer Kraft:
So, schien es, stand, den Boden kaum berührend,
Der Ritter auf, zwiefache Kraft verspürend.

Wer je vom Himmel sah das Feuer fallen,
Das Jovis' Hand entfährt mit Donnerwut
Und dahin stürzt, wo in verschlossnen Hallen
Die Kohl' auf Schwefel und Salpeter ruht;
Kaum langt es an, kaum rührt es nur, so wallen
Schon Erd' und Himmel auf in lichter Glut;
Gemäuer reißt es um, sprengt schwere Quadern,
Wirft Stein' empor bis zu den Sterngeschwadern:

Der denke, *so* war, als er widerstrebend
Zu Boden schlug, der große Paladin,
So wild, so furchtbar'n Anblicks sich erhebend,
Daß Mars im Himmel selbst zu zittern schien.
Der Friesenkönig lenkt, vor Angst erbebend,
Die Zügel um und wendet sich, zu fliehn;

Doch schneller ist ihm Roland nachgeflogen,
Als je ein Pfeil entfliegt von seinem Bogen.

Und was vorhin, zu Roß, ihm nicht gelungen,
Das ist ihm jetzt, zu Fuße, wohl erlaubt.
Er kommt so schnell dem Flieh'nden nachgesprungen,
Daß, wer es nicht gesehn, es nimmer glaubt.
Bald hat er ihn erreicht, und, hoch geschwungen,
Zückt er das Schwert auf des Verräters Haupt
Und spaltet's bis zum Hals hinab im Fluge
Und wirft ihn hin zum letzten Atemzuge.

Im selben Augenblick, in dem Cimosko mit gespaltenem Schädel zu Boden sinkt, rückt in Dordrecht die Verstärkung des seeländischen Heeres ein und vernichtet die Friesen. Holland ist befreit, Olympia und Biren fallen sich in die Arme. Roland hat das Unternehmen glücklich beendet und kann seiner Wege ziehen.

Doch bevor er sich wieder auf die Suche nach Angelica macht, will er noch für eines sorgen: daß diese fürchterliche Höllenmaschine vom Angesicht der Erde verschwinde und nicht der blanken Waffe die Herrschaft über die Schlachten bestreite. Mit einem Boot fährt er aufs Meer hinaus, bis er kein Land mehr sieht, und versenkt die Arkebuse samt Pulver und Blei in der Tiefe (90–91):

Und also, da er anlangt auf den Weiten
Der hohen See, fern aller Ebb' und Flut,
Wo ringsumher der Blick nach allen Seiten
Nicht auf der kleinsten Spur vom Lande ruht,
Nimmt er's und spricht: »Daß nie in künft'gen Zeiten
Durch dich gelähmt werd' eines Ritters Mut,
Durch dich der Schlechte nicht sich rühm', an Ehre
Dem Wackern gleichzustehn, fahr' hin zum Meere!

Verfluchtes Rohr, zu Sünd' und Mord erkoren,
Geschmiedet in des Orkus tiefstem Grund
Von Satans tück'schen Händen, der geschworen,
Durch dich ganz zu verwüsten dieses Rund –
Zur Hölle send' ich dich, die dich geboren!«
So redend, warf er's in den Meeresschlund.
Der Wind, nie faul, die Schwingen zu bewegen,
Treibt ihn indes dem grausen Land entgegen.

Dort unten auf dem Meeresgrund wird das Höllengerät ein paar Jahrhunderte liegen, bis der Teufel es durch das Werk eines Zauberers wieder wird auftauchen lassen. Dann werden die Ritter sich in alle Winde zerstreuen, Rauch und Flammen werden die Schlachtfelder erfüllen, Haubitzen, Bombarden, Kanonen werden Italien und ganz Europa mit Krieg und Brand überziehen (XI, 23–27):

Das höllische Gerät ward aus den Wogen,
Nach langen Jahren, durch des Zaubers Macht
Aus hundert Klafter Tiefe vorgezogen
Und dann zuerst den Deutschen zugebracht,
Die mancherlei Versuch damit vollzogen;
Und da, auf unsern Schaden stets bedacht,
Der böse Geist verfeinert' ihre Sinne,
So ward man endlich des Gebrauches inne.

Italien, Frankreich samt den Ländern allen,
Hat alsobald die grause Kunst erreicht.
Der füllt die hohlen Formen mit Metallen,
Die man zuvor in glüh'nder Ess' erweicht;
Der bohrt das Eisen, *dieser,* nach Gefallen,
Macht groß und klein das Rüstzeug, schwer und leicht,

Nennt *dies* Bombarde, Büchse *das,* nach Laune,
Einfache bald, bald doppelte Kartaune.

Haubitze heißt es, Falkonett, Feldschlange,
Wie, der es macht, den Namen *dem* beschert,
Was freie Bahn sich schafft auf seinem Gange
Und Erz zerschmettert und durch Marmor fährt.
Gib, armer Krieger, gib der Schmiedezange
Hin deine Waffen alle, bis zum Schwert;
Die Flint' und Büchse sei dafür genommen!
Sonst wirst du wahrlich keinen Sold bekommen.

Wie hast du Raum in Menschenbrust gefunden,
Erfindung, voll des Frevels und der Weh'n?
Durch dich ist Waffendienst der Ehr' entbunden,
Durch dich muß Kriegesruhm zugrunde gehn.
Durch dich – so weit sind Kraft und Mut geschwunden –
Scheint Wackren oft der Schlechte vorzugehn.
Durch dich sind Stärk' und Heldensinn enthoben
Der Möglichkeit, im Feld sich zu erproben.

Durch dich erlag und wird hinfort erliegen
So edler Herrn und Ritter große Zahl,
Eh wir das Ende sehn von diesen Kriegen,
Der ganzen Welt, doch mehr Italiens Qual.
Drum, sagt' ich's euch, so war mein Spruch gediegen:
Von den verruchten Geistern allzumal
War keiner böser, noch im Frevel dreister,
Als dieser greulichen Erfindung Meister.

DIE VERLASSENE OLYMPIA

Der *Rasende Roland* ist eine riesige Schachpartie, die auf der ganzen Weltkarte gespielt wird, eine maßlose Partie, die sich in zahlreiche simultane Spiele verzweigt. Die Weltkarte ist zwar viel abwechslungsreicher als ein Schachbrett, aber auch auf ihr bewegen sich die Figuren nach festen Regeln wie Schachfiguren.

Wenn Olympia als eine von Bosheit und Unglück verfolgte schöne Frau ins Spiel getreten ist, wird ihre Rolle weiterhin die einer von Bosheit und Unglück verfolgten schönen Frau sein. Jetzt, da Roland sie gerettet hat, da ihr grausamster Feind tot ist und sie sich mit dem Manne vereint hat, für den sie bereit war, ihr Leben zu opfern, jetzt müßte für sie das Glück beginnen. Aber nein, es beginnt eine neue Folge von Unheil, denn in ihrer Person sind Schönheit und Verzweiflung nicht zu trennen.

Biren, der Herzog von Seeland, ist ein recht unwürdiges Objekt solch hingebungsvoller Liebe: Kaum befreit, wirft er sein Auge sogleich auf ein junges Mädchen, die Tochter des getöteten Feindes, und indem er ihr heuchlerisch Mitleid vortäuscht, lockt er sie auf sein Schiff mit dem Vorwand, sie seinem Bruder zur Gattin geben zu wollen. Die Wahrheit ist, daß der Undankbare es gar nicht erwarten kann, Olympia auf einer einsamen Insel auszusetzen.

Als es darum geht, eine Moral für diese Geschichte zu formulieren, gerät der Dichter in ein Dilemma: Soll er den

119

Frauen sagen, sie dürften den Männern niemals trauen und sich nie verliebt zeigen? Dann würde er sich am Ende ins eigene Fleisch schneiden. Er rettet sich aus der Verlegenheit, indem er sagt, sie sollten sich vor den sehr jungen hüten, den Milchbärten, die immer flatterhaft seien, und sich an die reiferen Männer halten (X, 6–9):

Verheißungen und Schwüre sind im leeren
Luftraume schnell zerstreut durch Windesmacht,
Sobald der Mann vom durstigen Begehren,
Das in ihm glüht und brennt, sich freigemacht.
Drum lasset durch dies Beispiel euch belehren
Und habt des Flehns, der Tränen minder acht.
Der, werte Frauen, steht beim Glück in Gnaden,
Der sich zu witz'gen lernt durch andrer Schaden.

Wahrt euch vor dem, des Antlitz in der Blüte
Der schönen Zeit so glatt ist und so schier;
Denn heut entsteht, heut schwindet im Gemüte,
Strohflammen gleich, ihm jegliche Begier.
Wie sich der Jäger um das Wild bemühte
Bei Hitz' und Frost, am Strand, im Bergrevier,
Doch wenn er's erst gefangen, sein nicht achtet
Und nur dem flieh'nden nachzueilen trachtet:

So tun die Knaben auch. Wie lang Entbehrung,
Verschmähen, Trotz die Liebentflammten plagt,
Sind sie voll Zärtlichkeit und voll Verehrung,
Im Dienen treu, sosehr es euch behagt.
Doch kaum erfreu'n sie sich der Sieggewährung,
So findet ihr die Herrscherin zur Magd
Herabgesetzt und seht mit Schmerz zu andern,
Von euch hinweg, die falsche Liebe wandern.

Doch sollt ihr nicht die Liebe ganz verschmähen,
Der Rat wär' arg; denn ohne Freundeskraft
Scheint ihr der Reb' im Garten gleichzustehen,
Die ohne Pfahl sich keinen Halt verschafft.
Dem ersten Milchbart sollt ihr nur entgehen,
Der immer flüchtig ist und flatterhaft,
Und nicht zu herbe, harte Frücht' ergreifen;
Allein deshalb auch nicht die überreifen.

Aber das sagt er bloß so, um irgend etwas zu sagen. Mit Sicherheit weiß der Dichter nur, daß er an diesem Punkt seines Weltkarten-Schachs eine Frauenfigur braucht, die sich angesichts eines im Dunst entschwindenden Segels die Haare rauft (17–34):

In einer Bucht, wo sie geankert hatten,
Stieg nun Olympia sehr zufrieden aus
Und hielt vergnügt mit ihrem falschen Gatten
Ohn' jeglichen Verdacht den Abendschmaus.
Ein Zelt, errichtet auf anmut'gen Matten,
Ward auf die Nacht sodann der beiden Haus;
Und sämtliche Begleiter kehrten wieder
Aufs Schiff zurück und legten dort sich nieder.

Das Meergebraus, die Angst, die sie empfunden,
Weshalb sie lange nicht des Schlafs gepflegt;
Die Sicherheit, die sie am Strand gefunden,
Im stillen Wald, wohin kein Lärmen trägt;
Und daß sie nun, von ihrem Freund umwunden,
Sich jedes Kummers, jeder Sorg' entschlägt:
Dies alles muß sie so in Schlaf vertiefen,
Wie Bären kaum und Ratzen jemals schliefen.

Der Falsche, der, den Frevel zu vollbringen,
Sich wach erhielt, nimmt kaum den Schlummer wahr,
So eilt er sacht, dem Bette zu entspringen,
Packt seine Kleider auf, schleicht, nackt und bar,
Zum Zelt hinaus und fliegt, als wären Schwingen
Ihm angesetzt, zurück zu seiner Schar
Und weckt sie auf, um still und ohne Weilen
Vom Ufer ab aufs hohe Meer zu eilen.

Dahinten bleiben bald des Ufers Pfade,
Olympia bleibt und schläft in Sicherheit,
Bis nun Aurora von dem goldnen Rade
Mit weißem Reif die Fluren überschneit,
Und man die Halkyonen am Gestade
Beklagen hört ihr altes, bittres Leid.
Nicht wach, nicht schlafend, streckt sie nach Birenen
Die Hand zur Seit' hinaus – vergeblich Sehnen!

Sie findet nichts, und ihre Hand sinkt nieder,
Sie sucht aufs neu und findet niemand hie,
Streckt diesen Arm aus, jetzt den andern wieder,
Und diesen Fuß und den, und trifft ihn nie.
Furcht scheucht den Schlaf; sie hebt die Augenlider,
Sie schaut umher – nicht länger hütet sie
Das Witwenbett, rafft sich mit lautem Schreie
Vom Lager auf und stürzt hinaus ins Freie.

Jetzt ahnend, wissend, was ihr widerfahre,
Läuft sie ans Meer, zerschändet des Gesichts,
Des Busens Reiz, zerrauft die schönen Haare
Und blickt umher beim Glanz des Mondenlichts,
Ob sie nichts weiter als den Strand gewahre;
Doch weiter als den Strand gewahrt sie nichts.

Sie ruft: »Biren!« – »Biren!« ruft durch die Lüfte
Der Widerhall mitleid'ger Felsenklüfte.

Hier türmte sich ein Felsen, durch der Wogen
Langwier'gen Schlag am letzten Uferrand
Von unten ausgehöhlt, der, als ein Bogen
Weit übers Meer gekrümmt, wie schwebend stand.
Schnell hat Olympia seine Höh' erflogen,
Mit einer Kraft, die ihr das Herz gesandt,
Und sieht von weitem noch die Segel schwellen,
Die den Verräter führen durch die Wellen.

Sie sieht's von weitem, oder glaubt zu sehen,
Denn noch herrscht Dämmerung im luft'gen Kreis.
Sie sinkt dahin, als müßte sie vergehen,
Im Angesicht wie Schnee so kalt und weiß.
Dann, als sie Macht hat, wieder aufzustehen,
Folgt ihr Geschrei der Schiffe flücht'gem Gleis
Und ruft, so laut die Kräfte nur gestatten,
Den Namen aus des unbarmherz'gen Gatten.

Durch Ächzen dann und lautes Händeschlagen
Ersetzt sie, was dem schwachen Ton gebricht.
»Wohin, Grausamer, fliehst du?« schallt ihr Klagen,
»Noch hat dein Schiff die volle Ladung nicht.
Mich nehm' es ein! Ihm ist, den Leib zu tragen,
Da es die Seele trägt, kein schwer Gewicht.«
Nun winkt sie mit den Armen, dem Gewande,
Damit das Schiff rückkehren mag zum Strande.

Allein der Wind, der durch der Wogen Mitte
Führt des Verräters Segel weit von dort,
Führt Tränen auch und Klage, Flehn und Bitte
Der traurigen Olympia mit sich fort.

Dreimal, entschlossen zu dem letzten Schritte,
Sich selber grausam, setzt sie an vom Bord.
Zuletzt entreißt sie sich der wüsten Stätte
Und kehrt zurück zu ihrem nächt'gen Bette.

Sie sank aufs Bett und sprach, von Schmerz beklommen,
Zu ihm, das feucht von ihren Tränen war:
»Du hast ein Paar ja gestern aufgenommen,
Warum steht heut nicht wieder auf ein Paar?
Verfluchter Tag, da ich zur Welt gekommen!
Biren, treuloser, schändlicher Barbar!
Was soll, was kann ich hier allein beginnen?
Wo soll ich Beistand, ach! wo Trost gewinnen?

Hier ist kein Mensch, kein Werk, woraus zu schließen
Nur irgend sei auf menschlichen Verein;
Kein Nachen läßt die Hoffnung mich genießen,
Aus diesem Elend je mich zu befrei'n.
Vor Mangel komm' ich um; mein Auge schließen
Wird keine Hand, noch mir ein Grab verleihn;
Begraben nicht in ihrem Leib – o Grausen!
Die Wölfe mich, die hier im Walde hausen.

Ich lausch' in Angst; schon glaub' ich sie zu schauen,
Die Bären, Löwen, die der Wald ernährt,
Die Tiger, und welch Wild mit scharfen Klauen
Und spitzen Zähnen die Natur bewehrt.
Doch welches Tier droht ärgern Todes Grauen,
Als du, grausames Untier, mir beschert?
Denn jenen gnügt, mir *einen* Tod zu geben;
Du bringst, weh mir! mich tausendmal ums Leben.

Käm' auch ein Schiff zu diesen fernen Meeren
Und nähme mich aus Mitleid mit sich fort,

Und schützte mich vor Wölfen, Leu'n und Bären,
Vor Hungertod und anderm grausen Mord:
Sollt' ich vielleicht zurück nach Holland kehren,
Wo jede Festung dein ist, jeder Port?
Heimkehren in das Land, wo ich geboren,
Wenn ich es schon durch deinen Trug verloren?

Du hast mein Reich betrüg'risch mir entwendet,
Dich mir befreundet nennend und verwandt,
Und deine Scharen schnell hineingesendet,
Um dir zu sichern mein ererbtes Land.
Sollt' ich nach Flandern gehn, wo ich verwendet
Mein letztes Gut, wie wenig auch sich fand,
Dir beizustehn, zu lösen deine Ketten?
Ich Arme, weh! wohin soll ich mich retten?

Sollt' ich nach Friesland, wo ich ausgeschlagen
Um deinetwillen, Königin zu sein?
Drum wurden Vater, Brüder mir erschlagen,
Und jegliches Besitztum büßt' ich ein.
Doch brauch' ich, Undankbarer, dir's zu sagen?
Der Opfer, die ich brachte, dich zu zeihn?
So gut wie ich mußt du sie alle kennen;
Und *dieses* nun hab' ich als Lohn zu nennen!

Ach, werd' ich nur von Räubern nicht genommen,
Die mich verkaufen unters Sklavenjoch!
Eh mag der Wolf, der Bär, der Löwe kommen,
Und mag der Tiger, und welch Raubtier noch,
Mich unter seine Zähn' und Klau'n bekommen
Und meinen Leichnam schleppen in sein Loch!«
So redend, fährt sie in die goldnen Locken
Mit wilder Hand und reißt sie aus in Flocken.

Von neuem läuft sie hin zum Uferrande
Und wirft das Haupt und läßt die Haare wehn,
Als wäre sie verlassen vom Verstande,
Nicht voll von *einem* Teufel, sondern zehn:
Wie Hekuba im wilden Wahnsinnsbrande,
Als sie den Leichnam Polydors gesehn.
Dann starret sie vom Felsen zu den Borden
Des Meers hinab, selbst wie zu Fels geworden.

Olympia, die im Zelt am Meeresufer erwacht, nach dem Gatten an ihrer Seite tastet und die Stelle leer findet; Olympia, die am Strand zwischen den Klippen umherläuft und Birens Namen ruft, aber nur das Echo in den Höhlen erbarmt sich ihrer und antwortet; Olympia, die im Delirium ihrer Verzweiflung den Biß von Wölfen, Bären, Löwen und Tigern zu spüren wähnt, die sich selbst zu zerstören versucht in einer Phantasterei von wilden Tieren, die sie zerfleischen – hier hat der Dichter seinem Instrument die herzzerreißendsten Töne entlockt und kann nun mit einem seiner raschen Arpeggien von den Leiden der Tragödie zum Galopp des Abenteuers übergehen.

In jedem Gesang des *Rasenden Roland* entfaltet sich die ganze Weltkarte vor den Augen des Lesers, und mit einem Blick erfaßt man Olympia auf der Klippe, die vor Schmerz wie versteinert ist, und Ruggiero/Rüdiger im fernen Indien, der aus den Paradiesen der Lust zu denen der Weisheit flieht, von Alcina zu Logistilla.

In das Reich der Fee Logistilla kehrt Rüdiger auf dem Hippogryphen zurück, den er sich endlich gezähmt und gefügig gemacht hat. Auf unserem Schachbrett ist der Hippogryph eine privilegierte Figur: Wer ihn reitet, kann mit einem einzigen Zug ganze Kontinente überfliegen.

Eine geographische Phantasie über Asien und Europa läuft unter Rüdigers Augen ab, bis er beschließt, in England zu landen, wo sich am Ufer der Themse gerade ein großes Heer versammelt, um dem belagerten Kaiser Karl zu Hilfe zu kommen (69–74):

> Rüd'ger zieht fort, doch will den Weg nicht reiten,
> Den wider Willen er vorher betrat,
> Als ihn das Roß stets über Meeresweiten
> Hintraben ließ, fern von des Landes Pfad;
> Jetzt, da er dessen Flug nach allen Seiten,
> Hierhin wie dort-, in seiner Willkür hat,
> Nimmt er den Weg in neuen Himmelsstrichen,
> Den Weisen gleich, die dem Herod entwichen.
>
> Beim Kommen ward der Held aus Spaniens Gauen
> In gradem Strich nach Indien hin versetzt,
> Auf jenen Kriegesplatz der beiden Frauen,
> Den rings das Meer des Orients benetzt.
> Jetzt aber will er andre Länder schauen
> Als die, wo Äolus die Winde hetzt,
> Will jenen Kreis, den er begann, vollbringen
> Und, gleich der Sonne, ganz die Erd' umringen.
>
> Cathay erblickt er hier, und überfliegend
> Das große Quinsay, Mangiana dort;
> Zieht übern Imaus, läßt rechtwärts liegend
> Der Sericaner Land; von Skythiens Nord
> Zur Flut Hyrkaniens immer seitwärts biegend,
> Gelangt er nach Sarmatien und dem Ort,
> Wo Asiens und Europas Gau'n sich trennen;
> Und Russen, Preußen, Pommern lernt er kennen.

Wohl war es Rüd'gers innigstes Verlangen,
Zu Bradamanten schnell zurückzugehn;
Doch da er mit Vergnügen angefangen,
Die Welt zu schau'n, so blieb er hier nicht stehn.
Auch zu den Polen wollt' er noch gelangen
Und auch die Ungarn und die Deutschen sehn,
Samt anderm Volk der nordisch rauhen Lande,
Und kam zuletzt zum fernsten Engellande.

Doch glaubt nur nicht, mein Herr, daß er deswegen
So lange saß auf seinem Flügeltier;
Im Gasthof sucht' er abends sich zu pflegen
Und mied nach Möglichkeit ein schlecht Quartier.
Viel Monde bracht' er zu auf diesen Wegen,
So trieb ihn, Land und Meer zu sehn, die Gier.
Nach London kam er einst beim Morgenblinken
Und ließ am Themsestrand den Flieger sinken.

Hier auf den Wiesen, die die Stadt umfassen,
Sah er des Fußvolks und der Reiter viel,
Die, wohl gereiht, in schön geteilten Massen,
Bei der Trompeten und der Trommeln Spiel
Vom Paladin Rinald sich mustern lassen,
Der, wie ihr wißt, sofern's euch nicht entfiel,
In dieses Land, so wie ihm Karl befohlen,
Gekommen war, um Beistand herzuholen.

Jenseits der Ärmelkanals erstreckt sich ein Land, das noch voller Exotik ist. Es genügt der Klang der Städte- und Grafschaftsnamen, um Rüdiger und mit ihm Ariost zu faszinieren. Die Beschreibung einer Heerschau von Truppen aus England, Schottland und Irland könnte sich auf eine trockene Aufzählung reduzieren, hätte der

131

Dichter nicht gleichsam mit sich selbst eine Wette abgeschlossen: daß er es schaffen werde, möglichst viele englische Namen zu italianisieren. Wie führt man die Namen Lancaster, Warwick, Gloucester in eine italienische Dichtung ein? Verwandeln wir sie zu Lincastro, Varvecia, Glocestra. Und Clarence? Norfolk? Kent? Sagen wir Chiarenza, Nortfozia und Canzia. Man kann das Spiel fortsetzen, so lange man will: Pembroke wird Pembrozia, Suffolk Sufolcia, Essex Essenia. Und Northumberland? Hier wird der Fall komplizierter. Berkeley? Richmond? Dorchester? Hampton? Ariosts phonetische Unternehmung wird zu einem neuen, unvorhergesehenen Abenteuer seines Gedichts (75–81):*

> Zu rechter Zeit kommt Rüd'ger, um die Stunde
> Der schönen Heeresschau, an diesen Strand
> Und heischt allda von einem Ritter Kunde,
> Sobald er sich zur Erd' hinabgewandt.
> Und der erzählt mit sehr beredtem Munde,
> Daß Schottland, Irland sowie Engelland
> Und rings die Inseln diese Scharen geben,
> Die hier so zahllos ihr Panier erheben.
>
> Und wird die Must'rung, die man hält, sich endigen,
> So ziehen sie hinab zur Meeresflut,
> Wo, um den Ozean zu bändigen,
> Die Flott' im Hafen, ihrer harrend, ruht.
> Auf diese hoffend, schöpft, noch im beständigen
> Belag'rungsdrang, der Franke neuen Mut.

---

* In Johann Diederich Gries' deutscher Fassung, die nicht nur sprachgeschichtlich dem Englischen näher steht, sondern auch ein an Shakespeare geschultes Publikum veraussetzen konnte, bleiben die englischen Namen erhalten. Wir haben es deshalb für sinnvoll gehalten, hier ausnahmsweise die italienischen Originalverse kursiv einzufügen (A. d. Ü.).

»Doch daß du alles mögst genau erkennen,
Will ich das Volk dir scharenweise nennen.

Sieh dort die große Fahne, die das Zeichen
Der Lilien führt mitsamt dem Pardeltier!
Sie ist des Oberfeldherrn; dieser weichen
Die andern Fahnen all' und folgen ihr.
Der Feldherr, hochberühmt in diesen Reichen,
Ist Leonet, der Tapfern Blum' und Zier,
Lancasters Herzog und des Königs Neffe;
Kein Mut, kein Rat, der seinen übertreffe!
  Il suo nome, famoso in queste bande,
  è Leonetto, il fior de li gagliardi,
  di consiglio e d'ardire in guerra mastro,
  del re nipote, e duca di Lincastro.

Die dort, dem Berge zugeweht von Winden,
Die sich zunächst der Königsfahne hält,
Trägt Richard, Warwicks Graf; auf ihr verbinden
Drei weiße Flügel sich im grünen Feld.
  La prima, appresso il gonfalon reale,
  che 'l vento tremolar fa verso il monte,
  e tien nel campo verde tre bianche ale,
  porta Ricardo, di Varvecia conte.
Dort ist Glocesters Kriegspanier zu finden:
Zwei Hörner und ein Hirschkopf, halb zerspellt.
Die Fackel ist dem Herzog Clarence eigen,
Und der von York hat einen Baum zu zeigen.
  Del duca di Glocestra è quel segnale,
  c'ha duo corna di cervio e mezza fronte.
  Del duca di Chiarenza è quella face;
  quel arbore è del duca d'Eborace.

Die in drei Stücke durchgebrochne Lanze
Führt Herzog Norfolk im Panier der Schlacht.
Der wackre Kent prangt mit des Blitzes Glanze;
Graf Pembroke hat den Greif mit sich gebracht.
   Vedi in tre pezzi una spezzata lancia:
   gli è 'l gonfalon del diuca di Nortfozia.
   La fulgure è del buon conte di Cancia;
   il grifone è del conte di Pembrozia.
Northumberland erscheint mit einem Kranze
Im blauen Feld; und diese Waage macht
Dir Suffolk kund. Graf Essex kommt gegangen,
Wo sich das Joch zeigt mit den beiden Schlangen.
   Il duca di Sufolcia ha la bilancia.
   Vedi quel giogo che due serpi assozia:
   è del conte di Esenia; e la ghirlanda
   in campo azzurro ha quel di Norbelanda.

Graf Arundel führt ein Panier im Streite,
Auf dem ein Nachen untergeht im Meer.
Dort zieht Marquis von Barklay, im Geleite
Der Grafen March und Richmond, stolz einher.
   Il conte d'Arindelia è quel c'ha messo
   in mar quella barchetta che s'affonda.
   Vedi il marchese di Barclei; e appresso
   di Marchia il conte e il conte di Ritmonda.
Der führt gespaltnen Fels auf Weiß, der zweite
Führt einen Palmbaum, und ein Meerschiff *der.*
Der Graf von Dorset, der von Hampton tragen
Der eine Kron', und *jener* einen Wagen.
   il primo porta in bianco un monte fesso,
   l'altro la palma, il terzo un pin ne l'onda.
   Quel di Dorsezia è conte, e quel d'Antona,
   che l'uno ha il carro, e l'altro la corona.

Der Falk, des Flügel sich zum Neste kehren,
Zeigt Raimund an, den Grafen Devonshire.
Graf Derby hat den Hund, Oxford den Bären;
Winchester führt ein gelb und schwarz Panier.
Il falcon che sul nido i vanni inchina,
porta Raimondo, il conte di Devonia.
Il giallo e negro ha quel di Vigorina;
il can quel d'Erbia; un orso quel d'Osonia.
Baths edler Bischof, reich an Gold und Ehren,
Führt des kristallnen Kreuzes würd'ge Zier.
Bei dem zerbrochnen Sessel dort, im Grauen,
Ist Ariman von Somerset zu schauen.
La croce che là vedi cristallina,
è del ricco prelato di Battonia.
Vedi nel bigio una spezzata sedia:
è del duca Ariman di Sormosedia.

Ruggiero/Rüdiger setzt seinen Flug auf dem Hippogryphen fort und fliegt von London weiter in Richtung Irland. Auf einer Insel vor der irischen Küste erblickt er, an eine Klippe gefesselt als Fraß für ein Seeungeheuer, eine junge Frau: Es ist Angelica! Die Geschichte von Angelica und dem Ungeheuer, das sie zu verschlingen droht, eröffnet eine neue märchenhafte Partie. Dem Wunderbaren der Geographie folgt das Wunderbare der Märchen, ohne es verblassen zu lassen. Wenn wir die Augen über den Seeungeheuern und geflügelten Pferden schließen, sehen wir weiter den Lanzenwald der bärtigen britischen Krieger vorrücken.

DIE ANGEKETTETEN
AUF DER TRÄNENINSEL

Vor Irland, am Ufer der Insel Ebuda, taucht jeden Morgen ein Ungeheuer aus dem Meer auf und verschlingt eine Jungfrau. Um die eigenen Töchter zu retten, sind die Inselbewohner Piraten geworden und rauben Mädchen an den Küsten ringsum. Jeden Morgen binden sie eins an eine Klippe, damit das Seeungeheuer ein Opfer findet und sie in Ruhe läßt. So ist ihnen auch die schöne Angelica in die Hände gefallen, und nun hängt sie dort nackt in Ketten. Ihr Los scheint schon besiegelt, da sieht sie am Himmel einen Krieger auf einem geflügelten Pferd nahen. Es ist Herr Rüdiger auf dem Hippogryphen.

Zusammen mit dem Hippogryphen ist Rüdiger auch der Schild des Zauberers Atlas geblieben, den man nur zu enthüllen braucht, um den Gegner zu blenden. Der Besitz dieses magischen Gegenstandes bringt ihn in eine unbestreitbar vorteilhafte Lage: Mehr noch als seinen Kampf gegen das Untier zu verfolgen reizt es uns, die Technik zu verfolgen, die Ariost benutzt, um diesen Kampf eines Seeungeheuers mit einem Krieger auf einem Flügelroß zu erzählen. Ariosts Poesie erweckt nicht den Anschein, auf magische Kräfte zurückzugreifen, wenn sie von Magie spricht; ihr Geheimnis liegt darin, mitten im Riesenhaften und Wunderbaren die Proportionen einer Tenne, eines Pfades, einer Gumpe in einem apenninischen Bergbach wiederzufinden. Der Kopf des Seeungeheuers wird als der eines Wildschweins gesehen; der Hippogryph nähert sich ihm vorsichtig wie ein Adler, der eine giftige Natter packen will, oder wie eine Stechfliege, die einen Hund belästigt; das in Todesstarre gefallene Untier erinnert an die Forellen, die man fängt, indem man das Wasser mit Kalk trübt (X, 100–111):

Das ungeheure Tier kommt hergezogen,
Halb in der Flut und halb vom Wasser bloß.
So wie ein Schiff, getrieben durch die Wogen
Vom Süd und Nord, fliegt auf den Hafen los:
So kommt das Ungetüm herangeflogen
Zum grausen Mahl; schon ist der Raum nicht groß.
Halb tot vor Angst und Schrecken ist die Schöne
Und achtet wenig auf des Trostes Töne.

Der Ritter hält, den Kraken zu erreichen,
Die Lanze frei gefaßt, nicht eingelegt.
Sonst weiß ich nichts dem Untier zu vergleichen,
Als eine Masse, die sich wälzt und regt;
Der Kopf allein gibt ihm ein tierisch Zeichen,
An dem es Aug' und Zahn des Ebers trägt.
Der Ritter trifft es in der Stirne Mitte,
Doch scheint's, daß er mit Fels und Eisen stritte.

Da er des ersten Streichs sich wenig freute,
Will er versuchen, was der zweite tut.
Den Schatten, den das Flügelpaar verstreute,
Sieht nun der Fisch hinlaufen auf der Flut
Und läßt am Ufer die gewisse Beute
Und folgt der eitlen nach in voller Wut.
Er wälzt sich, dreht sich, um sie zu erwischen,
Und Rüd'ger gibt ihm manchen Stoß inzwischen.

So kommt der Aar, sieht er im Grase schweifen
Die bunte Natter, oder wenn sie glüht

Im Sonnenstrahl und ihre goldnen Streifen
Auf nacktem Fels zu putzen sich bemüht;
Er wagt es nicht, von dort sie anzugreifen,
Wo sie, die gift'ge, zischt und Geifer sprüht;
Von hinten packt er sie und schlägt die Schwingen,
Daß sie nicht beißen kann noch ihn umschlingen.

So fährt auch Rüd'ger nicht mit Lanz' und Degen
Hin, wo der Rachen mit den Zähnen dräut;
Bald zielt er hinters Ohr mit seinen Schlägen,
Bald wird der Rücken, bald der Schweif gebleut.
Dreh sich das Tier, so wechselt er mit Wegen
Und senkt und hebt sich, wie die Zeit gebeut.
Allein, als träf' er Jaspis mit dem Stahle,
So wenig haut er durch die harte Schale.

So kämpft die kecke Fliege mit dem Hunde
Im staubigen August und in dem Mond,
Der vor ihm oder nach geht in der Runde,
Der uns mit Ähren oder Most belohnt.
Sie gibt in Aug' und Schnauz' ihm manche Wunde,
Fliegt um ihn her und läßt ihn nie verschont.
Wie oft der trockne Zahn vergebens klappte,
Aus ist der Krieg, sobald er sie ertappte.

So schlägt der Schweif das Meer, daß aus den Tiefen
Das Wasser sich bis an den Himmel hebt.
Der Held weiß nicht, ob mit dem Hippogryphen
Er in der Luft, ob auf den Wogen schwebt.
Oft wünscht er sich ein Schiff; denn das Betriefen,
Wenn er es so noch läng're Zeit erlebt,
Wird bald so naß des Rosses Flügel machen,
Daß nur Schwimmblas' ihn rettet oder Nachen.

Er will den Kampf mit andern Waffen enden
Und wählt deshalb den neuen, beßren Rat,
Das Ungeheuer durch den Glanz zu blenden,
Den jener Schild verzaubert in sich hat.
Er fliegt zum Strand, um Unheil abzuwenden,
Und steckt, indem er sich der Jungfrau naht,
Die dort am Felsen steht, an ihren Finger
Den Wunderring, den mächt'gen Zauberzwinger.

Ich meine jenen Ring, den Bradamante
Brunellen nahm, um Rüd'gern zu befrei'n,
Und durch Melissen ihm nach Indien sandte,
Zur Rettung aus Alcinens Trügerei'n.
Melissa, wie ich euch gesagt, verwandte
Den Ring, um vielen Hilfe zu verleihn.
Dann hatte Rüd'ger ihn zurückbekommen,
Der ihn seitdem nicht von der Hand genommen.

Damit er nicht des Schildes Glanz bestreite,
Steckt er ihn jetzt der Schönen an die Hand,
Daß er zugleich den Augen Schutz bereite,
Die schon ihr Netz um Rüd'gers Herz gespannt.
Das Ungetüm, des halben Meeres Weite
Mit seinem Bauche deckend, kommt zum Strand;
Doch Rüd'ger paßt ihm auf, die Hüll' entraffend
Und gleichsam eine zweite Sonn' erschaffend.

Des Schildes Zauberlicht schießt auf der Stelle
Dem Tier ins Aug' und wirkt dem Brauche nach.
So wie der Schuppenfisch, wie die Forelle
Hinunterfährt im kalkgetrübten Bach,
So stürzt das Untier in beschäumter Welle
Plötzlich herum mit ungeheurem Krach.

Der Ritter stößt drauf los, ganz überschwenglich,
Doch jeder Wunde bleibt es unzugänglich.

Die Schöne fleht, nicht länger mit dem Speere
Das Fell zu stampfen, das kein Stoß durchdringt.
»Komm, löse mich«, ruft sie mit mancher Zähre,
»Eh sich der Krake seinem Schlaf entringt!
Nimm mich mit dir, ertränke mich im Meere;
Nur gib nicht zu, daß mich der Fisch verschlingt!«
Der Ritter läßt von ihrem Flehn sich rühren,
Entfesselt sie und eilt, sie fortzuführen.

Vergleichen wir nun die Technik, die Rüdiger im Kampf gegen das Seeungeheuer benutzt, mit derjenigen, die Roland in einer ganz ähnlichen Situation anwendet. Die Klippe ist dieselbe, das Seeungeheuer ist dasselbe, die angekettete Schöne ist eine andere, aber es ist, als wär's dieselbe (am Ende erfahren wir, daß es Olympia ist, die Gräfin von Holland). Roland kommt in einem Boot an der Klippe vorbei. Während Rüdiger sich des alten Systems der Zaubergeräte bediente, stehen Roland weder geflügelte Pferde noch magische Schilde zur Verfügung. Ihm genügen das Boot und ein Anker mit seinem Tau. Er steuert das Boot in den aufgerissenen Rachen des Ungeheuers, pflanzt ihm den Anker in den Schlund, entkommt auf die Klippe und zieht am Tau. Das Untier wird tot ans Ufer gezogen, besiegt von Kraft im Verbund mit Schläue. Was sich nicht ändert, ist Ariosts Technik: seine Metaphern betreffen diesmal die Gangart der Krebse in der Lagune von Comacchio, die Strebepfeiler, mit denen die Bergleute ihre Minengänge abstützen, und die wilden Stiere, die mit dem Lasso eingefangen und gezähmt werden (XI, 32–45):

Er zieht die Ruder an die Brust, den Rücken
Dahin gekehrt, wo Landung soll geschehn:
So wie der Hummer pflegt heranzurücken,
Um aus der salz'gen Tief' ans Land zu gehn. –
Die goldnen Haare, die Aurora schmücken,
Ließ sie soeben erst den Phöbus sehn,
Der, halb sich zeigend und noch halb verborgen,
Erweckt des Tithon eifersücht'ge Sorgen.

Da ihn der Kahn ans Ufer hingetragen,
So weit ein starker Arm den Stein verschickt,
Scheint's ihm, als hör', und hör' er nicht, ein Klagen,
So schwach kommt's an sein Ohr und so erstickt.
Er eilt sogleich, sich linker Hand zu schlagen,
Und wie er übers Meer hinunterblickt,
Sieht er ein Weib, nackt, wie's zur Welt gekommen,
An einem Pfahl, den Fuß vom Meer umschwommen.

Er kennt sie nicht: zu fern noch ist die Stelle,
Auch neigt sie das Gesicht vor herber Pein.
Die Ruder zieht er an und naht in Schnelle,
Voll von Begier, mit ihr bekannt zu sein.
Urplötzlich nun erbrüllt des Meeres Welle,
Die Klüfte hallen wider und der Hain.
Das Wasser schwillt, das Untier kommt gezogen
Und birgt fast ganz mit seiner Brust die Wogen.

Wie, von Gewittern schwanger und von Regen,
Die Wolke steigt aus dunklem, feuchten Tal
Und, finstrer als die Nacht, sich herzulegen
Scheint um die Welt und tilgt des Tages Strahl:
So schwimmt das Untier dem Gestad' entgegen
Und deckt das ganze Meer mit *einem* Mal.

Die Flut erbraust; Roland, sich in sich fassend,
Beschaut es stolz, nicht wankend noch erblassend.

Und als ein Mann, der, was er will vollbringen,
Vorher bestimmt, regt er sich nun in Hast;
Und um zugleich dem Fräulein Schutz zu bringen
Und zu bekämpfen die gewalt'ge Last,
Läßt er das Fahrzeug zwischen beide dringen,
Nimmt dann (das Schwert bleibt von der Scheid' umfaßt)
In seine Hand den Anker samt den Tauen
Und harrt des wilden Untiers ohne Grauen.

Als nun der Fisch den Paladin im Nachen
So nahe sieht, schießt er heran im Flug
Und öffnet zum Verschlingen einen Rachen,
Für einen Mann zu Pferde weit genug.
Der Ritter eilt, sich in den Schlund zu machen
Mit seinem Anker und (irrt mich kein Trug)
Auch mit dem Kahn, und läßt des Ankers Zacken
Die weiche Zunge samt dem Gaumen packen.

Nun hat der Kiefer, unten sich zu heben
Und oben sich zu senken, keine Macht.
So hält, wer Minen gräbt, durch starke Streben
Die Erde fest, wo er sich Wege macht,
Um sich vor jähem Sturze Schutz zu geben,
Indes er fortarbeitet, unbedacht.
Und da jetzt hoch der Anker steht im Kraken,
Faßt Roland nur im Sprung den obern Haken.

Als nun die Stütze fest steht auf die Dauer,
So daß der Rachen sich nicht schließt fortan,
Zieht er sein Schwert und fängt im dunkeln Schauer

Bald da, bald dort ein Hau'n und Stechen an.
Wie eine Festung, drang in ihre Mauer
Auch schon der Feind, ihn noch bekriegen kann:
So kann das Tier den Ritter noch bekriegen,
Der in den Rachen ihm hinabgestiegen.

Bald fährt es aus dem Meer, im Schmerz der Wunde,
Und reckt die schupp'ge Seit' und Schulter vor;
Bald taucht es ein, wühlt mit dem Bauch vom Grunde
Den Sand herauf und spritzt ihn hoch empor.
Der fränk'sche Ritter, dem zu viel im Schlunde
Des Wassers wird, kommt schwimmend draus hervor.
Das Tau des Ankers, den er sitzen lassen,
Versäumt er nicht, mit seiner Hand zu fassen.

Mit diesem schwimmt der Paladin in Eile
Dem Felsen zu, und dort, den Fuß gestemmt,
Zieht er den Anker nach, des scharfe Teile
Dem wüsten Fisch ins Maul sich eingeklemmt.
Das Ungeheuer folgt dem hanf'nen Seile,
Gezwungen durch die Kraft, die niemand hemmt,
Die Kraft, die mehr in *einem* Rucken machte,
Als wohl ein Ankerspill in zehn vollbrachte.

So wie ein wilder Stier, dem rascherweise
Ein derber Strick sich um die Hörner schlingt,
Bald da-, bald dorthin setzt, sich dreht im Kreise,
Sich stürzt und hebt und doch nicht los sich ringt:
So folgt der Fisch, aus seinem alten Gleise
Gezogen durch den Arm, der ihn bezwingt,
Trotz tausendfachem Wälzen, Drehn und Schütteln
Dem Seile nach und kann nicht los sich rütteln.

Dem Schlund entströmt so stark des Blutes Quelle,
Daß man dies Meer das Rote heißen kann.
Nun schlägt der Fisch mit solcher Macht die Welle,
Daß bis zum Grund sie auseinanderrann;
Und nun, den Himmel badend und die Helle
Der Sonne bergend, spritzt er sie hinan.
Laut widerhallt das ungeheure Brausen
Von Berg und Wald und fernen Uferklausen.

Der alte Proteus kommt, um zu gewahren,
Was hier geschieht, aus seiner Grott' heraus,
Sieht Roland ein und aus zum Kraken fahren,
Ans Ufer ziehn den ungeschlachten Graus
Und flüchtet übers Meer, der wilden Scharen
Uneingedenk. Neptun, bei dem Gebraus,
Läßt an den Wagen die Delphine spannen
Und jagt ins Äthiopenland von dannen.

Ihr Kind am Halse, flüchtet Ino weinend;
Die Nereiden, wild das Haar zerstreut,
Tritonen, Glauken, sich verloren meinend,
Fliehn da- und dorthin, wie die Furcht gebeut.
Roland indes, nicht sehr ermüdet scheinend,
Zieht an den Strand den Kraken ungescheut;
Doch eh der Fisch am Ufer angekommen,
Hat Qual und Not das Leben ihm genommen.

Roland ist sicher, Angelica befreit zu haben. Er bindet sie los, und wen hat er vor sich? Olympia, die er schon einmal gerettet hatte. Von ihrem undankbaren Gatten Biren verlassen, war auch sie den Piraten der Insel Ebuda in die Hände gefallen und an die Klippe gekettet worden. Es ist Rolands Schicksal, ständig edle Taten für andere zu vollbringen und sich dabei seine angebetete Schöne entgehen zu lassen.

Aber was ist aus Angelica geworden? Nachdem Rüdiger sie gerettet hat, ist sie mit ihm auf dem Hippogryphen davongeflogen. Mit ihr in den Armen hat Rüdiger bald seine Bradamante vergessen. Angelica, die begehrteste und unerreichbarste Beute, befindet sich diesmal in den Händen von jemandem, der entschlossen ist, sie nicht wieder entkommen zu lassen. Er läßt den Hippogryphen in einem bretonischen Wald landen, reißt sich die Rüstung vom Leib, dreht sich um – und Angelica ist nicht mehr da.

Zu spät fällt ihm ein, daß er ihr, während er mit dem Seeungeheuer kämpfte, den Zauberring an den Finger gesteckt hatte, damit sie nicht vom Glanz des Schildes geblendet werde. Jetzt brauchte sie nur den Ring in den Mund zu nehmen, um unsichtbar zu werden und sich davonzumachen.

Was Roland angeht, so kriegt er es, nachdem er das Ungeheuer getötet hat, mit den Bewohnern von Ebuda zu tun, die, anstatt ihm dankbar zu sein, weil er sie von der Plage befreit hat, die Rache der Meeresgottheiten fürchten und ihn töten wollen, um sie zu befriedigen. Roland erledigt dreißig Insulaner mit seinem Schwert Durindana, und kurz darauf trifft das Heer des Irenkönigs Obert ein, um den Rest zu besorgen (48–53):

> Mit Schleuder, Armbrust rennt von jeder Seite
> Das Volk zum Strande hin, mit Schwert und Speer;
> Von vorn, von hinten, aus der Näh' und Weite,
> Und rechts und links stürmt an das rohe Heer.
> Ob solchem viehisch undankbaren Streite
> Verwundert sich der Paladin gar sehr.

Man rächt durch Schmach des Ungetüms Verderben,
Statt daß es sollt' ihm Ehr' und Dank erwerben.

Doch wie der Bär, mit welchem in die Runde
Auf Märkten Russen oder Polen ziehn,
Das lästige Gebell der kleinen Hunde
Auf seinem Wege nie zu fürchten schien
(Er tut, als nähm' er gar nicht davon Kunde):
So wenig fürchtet auch der Paladin
Dies schlechte Volk; er weiß, mit einem Schnaufen
Zerschmettert er gar leicht den ganzen Haufen.

Und wirklich weiß er schnell sich Raum zu schaffen,
Als er mit Durindanen um sich fährt.
Sie hatten fest geglaubt, die dummen Laffen,
Hier sei nur wenig Widerstand beschert,
Weil man ihn sah mit keiner Art von Waffen,
Mit keinem Panzer, keinem Schild bewehrt.
Daß seine Haut, vom Kopf bis zu den Sohlen,
Hart wie Diamant sei, war dem Volk verhohlen.

Doch was mit ihm den andern war verboten,
Das mocht' ihm doch mit andern nicht entstehn.
Zehn Hiebe machen dreißig Mann zu Toten,
Zum mindsten sind es wenig mehr als zehn.
Leer ist der Strand von allen, die ihm drohten;
Schon will er jetzt sich zu dem Fräulein drehn,
Als neues Kampfgetös' und neues Dröhnen
Von jenseits her am Ufer widertönen.

Indes der Paladin an diesem Strande
Das wilde Volk beschäftigt alsofort,
Steigt, unbeschwert von allem Widerstande,

Das Heer von Irland aus an manchem Ort
Und übt ohn' jedes Mitleid rings im Lande
An diesem Volke fürchterlichen Mord.
Sei's nun aus Grausamkeit, aus strengem Rechte,
Sie schenken nichts dem Alter noch Geschlechte.

Kaum widerstehn noch irgend die Barbaren,
Teils, weil zu rasch der Überfall vollbracht,
Teils, weil nicht viel' im kleinen Lande waren
Und diese wen'gen sonder Rat und Acht.
Geplündert wird ihr Gut, die Häuser fahren
In Flammen auf, das Volk wird umgebracht;
Dem Boden werden gleichgemacht die Mauern
Und kein lebendig Haupt darf drinnen dauern.

Obert war schon vor einiger Zeit aufgebrochen, um dem barbarischen Jungfrauenopfer ein Ende zu machen. Er sieht die soeben befreite Olympia und verliebt sich in sie. Die Ärmste, gewohnt, immer wieder vom Regen in die Traufe zu kommen, verläßt die Szene, begleitet von Rolands Wunsch, sie nicht noch ein drittes Mal retten zu müssen.

MANDRICARD ENTFÜHRT DORALISE

Tapferkeit und Seelengröße sind im *Rasenden Roland* gleichmäßig auf Christen und Mohammedaner verteilt, und dasselbe kann man für die menschlichen Schwächen sagen. Aber was die Anzahl der Prahlhänse, der ungeschlachten Riesenkerle und brutalen Schläger angeht, neigt sich die Waage deutlich zur Seite der Sarazenen. Nicht zufällig sind die Namen einiger Recken des Königs Agramante – wie Gradasso, Rodomonte, Sacripante – im Italienischen zu gängigen Schimpf- und Schmähwörtern geworden, und die vollständige Liste der maurischen Krieger stellt eine Art Kalender von Schreckensnamen dar. So daß, als die Sarazenenkönige Marsil und Agramant, besorgt über die hohen Verluste unter ihren Truppen, diese zu einer Musterung aufmarschieren lassen, um sie zu zählen und neu zu ordnen, Ariosts Strophen wie Trommelschläge dröhnen (XIV, 11–14):

Marsil läßt seine Völker, Fahn' um Fahnen,
Zuerst vorüberziehn; dann Agramant.
Voran erscheint das Volk der Katalanen,
Und ihr Panier trägt Doriphöbus' Hand.
Dann zeigen sich Navarras Untertanen,
Doch ohne ihren König Folvirant.
Rinald erschlug ihn, und Marsil erkürte
Nun Isoliern zum Feldherrn, der sie führte.

Das Volk Leons führt Balugant zum Streite,
Die Scharen von Algarbien führt Grandon;
Und Klein-Kastilien zieht, bewehrt, zur Seite
Dem Bruder von Marsil, dem Falsiron.
Fürst Madarass hat Völker zum Geleite
Aus Malagas, Sevillas Region,
Von Cadiz' Meer bis zu Cordobas Gauen,
So weit der Betis netzt die grünen Auen.

Zur Must'rung jetzt mit ihren Völkern schreiten
Tessira, Baricond und Stordilan;
Lisbon ist *dem,* Mallorca ist dem zweiten,
Dem dritten ist Granada untertan.
Lisbon, das jetzt Tessira hat zu leiten,
Fiel, als Larbin verstarb, dem Erben an.
Galicien folgt; es gab nach eigner Kürung
Statt Maricolds dem Serpentin die Führung.

Was aus Toledos, Calatravas Wällen
Einst unter Sinagons Panier erschien,
Samt allem Volke, dem daheim die Wellen
Der Guadiana Bad und Trank verliehn,
Muß sich zum kühnen Matalist gesellen.
Astorgas Volk vereinigt Blanzardin
Mit dem von Salamanca, von Piagenza,
Von Avila, Zamorra und Palenza.

Zwei Anführer fehlen beim Appell: Alzirdo und Manilardo, die beide im Kampf mit einem schwarzgekleideten Ritter gefallen sind. Es handelt sich um keinen anderen als Roland, der, immer noch auf der Suche nach Angelica, aus Irland nach Frankreich zurückgekehrt ist und nun versucht, sein schlechtes Gewissen wegen seiner langen Abwesenheit vom christlichen Lager dadurch zu besänftigen, daß er alle Sarazenen, die ihm unterwegs begegnen, gnadenlos niedermetzelt.

Aber das mohammedanische Lager hat jetzt einen neuen Recken: Mandricard, den König der Tataren, der nur mit der Lanze kämpft, weil er findet, daß kein anderes Schwert seiner würdig sei als das, mit welchem einst Hektor in Troja kämpfte und das nun Roland führt: die berühmte Durindana. Kaum hat er von Rolands Metzeleien gehört, bricht Mandricard auf, um sich Durindana zu erobern (28–34):

Jetzt harrte man im Felde mehr auf keinen,
Als auf Norizien und auf Tremisen;
Doch sah man dort nicht ihr Panier erscheinen,
Noch ließ sich irgendeine Kund' erspähn.
Fürst Agramant weiß gar nicht, was er meinen
Und wie er diese Trägheit soll verstehn;
Bis man zuletzt ihm einen Knappen brachte
Von Tremisen, der alles kund ihm machte.

Alzird und Manilard, erzählt' er, lägen
Tot auf dem Feld samt ihrer ganzen Macht.
»Herr«, fuhr er fort, »der Held, dem wir erlegen,
Dein ganzes Heer hätt' er dir umgebracht,
Wüßt' es die Beine minder schnell zu regen
Als ich, der kaum sich so davongemacht.
Fußvolk und Reiter müssen ihm erliegen,
So wie dem Wolf die Hammel und die Ziegen.«

Vor kurzem erst kam bei dem großen Heere
Von Afrika ein tapfrer Ritter an,
Den wohl an Kühnheit und an Armesschwere
Der Ost und West nie übertroffen sahn.
Fürst Agramant erwies ihm gar viel Ehre,

Denn als der Erb' und Sohn von Agrican
Beherrscht' er die tatarischen Gefilde;
Sein Name lautet Mandricard, der Wilde.

Viel' hohe Taten waren ihm gelungen,
Und durch die Welt zog seines Ruhmes Flug.
Doch daraus war sein höchster Ruhm entsprungen,
Daß er im Feenschloß, auf einem Zug
Durchs Syrerland, den Panzer sich errungen,
Den Hektor einst vor tausend Jahren trug;
Ein Abenteu'r, so seltsam und voll Schrecken,
Daß die Berichte schon ein Graun erwecken.

Der nun, vernehmend, was der Knapp' erzählte,
Erhob sein stolzes Haupt, von Mut durchmannt,
Indem er gleich den Vorsatz fest erwählte,
Dem nachzuziehn, der solche Tat bestand;
Obwohl er den Gedanken noch verhehlte,
Sei's, weil er keinen wert der Achtung fand,
Sei's, weil er sorgt', wenn dies zur Kunde käme,
Daß man vorweg das Abenteu'r ihm nehme.

Er ließ sogleich den fremden Knappen fragen,
Wie denn das Oberkleid des Ritters sei.
Und dieser sprach, er hab' es schwarz getragen,
Schwarz auch den Schild, den Helm vom Schmucke frei.
Gemäß der Wahrheit, Herr, war dieses Sagen;
Denn Roland wählte solche Mummerei,
Weil, wie sein Geist im Innern war voll Schmerzen,
Er sein Gewand auch außen wollte schwärzen.

Jüngst gab Marsil dem Tatar einen jungen
Lichtbraunen Renner, schwarz an Mähn' und Bein,
Von Vaterseit' aus span'schem Blut entsprungen,

Die Mutter kam aus Frieslands Stuterei'n.
Auf diesen hat sich Mandricard geschwungen
Und sprengt in voller Rüstung querfeldein,
Und schwört, daß er zurück sich nimmer wende,
Bevor er nicht den schwarzen Ritter fände.

Rolands Spuren zu folgen ist einfach: Wo sich zerstückelte Leichen finden, Knochen, verstreute Waffen, Pferdekadaver mit aufgeschlitzten Bäuchen, da ist der Paladin durchgezogen. Doch Mandricard macht eine Begegnung ganz anderer Art: Auf einer schattigen Wiese in der Biegung eines Flusses erblickt er ein Lager mit einem prächtigen, fransen- und spitzengeschmückten Zelt in der Mitte, das von einem Trupp Soldaten bewacht wird. Wie er von ihnen erfährt, begleiten sie die Tochter des Königs von Granada, Doralise, auf dem Weg zu ihrem Bräutigam Rodomonte, dem König von Sarza und Algier.

»Und worauf wartet ihr dort im Schatten?«

»Nun, darauf, daß die Sonne ein wenig tiefer sinkt, Herr«, antworten die Soldaten, »denn wir reisen lieber in der Abendkühle.«

»Und diese Prinzessin, haltet ihr die verborgen?«

»Solange die Grillen zirpen, schläft sie, dann wacht sie auf.«

»Laßt ihr sie mich einmal sehen, nur kurz, durch die Ritzen zwischen den Zeltbahnen?« fragt Mandricard (35-41):

Viel' Leute trifft er an, die, eilig jagend,
Entflohen sind Rolands gewalt'ger Macht,
Bald um den Sohn, bald um den Bruder klagend,
Die er vor ihren Augen umgebracht,
Und noch auf bleicher Stirn die Spuren tragend

Der Angst und Furcht, die ihr Gemüt durchfacht.
Und noch, so wühlt der Schreck in ihren Sinnen,
Fliehn sie erblaßt, stumm und betäubt von hinnen.

Nicht lange ritt er fort, als er die Zeichen
Des ungeheuern, wilden Schauspiels fand,
Prob' und Beweis von jenen Wunderstreichen,
Die man erzählt dem König Agramant.
Er schaut, berührt bald die, bald jene Leichen
Und will die Wunden messen mit der Hand,
Und fühlt in sich des Neides wilde Plagen,
Des Ritters denkend, der dies Volk erschlagen.

Dem Wolf, dem Schäferhund, der auf den Auen
Des längst gefallnen Ochsen wird gewahr
Und nur die Hörner findet, Knochen, Klauen
(Das andre fraß der Hund' und Vögel Schar),
Und fruchtlos weilt, den Schädel zu beschauen –
Dem gleichet hier der grimmige Barbar.
Er flucht, von Schmerz und wildem Neid entglommen,
Daß er zu spät zu solchem Schmaus gekommen.

Den schwarzen Ritter sucht er unermattet,
Indes ein Tag, ein halber noch, entflieht;
Da trifft er eine Wiese, dicht beschattet,
Die rings beinah ein tiefer Fluß umzieht,
Der einen schmalen Weg nur da gestattet,
Wo sich der Strom nach andrer Gegend zieht.
Ein gleicher Platz wird von den Schlangenwogen
Des Tibers bei Otricoli umzogen.

Der einz'ge Pfad zu diesem Wiesengrunde
War von bewehrten Rittern dicht umhegt.
Der Heide fragt, wer in so starkem Bunde,

Und zu welch Ende, sie hiehergelegt.
Der Hauptmann gibt ihm ohne Zaudern Kunde,
Von seines Ansehns Fürstlichkeit bewegt
Und weil der Rüstung Goldschmuck und Juwelen
Als Ritter hohen Ranges ihn empfehlen:

»Uns hat des Königs von Granada Wille
Zu seiner Tochter Schirmgeleit erwählt,
Die er (ist gleich der Ruf davon noch stille)
Jetzt mit dem König von Algier vermählt.
Wenn gegen Abend das Gezirp der Grille,
Das jetzt allein gehört wird, wieder fehlt,
Dann werden wir mit ihr zum Vater eilen.
Ins span'sche Lager; und sie schläft derweilen.«

Er, alle Welt verachtend, will die Scharen
Gleich auf die Probe setzen und erspähn,
Wie gut sie oder schlecht die Schöne wahren,
Zu deren Hütern man sie ausersehn.
»Das Mädchen«, spricht er, »soll, wie ich erfahren,
Sehr reizend sein; drum wünscht' ich sie zu sehn.
Führt mich zu ihr; nein! bringt sie mir zur Stelle,
Denn ich muß weiterziehn in aller Schnelle.«

Die Wachsoldaten lachen ihm ins Gesicht. »Oho, die Sonne muß Euch das Hirn verbrannt haben, Herr!«

Mandricard ist nicht der Mann, der sich so etwas sagen läßt: Ein Lanzenstich in die Brust des einen, ein zweiter in die des anderen, und er hört nicht auf, bis die Lanze zerbrochen ist, und noch mit dem Stumpf richtet er mehr Gemetzel an als mit der intakten Lanze. Jetzt ist das Fransen- und Spitzenzelt nur noch von Leichen umgeben. Doralise erwacht, sieht den Zelteingang aufgehen und einen großen dunkelhäutigen Krieger erscheinen, der von Kopf bis Fuß mit Blut beschmiert ist. Entsetzt schreit sie auf.

Aber Mandricards Eindruck ist noch stärker, als er ihre reizende Schönheit erblickt: Er entflammt auf der Stelle in Liebe zu ihr.

»Fort, fort«, sagt er zu den Frauen und Mädchen und Dienern, die sie begleiten. »Kehrt zurück nach Granada, für die Prinzessin genüge ich. Ich werde ihr als Hofmarschall, als Kämmerer, als Amme dienen, ich ganz allein!« (42–54):

> »Du bist gewiß ein Narr vom ersten Range«,
> Versetzt der Hauptmann, und mehr sagt er nicht.
> Weil ihm der Tatar, mit gesenkter Stange
> Entgegenrennend, gleich die Brust durchsticht.
> Der Panzer widerstand dem Stoß nicht lange,
> Den Boden drückt des toten Manns Gewicht.
> Der Tatar eilt, den Speer zurückzuraffen,
> Sonst bleiben ihm zum Angriff keine Waffen.
>
> Nicht Schwert noch Keule hat er mitgenommen;
> Denn als er Hektors Waffen einst gewann
> Und fand, das Schwert sei davon weggekommen,
> Da mußt' er schwören (und er hielt's fortan),
> Nie soll ein Schwert in seine Rechte kommen,
> Eh er nicht Rolands Schwert erringen kann:
> Die Durindana, die Almont so ehrte,
> Die Roland führt, die Hektorn einst bewehrte.
>
> Groß ist der Mut des Tatars, der verwegen
> Bei solchem Nachteil in den Kampf sich wagt.
> »Wer«, ruft er, »will die Straße mir verlegen?«,
> Indem er mit dem Speer dazwischenjagt.
> *Der* senkt die Lanze, *jener* zieht den Degen,

Und gleich von allen sieht er sich umragt.
Doch er hat eine ganze Schar durchstochen,
Bevor ihm noch die Lanz' entzweigebrochen.

Und wie sie bricht, faßt er den großen Knacken,
Den er zurückbehielt, mit jeder Faust
Und weiß damit so viele so zu packen,
Daß wilder nie des Krieges Wut gebraust.
Wie Simson, der Hebräer, mit dem Backen
Einst unter dem Philistervolk gehaust:
So bricht er Helm' entzwei, zertrümmert Schilde;
Ein Schlag wirft Roß und Reiter aufs Gefilde.

Sie rennen um die Wett', um von dem Ritter
Den Tod zu holen; und daß *dieser* fällt,
Schreckt *den* nicht ab, weil jeder mehr für bitter
Die Art des Sterbens als das Sterben hält.
Unleidlich scheint es, daß ein Lanzensplitter
So frech sie um ihr teures Leben prellt,
Das unter solchen Streichen soll erlöschen,
Wie es geschieht den Schlangen oder Fröschen.

Doch da auf eigne Kosten sie erfahren,
Das Sterben sei auf keine Weise gut,
Auch fast zwei Drittel schon erschlagen waren,
So sucht der Rest im Fliehen seine Hut.
Doch unerlaubt bedünkt es den Barbaren
(Als nähme man ihm was vom eignen Gut),
Daß *einer* nur von der erschrocknen Wache
Mit seinem Leben sich von dannen mache.

Wie Rohr im trocknen Sumpf, wie dürre Stoppeln
Im Ackerfeld nur wenig widerstehn,
Wenn mit dem Nord des Feuers Macht zu koppeln

Vorsicht'ge Bauern ihre Zeit ersehn,
Und nun die Flammen ihre Wut verdoppeln
Und zischend, knisternd durch die Furchen wehn:
So kann die Schar vor dem entflammten Wüten
Des Mandricard sich wenig nur behüten.

Der Tatarfürst, da auf dem schlecht bewachten
Eingang zur Wies' ihn niemand weiter stört,
Eilt auf dem Pfad, den Tritt' im Grase machten,
Dem Jammern zu, das er von weitem hört,
Um selber nun das Fräulein zu betrachten,
Ob sie so schön ist, wie der Ruf beschwört.
Er reitet eilends durch die Schar der Toten,
Da, wo die Wellen ihm den Eingang boten.

Und mitten auf der Wies' erblickt er jene,
Die man mit Namen Doralise heißt.
Ein alter Eschenstamm dient ihr zur Lehne,
Da sie sich jammernd seinen Augen weist.
Auf ihre holde Brust fällt Trän' um Träne,
Wie sich ein Bach lebend'gem Quell entreißt;
Und deutlich zeigt ihr Antlitz, daß sie trauert
Um fremdes Leid und vor dem eignen schauert.

Als er sich naht, mit düsterm Blick, von Wogen
Des Bluts befleckt, steigt ihre Furcht noch weit.
Laut schallt ihr Schrei bis zu des Himmels Bogen,
So fürchtet sie für sich und ihr Geleit.
Denn außer jener Schar von Rittern zogen
Noch viele mit, zu ihrem Dienst bereit:
Bedächt'ge Greise, Mädchen auch und Frauen,
Und zwar die schönsten aus Granadas Gauen.

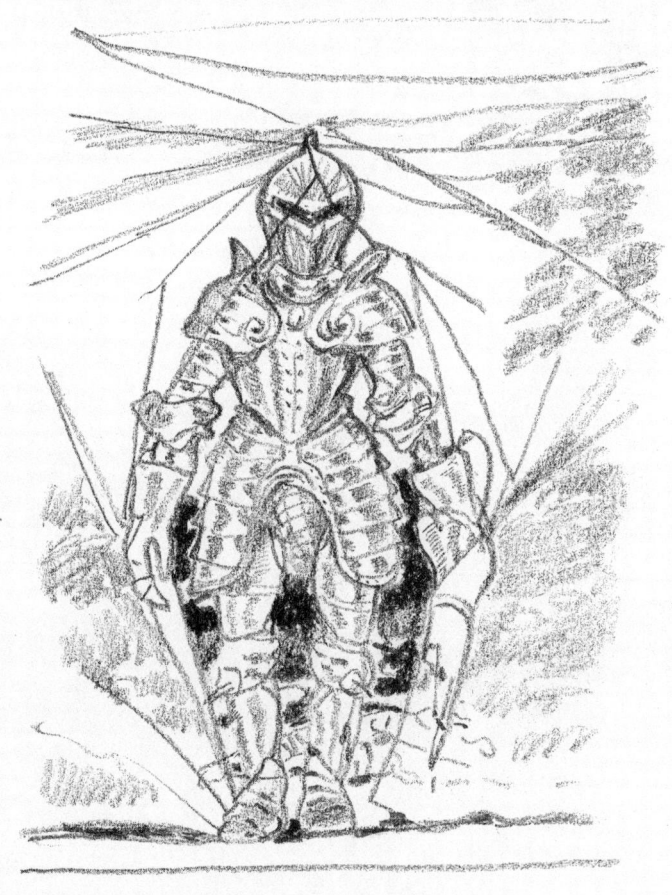

Kaum sieht der Fürst dies Angesicht erscheinen,
Dem man in Spanien keins vergleichbar hält
Und das – was wird's im Lächeln tun? – im Weinen
Ein unentwirrbar Liebesnetz gestellt:
Da glaubt er sich in Paradieseshainen,
Und nichts gewinnt von seinem Sieg der Held,
Als daß er der Gefangnen sich gefangen
Ergeben muß, nicht wissend, wie's gegangen.

Doch soll sie nicht so viel von ihm erringen,
Daß er der Mühe ganze Frucht ihr schenkt;
Zeigt auch ihr Weinen und ihr Händeringen
Sie tiefer noch, als je ein Weib, gekränkt.
Bald hofft er sie aus Leid in Lust zu bringen
Und eilt, da er sie mitzunehmen denkt,
Auf einen weißen Zelter sie zu heben
Und auf den vor'gen Weg sich zu begeben.

Das andre Volk, die Mädchen, Frau'n und Greise,
Die aus Granada sie gebracht hieher,
Die alle schickt er huldreichst auf die Reise
Und spricht: »Sie braucht nun kein Geleite mehr.
Hofmarschall, Amme, kurz, auf alle Weise
Ihr Diener will ich sein; lebt wohl nunmehr!«
Und da sie nicht vermögen, ihm zu wehren,
Ziehn sie davon mit Seufzern und mit Zähren.

Er setzt Doralise auf ein standesgemäßes Damenpferd und nimmt sie mit auf die Reise. Während er neben ihr herreitet, sagt er zu ihr: »Worum geht es dir am meisten auf der Welt? Um Liebe? Wohlan, ich liebe dich! Um Adel? Ich bin der König der Tataren! Um Reichtum? Ich bin der reichste Herrscher auf Erden. Um Tapferkeit?

Warte, bis du mich kämpfen siehst, dann weißt du Bescheid!«

Das sind Argumente, die ihre Wirkung nicht verfehlen. Doralise hört auf zu weinen. Im übrigen kann man von ihrem Bräutigam Rodomonte nicht sagen, daß er ein sehr viel feinerer Mensch wäre, und dieser Mandricard, so anmaßend er auch sein mag, ist zweifellos ein entschlossener und offenherziger Mann.

Doralise sieht ihn lächelnd an, als wollte sie sagen: Nun, wenn das so ist... (62–63):

Der Hirten Häuser sind's, die sie gewahren,
Nicht schön, doch schicklich und bequem zur Rast.
Froh nahm sie auf der wackre Hirt der Scharen
Und lud so ehrerbietig sie zu Gast,
Daß beide sehr mit ihm zufrieden waren;
Denn nicht nur in der Stadt und im Palast,
In Hütten auch, auf ländlichem Gefilde
Gibt's Menschen oft voll Höflichkeit und Milde.

Was zwischen Doralise und dem Heiden
Im Dunkeln mag verhandelt sein hierauf,
Das will ich mit Gewißheit nicht entscheiden
Und gönne jedem Urteil freien Lauf.
Doch glaub' ich, gut vertrugen sich die beiden,
Denn heitrer standen sie am Morgen auf;
Und Dank erhielt der Hirt von Doralisen,
Daß er allda ihr so viel Ehr' erwiesen.

RODOMONT IN DER SCHLACHT UM PARIS

Seit langem belagert Agramant, der König von Afrika, die Stadt Paris, das letzte Refugium des fränkischen Heeres. Während seine tapfersten Paladine auf der Jagd nach Liebschaften und Abenteuern durch die Welt ziehen, wartet Karl der Große ungeduldig auf die Rückkehr Rinaldos, der Verstärkung aus England holen sollte. Die Nachricht, daß die englischen Truppen schon den Ärmelkanal überquert haben, erreicht zuerst Agramant und alarmiert ihn: Bis zum nächsten Morgen muß Paris eingenommen worden sein, sonst ist es zu spät! Durch die Schießscharten sehen die Christen, wie am Fuße der Mauer Leitern und Balken und Körbe voller Pfeile angeschleppt werden: Ohne Zweifel werden die Heiden am nächsten Morgen angreifen.

Karl der Große geht in den Dom und betet zum Herrn; genauer gesagt, mehr als zu beten versucht er, als der gewiefte Politiker, der er ist, den Allmächtigen mit Prestigeargumenten zu überzeugen: Wenn Paris fällt, was werden die Heiden dann von Seiner Allmacht halten? Der Herrgott in Seiner unendlichen Gnade drückt über den theologisch fragwürdigen Ansatz des kaiserlichen Gebetes ein Auge zu und schickt den Erzengel Michael auf die Suche nach dem Schweigen, um es – in seiner Eigenschaft als Stille, Lautlosigkeit, *il Silenzio* – zum Verbündeten des fränkischen Heeres zu machen. In dem Kloster, wo Michael das Schweigen sucht, findet er statt dessen die Zwietracht, *la Discordia*. Aber auch sie kann nützlich sein, wenn man sie in Agramantes Lager einführt.

Paris ist von einer hohen Mauer umgeben, auf der die Verteidiger mit dicken Steinen und Eimern voll kochendem Pech und gelöschtem Kalk bereitstehen. Die Trompeten erschallen: Die Sarazenen kommen auf ihren Sprossenleitern heraufgeklettert, und die Christen begrüßen sie mit siedendem Öl und Wackersteinen und kochendem Wasser und brennenden Reifen, die sich wie Kränze oder Halsketten um die Köpfe der Angreifer legen (XIV, 104–112):

Es liegt Paris in einer ebnen Weite,
Im Nabel Frankreichs, ja im Herzen gar.
Der Fluß verläßt die Stadt auf *jener* Seite,
Wie er auf *dieser* eingedrungen war.
Ein Eiland macht' er drinnen und befreite
Den besten Teil des Platzes von Gefahr.
Die andern zwei – drei hat die Stadt – umgeben
Der Fluß von innen, und von außen Gräben.

An manchem Ort wär' Angriff leicht zu nennen,
Denn viele Meilen schließt ihr Umfang ein;
Doch Agramant, um nicht sein Heer zu trennen,
Beschränkt den Sturm auf eine Seit' allein
Und zieht, um sie von Westen zu berennen,
Sich übern Fluß zurück mit seinen Reihn;
Damit kein Ort im Rücken seiner Heere
Bis Spanien bleiben mag, der sein nicht wäre.

So weit die Mauern um die Stadt sich bogen,
Hat Karl durch mächt'ge Werke sie bewahrt.
Schutzdämme sind an jedem Strand gezogen,
Quermauern, Blindgewölbe nicht gespart.

Beim Ein- und Austritt sind des Flusses Wogen
Gesperrt durch Ketten von der stärksten Art.
Doch sucht er dort hauptsächlich sich zu wahren,
Wo er am meisten hatte zu befahren.

Voraus erspäht der Erbe von Pippinen
Mit Argusblick den Sturm des Agramant;
Und keines Plans kann dieser sich bedienen,
Der nicht vorher sich abgewendet fand.
Grandon und Ferragu nebst Serpentinen,
Auch Falsiron, Isolier, Balugant
Und alle Spanier stehn, bewehrt zum Streite,
Das Feld bewahrend, dem Marsil zur Seite.

Am Strand der Seine, links, auf einer Wiese,
Verweilten Dardinell, Pulian, Sobrin
Und Orans König, der, beinah ein Riese,
Vom Fuß zum Kopf sechs Ellen lang erschien.
Warum doch kann ich nicht so schnell, wie diese
Die Waffen rühren, auch die Feder ziehn?
Denn Sarzas Fürst, den Zorn und Eifer treiben,
Flucht, brüllt und will nicht mehr gehorsam bleiben.

So wie auf Milchgefäß' in heißen Tagen,
Auf eines Gastmahls leckerhaften Rest
Mit heiserm Lärm, mit lautem Flügelschlagen
Der Fliegen arge Schar sich niederläßt;
Wie Stare los auf Rebenstöcke jagen,
Die sich von Trauben röten: also läßt
Der Mohren Volk von Lärm die Luft erschallen
Und stürmt herbei, die Schutzwehr anzufallen.

Doch auf der Mauer steht die Schar der Frommen
Mit Lanz' und Schwert und Beil und Stein und Glut,

Verteidigt sich, von keiner Furcht beklommen,
Und achtet nicht der Heiden Übermut;
Und wo der Tod den einen weggenommen,
Wagt jeder gern an dessen Statt sein Blut.
Die Mohren zwingt der Hieb' und Stöße Schmettern,
Bis in den Graben schnell zurückzuklettern.

Nicht Eisen nur versteht man zu verwenden;
Auch ganze Zinnen, mächt'ger Steine Schwarm,
Turmdächer, Stücke, die man Erkern, Wänden
Mühsam entriß, erregen manchen Harm.
Das heiße Wasser, das die Christen senden,
Macht den Belagrern unerträglich warm.
Dem Regen läßt sich übel widerstehen;
Er dringt die Helme durch und raubt das Sehen.

Mehr noch als Eisen wirkt dies heiße Baden;
Wie läßt sich nun dem nassen Kalk entfliehn?
Den Kesseln nun, die siedend Öl entladen
Und glüh'nden Schwefel, Pech und Terpentin?
Auch tun die Reife nicht geringen Schaden,
Die durch die Luft mit Flammenhaaren ziehn
Und, fortgeschleudert von verschiednen Ecken,
Der Feinde Haupt mit rauhem Kranz bedecken.

Doch da bewegt sich im Lager der Angreifer etwas auffallend Großes. Es ist ein hünenhafter Krieger, der Anlauf nimmt und mitten durch den Graben am Fuß der Mauer stürmt, so daß Wasser und Schlamm aufspritzen. Es scheint, als schlüge er mit dem Kopf an die Mauer, doch nein: sein Lauf ist so rasant, daß er senkrecht die Mauer hinaufstürmt, bis er oben zwischen den Zinnen erscheint. Schon kreist sein Schwert inmitten der fränkischen Scharen, die zusammengeströmt sind, um ihn aufzuhalten, und jeder Streich läßt einen Wirbel von abgehauenen Köpfen und Armen und Ohren und Füßen und anderen Christengliedern zum Himmel aufstieben.

Das ist Rodomonte, der König von Algier und Sarza. Er trägt eine Rüstung aus Drachenschuppen, die einst seinem Ahnen Nimrod gehörte, dem mit dem Turm zu Babel, einem ebenso wüsten Gotteslästerer wie er. Er schwenkt eine Fahne, auf der ein Fräulein zu sehen ist, das einen Löwen an der Leine hält: Der Löwe soll ihn selbst darstellen und das Fräulein seine Verlobte, Doralise von Granada, die sich auf dem Weg zu ihm befindet. Rodomont hat es eilig, Paris einzunehmen, denn er erwartet jeden Moment die Ankunft seiner schönen Braut – er weiß ja noch nicht, daß Doralise von dem Tatarenkönig Mandricard entführt worden ist und sich, schlimmer noch, keineswegs darüber grämt (113–125):

Derweil ist Sarzas König mit der zweiten
Belagrungsschar den Mauern zugerannt,
Indem Burald ihn und Ormid begleiten,
Der von Marmonda, *der* ein Garamant.
Clarind und Soridan sind ihm zu Seiten,
Und Settas König bleibt nicht abgewandt.
Auch die von Cosca und Marock begehren,
Rasch folgend, heut den Kampfmut zu bewähren.

Auf rotem Grund ist in dem Kriegeszeichen
Des Rodomont ein Löwe dargestellt,
Der nicht verschmäht, den Rachen hinzureichen
Dem Zaum, den seiner Herrin Hand enthält.
Dem Löwen will er selber sich vergleichen;
Und seine Herrin, die ihn zäumt und hält,

170

Ist Stordilans erlauchte Tochter, diese
Kronperle von Granada, Doralise.

Sie, die Fürst Mandricard für sich begehrte
(Das Wie und Wo erzähIt' euch mein Bericht),
Sie war's, die Rodomont mehr liebt' und ehrte
Als seine Kron', als seiner Augen Licht,
Für die er Rittersitt' und Mut bewährte.
Daß sie ein andrer habe, wußt' er nicht;
Hätt' er's gewußt, so wäre gleich geschehen,
Was wir von ihm noch heut am Tage sehen.

Wohl tausend Leitern sind im Nu erhoben,
Und keine Sprosse, die ein Paar nicht trägt.
Der zweite drängt den Vordersten nach oben,
Weil ihn der dritte selbst zum Steigen regt.
Der wird durch Mut und *der* durch Furcht gehoben,
Und mit Gewalt wird jeder fortbewegt;
Denn wer sich säumt, wird, ohne vieles Fragen,
Vom Rodomont gehau'n, wenn nicht erschlagen.

Drum zwingt ein jeder sich und klimmt die Mauern
Durch Feuerstrom und Trümmersturz hinan;
Doch alle diese spähn umher und lauern,
Wo sichrer wohl ein Paß sich aufgetan.
Nur Rodomont verschmäht's und sucht die rauhern,
Mühsamern Pfade mit verwegnem Plan.
Wo andre jetzt im wilden Mordgewimmel
Gelübde tun, da lästert er den Himmel.

Sein Panzer war gemacht aus mächt'gen Stücken
Von eines Drachen harter Schuppenhaut.
Mit dieser Wehr bedeckte Brust und Rücken
Sein Ahn vordem, der Babels Turm gebaut,

Der Gott vom Reich der Sterne zu entrücken,
Vom Himmel ihn zu jagen, sich getraut.
Auch Helm und Schild und Schwert ließ jener Recke
Vollkommen schmieden, nur zu diesem Zwecke.

Fürst Rodomont, dem Nimrod gleich zu achten
An Wut und Hochmut und verwegner Tat,
Der wohl dem Himmel würde dreu'n mit Schlachten,
Gäb' es dahin auf Erden einen Pfad:
Er steht nicht da, die Mauer zu betrachten,
Ob Löcher sie, das Wasser Boden hat;
Er geht, läuft, fliegt, den Graben zu durchwaden,
Und muß im Schlamm bis an die Kehle baden.

Er geht, umstürmt von Flammen, Steinen, Pfeilen,
Vom Wasser feucht, mit Kot und Schlamm beschwert:
So wie ein mächt'ger Eber wohl bisweilen
Durchs Rohr der sumpfigen Mallea fährt,
Das ringsumher vor ihm sich muß zerteilen,
Wohin er Brust und Schnauz' und Hauer kehrt.
Der Heide kommt, sich mit dem Schild bedachend,
Des Himmels selbst, so mehr der Mauer lachend.

Kaum auf dem Trocknen mit dem letzten Satze,
Wird er bereits auf dem Gerüst verspürt,
Das als geräum'ge Brück' im innern Platze
Die Franken längs der Mauer aufgeführt.
Hier spellt er eine Stirn, schert eine Glatze,
Weit größer noch, als sie dem Mönch gebührt;
Dort fliegt ein Arm, ein Kopf, und von den Zinnen
Sieht man die rote Flut zum Graben rinnen.

Er wirft den Schild hinweg, ergreift das schwere
Schlachtschwert mit beiden Fäusten und vergießt

Des Herzogs Arnolph Blut; er kam zum Heere
Von daher, wo der Rhein zum Meere fließt.
Der Arme stellt nicht besser sich zur Wehre,
Als Schwefel tut, wenn Feuer ihn umschließt.
Er stürzt dahin und zuckt zum letzten Male,
Bis in die Brust zerspellt vom scharfen Stahle.

Ein einz'ger Querhieb tötet im Gedränge
Den Oldrad, Spinelock, Anselm und Prand;
Das dichtgepreßte Volk, des Raumes Enge
Macht, daß sein Schwert so reiche Beute fand.
Den Flandrern ward die Hälfte dieser Menge,
Die Hälfte ward der Normandie entwandt.
Nach diesen muß Orgett aus Mainz erkalten,
Vom Kopf zur Brust und bis zum Bauch gespalten.

Den Andropon auch stürzt er in die Gräben
Samt dem Moskin; *der* dient' in Gottes Haus;
Der diente niemand als dem Saft der Reben
Und leert' in einem Zug manch Fläschchen aus.
Das Wasser floh er stets in seinem Leben
So wie des Gifts und Otternblutes Graus.
Nun stirbt er hier; sein schrecklichstes Verderben
Ist, daß er fühlt, er muß im Wasser sterben.

Gespalten ward Ludwig der Provenzale,
Dem er Toulouses Arnold folgen ließ.
Dann traf er vier aus Tours mit scharfem Stahle,
Den Obert, Claudius, Hugo, Dionys.
Satallo, Walther lud er dann zum Mahle,
Ambald und Odo, sämtlich aus Paris,
Nebst vielen mehr; ich muß darauf verzichten,
Euch aller Land und Namen zu berichten.

Hinter Rodomont erstürmen die Sarazenen die Mauer wie Fliegen im Sommer die gedeckten Tische oder wie Vögel im Herbst die Weingärten. Aber die Mauer ist nur die äußerste Verteidigungslinie der Stadt und nicht einmal die stärkste: hinter ihr kommt ein Graben, der einen zweiten Wall säumt. Die Mauren waten in den Graben, und da schnappt die Falle zu: Die Christen ziehen sich zurück und zünden Lunten aus Salpeter und Schwefel an, die zu pechgetränkten Faschinen im Wasser führen. Der Graben verwandelt sich in ein Feuermeer. Und Rodomont? Auf der Mauerkrone nimmt er Anlauf und springt mit dem ganzen Gewicht seiner Waffen und seiner Rüstung über die gut dreißig Fuß, also gut neun Meter weit, bis zur zweiten Mauer, auf deren Krone er leicht und weich wie auf einer Matte landet, Flammen und Explosionen hinter sich lassend. Es ist ihm gelungen, alle Verteidigungslinien zu durchbrechen, aber dabei hat er seine Männer verloren. So stürzt er sich ganz allein in die Eroberung von Paris (126–134):

Der Haufen hinter Rodomont stellt Leiter
Um Leiter auf und klettert rasch ans Ziel.
Hier widerstehn die Franken nun nicht weiter,
Denn an der ersten Schutzwehr liegt nicht viel.
Bleibt drinnen doch dem Schwarm der wilden Streiter
Genug zu tun, und kein gar leichtes Spiel;
Denn ihren zweiten Damm trennt von der Mauer
Ein tiefer Grabenschlund voll Graun und Schauer.

Die Unsern widerstehn dem wilden Drange
Von unten her mit großer Tapferkeit.
Und außerdem erscheint am steilen Hange
Des innern Walls ein neues Volk zum Streit

Und tut ohn' Unterlaß mit Pfeil und Stange
Dem dichten Schwarm der Feinde großes Leid.
Auch würde, glaub' ich, schwächer das Gedränge,
Wär' Ulienos Sohn nicht bei der Menge.

Gewaltsam treibt er vor sich her die Scharen,
Gibt bald ein gutes, bald ein böses Wort;
Und vielen, die zur Flucht gewendet waren,
Zerhaut er hier die Brust, den Schädel dort.
Auch packt er viel' an Arm und Hals und Haaren;
Die einen treibt, die andern stößt er fort
Und wirft so viele köpflings in den Graben,
Daß sie darin kaum g'nug des Raumes haben.

Indes der Heiden Schwarm zum Graben nieder
Mehr stürzt als steigt, in unfreiwill'ger Hast,
Und dann den zweiten Damm mit Leitern wieder
Hinanzuklimmen sucht ohn' jede Rast,
Hebt Rodomont, als wären ihm Gefieder
An jedem Glied, des großen Körpers Last
Samt allen Waffen, die er trägt, vom Platze
Und ist jenseits der Tief' in einem Satze.

Auf dreißig Fuß kann man den Graben schätzen;
Er springt hinüber, wie ein Windspiel leicht,
Und macht nicht mehr Geräusch im Niedersetzen
Als einer, der auf Filzpantoffeln schleicht.
Nun haut er manchem so die Wehr in Fetzen,
Daß jede Rüstung dünnem Zinne gleicht
Und schwachem Bast, nicht starkem Eisenwerke;
So ist sein Schwert, und so ist seine Stärke.

Auf einmal läßt der Franken Schar – von ihnen
War tief im Graben eine List versteckt:

175

Es lagen dort viel Reiser und Faschinen,
Mit vielem Pech getränkt und so bedeckt,
Daß sie von außen gänzlich nicht erschienen,
Obgleich ganz voll davon der Graben steckt
Vom tiefsten Abgrund an bis fast zum Rande,
Auch viel Gefäße mit verborgnem Brande;

In *diesen* Öl, in *andern* Harz, in *jenen*
Salpeter, Schwefel, leicht in Brand gebracht,
Zum Lohn des tollen Muts der Sarazenen,
Die jetzt im Graben sind ohn' Arg und Acht
Und schon den letzten Damm erstiegen wähnen –
Auf einmal läßt der Franken Schar mit Macht
Aus tiefem Grund, als Zeichen es verkünden,
Von da und dort zugleich die Glut entzünden.

Das Feuer schlägt gar bald in eins zusammen
Und füllt den ganzen Abgrund tief und dicht.
Bis an den Himmel wälzen sich die Flammen
Und trocknen Lunas feuchtes Angesicht.
Schwarzbraune Nebel ziehn empor, verrammen
Der Sonne Pfad und tilgen alles Licht.
Ein Krachen hört man, ein unendlich Schmettern,
Dem Donner gleich in fürchterlichen Wettern.

Furchtbarer Einklang, Harmonien voll Grausen
Von Jammern und Geheul, von Schmerz und Wut
Des armen Volks, das in den tiefen Klausen
Umkommt durch seines Führers tollen Mut,
Vermischen sich zu schreckenvollem Brausen
Mit dem Gezisch der mörderischen Glut.
Nicht mehr, o Herr, nicht mehr von diesem Sange!
Jetzt will ich ruhn, denn heiser bin ich lange.

Die Häuser von Paris, die damals noch alle aus Holz waren, stehen in Flammen: Rodomont legt überall Feuer und veranstaltet Massaker, wo immer er hingelangt. Doch die Sarazenen, die ihm beim Sturm auf die Mauer gefolgt waren, sind allesamt in dem Graben zwischen Außen- und Innenmauer verbrannt – elftausendachtundzwanzig an der Zahl, so viele, daß in jenem Graben gar nicht genug Platz für all die Leichen gewesen wäre, hätten die Flammen sie nicht sofort eingeäschert (XVI, 21–27):

Kaum wird der wilde Mohr am Fell des Drachen,
Am fremden Waffenschmucke dort erkannt,
Wo große Schar von Alten und von Schwachen
Auf jede Neuigkeit die Ohren spannt,
Da dringt Geheul und Schrei'n und lautes Krachen
Von Händeschlagen bis zum Himmelsrand;
Und wer noch fliehen kann, rafft sich zusammen,
Um sich in Häusern, Kirchen zu verrammen.

Doch wen'gen will's der Degen zugestehen,
Den der Gewalt'ge schwenkt zu wildem Mord.
Hier bleibt ein Fuß mit halbem Beine stehen,
Da fliegt ein Kopf weit von dem Rumpfe fort;
Der muß sich überzwerch durchschnitten sehen,
Vom Kopf zum Bauch gespalten *jener* dort.
Wie viel' er auch mag töten, treffen, jagen,
Doch wird kein einz'ger ins Gesicht geschlagen.

So wie der Tiger auf des Ganges Wiesen,
Hyrkaniens Au'n mit schwachen Herden ficht;
Wie Ziegen, Lämmern wird vom Wolf erwiesen,
Auf jenem Berg, der Typhons Toben bricht;
So macht's der wilde Heide hier mit diesen –

Geschwadern und Phalangen sag' ich nicht;
Nein! Pöbel, Volk, an welchem nichts verloren,
Das wert zu sterben ist, noch eh's geboren.

Wie viel' er auch durchbohrt, sticht, haut in Stücke,
Doch wird von ihm nicht *eine* Stirn geschaut.
Die Straß' entlang, die auf die Michelsbrücke
Schnurgrade führt, so volkreich und bebaut,
Rennt Rodomont mit schrecklich wilder Tücke,
Indes sein blutig Schwert im Kreise haut,
Nicht auf den Herrn noch auf den Diener achtend
Und den Gerechten wie den Sünder schlachtend.

Dem heil'gen Amt darf nicht der Priester trauen,
Sowenig Unschuld hier den Säugling schützt,
Sowenig hier den Mädchen und den Frauen
Der Augen Glanz, der Wangen Purpur nützt.
Das Alter wird gejagt und wird gehauen;
Und Rodomont, da er solch Blut verspritzt,
Gibt mehr Beweis von Grausamkeit als Mute;
Denn Alter, Stand, Geschlecht kommt nicht zugute.

Doch nicht allein aufs Volk der Menschen richtet
Der Frevler Haupt und König seine Wut;
Auch mit Gebäuden kriegt er und vernichtet
Die Häuser und die Tempel selbst durch Glut.
Die Häuser waren nur von Holz errichtet,
Wenn wahr ist, was uns kund die Sage tut.
Und glaublich ist's; denn heut noch hat das stolze
Paris sechs Häuser unter zehn von Holze.

Tobt auch die Flamme schlimmer stets und schlimmer,
Noch nicht genug ist seiner Wut geschehn.
Mit Händen klammert er sich fest, und immer

Muß, wenn er ruckt, ein Haus zugrunde gehn.
Herr, glaubt es mir, Ihr habt bei Padua nimmer
Ein Steingeschütz der größten Art gesehn,
Das so viel Mauerwerk danieder wettert,
Wie Rodomont auf *einen* Ruck zerschmettert.

Unterdessen haben der Erzengel Michael und das inzwischen gefundene Schweigen den getreuen Rinaldo mit dem britischen Heer nach Paris geführt. In drei Schlachtreihen greifen Engländer, Schotten und Iren die Belagerer überraschend von hinten an (66–68):

Glaubt nicht, mein Herr, dort auf dem Blachreviere
Die Schlacht geringer als am Flussesrand,
Noch daß dabei die Schar an Ruhm verliere,
Die unter dem Lancasterherzog stand.
Sie warf sich auf die spanischen Paniere,
Und ziemlich gleich war alles hier bewandt;
Denn Fußvolk, Reiterei und Führer wußten,
Bei Freund und Feind, wie sie sich schlagen mußten.

Erst waren Oldrad, Pharamund gekommen,
Der Herzöge von York und Gloster Paar;
Dann Herzog Heinrich Clarence, mutentglommen,
Bei welchem Richard, Graf von Warwick, war.
Sie hatten vor sich Matalist bekommen,
Follico, Baricond, samt ihrer Schar;
Der lenkt Almerias, *der* Granadas Lande,
Und Baricond herrscht auf Mallorcas Strande.

Der Kampf ist anfangs gleich für beide Heere,
Es zeigt sich nicht, daß eines Vorteil hat.
Man sieht, wie jedes weich' und wiederkehre,
Gleich der vom Maiwind leicht bewegten Saat

Und gleich dem hin- und hergetriebnen Meere,
Das bald vom Ufer flieht und bald ihm naht.
So scherzt das Glück zu Anfang beiderseitig,
Doch endlich wird's den Mohren widerstreitig.

Kaiser Karl, der vollauf damit beschäftigt ist, ein Stadttor gegen Agramant zu verteidigen, hat diese guten Nachrichten noch gar nicht erhalten, da kommt ein Bote, der ihm schlechte bringt: Rodomont sei im Begriff, ganz allein die Stadt zu zerstören und alle Einwohner niederzumachen, bewaffnete oder wehrlose (85–88):

Indes man außen so nach Blute trachtet,
Voll Haß und Wut einander niederstreckt,
Hat Rodomont schon halb Paris geschlachtet
Und Haus und Tempel dort in Brand gesteckt.
Doch Karl, der jetzt auf andre Seiten achtet,
Gewahrt es nicht, auch wird's ihm nicht entdeckt.
Er nimmt den Eduard nun samt Arimanen
Ein in die Stadt mit ihren Britenfahnen.

Ein Knappe kommt zu ihm in vollem Trabe,
Ganz atemlos und bleich im Angesicht:
»Weh! Herr, o weh!« so ruft der arme Knabe
Wohl tausendmal, eh er was andres spricht;
»Heut geht das Röm'sche Reich, heut geht's zu Grabe,
Heut achtet Christus seines Volkes nicht.
Der Teufel ist herabgeregnet heute
Und holt aus unsrer Stadt all unsre Leute.

Der Satan selbst – wer wär' es sonst imstande? –
Zerstört, vernichtet den unsel'gen Ort.
Blick um! Schon jagen sich vom lohen Brande,
Der alles frißt, des Rauches Wirbel dort.

Horch auf! Gejammer steigt zum Himmelsrande
Und sagt dir, wahr sei deines Knechtes Wort.
Ein einz'ger tilgt die Stadt mit Schwert und Feuer,
Und alles flieht vor diesem Ungeheuer.«

Wie, wer erst jetzt den Feuerlärm vernommen
Und nun, erschreckt vom dumpfen Glockenton,
Die Flammen sieht, die alle wahrgenommen,
Nur jener nicht, den sie zumeist bedrohn:
So steht der Fürst, als der Bericht gekommen
Und er nun selbst gewahrt den neuen Hohn.
Er eilt, vom Kerne seines Volks umgeben,
Dahin, wo Schrei'n und Lärmen sich erheben.

Karl erreicht den Ort. Es ist das Königsschloß, in dessen starke Mauern sich die armen Pariser geflüchtet haben und das nun von Rodomont bestürmt wird. Von Dächern und Zinnen werfen sie Ziegel und Dachbalken, Mauersteine und anderes auf den Hünen herab.

Der Angriff von acht Paladinen zur gleichen Zeit und aller, die ihnen folgen, kann Rodomontes Schuppenpanzer nicht einmal ritzen. Doch die Anwesenheit des Kaisers gibt den flüchtenden Scharen neuen Mut, so daß sie innehalten und sich gegen den König von Sarza wenden. Jetzt ist die Menge so dicht, daß sie ihn, auch wenn er sie durchschneidet, als wären es Rüben oder Kohlstrünke, von allen Seiten bedrängt, während er von den Dächern und aus den Fenstern mit einem Hagel von Steinen und Bauschutt beworfen wird. Bisher ist Rodomonte unversehrt geblieben; vielleicht tut er besser daran, sich in Sicherheit zu bringen, bevor es der Meute gelingt, ihn zu verletzen. Er fegt eine Reihe von Engländern beiseite, erreicht das Ufer der Seine, springt in voller

Rüstung mit all seinen Waffen hinein und schwimmt durch den Fluß. Ans andere Ufer gelangt, blickt er zurück auf die brennende Stadt, als reute es ihn, sie verlassen zu haben, als sei er schon wieder voller Begierde umzukehren, um sein Zerstörungswerk zu vollenden (XVIII, 9–25):

> Acht Lanzenstöße, die, wohl nicht gelinde,
> Acht solche Krieger ihr zugleich beschert,
> Ertrug auf einmal jene Schuppenrinde,
> Womit der Heide sich die Brust bewehrt.
> Wie, läßt der Schiffer bei verstärktem Winde
> Das Rahseil nach, das Schiff sich plötzlich kehrt:
> So plötzlich kehrt sich Rodomont beim Pralle,
> Der stark genug ist, daß ein Berg ihm falle.
>
> Guido, Ranier, Richard nebst Salomonen,
> Der falsche Gan, der redliche Turpin,
> Matthäus von Sankt Michel nebst Ivonen,
> Marcus, Hugett, Angiolier, Angiolin,
> Samt jenen acht vorhin Genannten, schonen
> Den Heiden nicht, den sie mit Macht umziehn;
> Auch Ariman und Eduard, die Briten,
> Die erst vor kurzem in die Stadt geschritten.
>
> So nicht erknirscht, auf Bergeshöh'n erhoben,
> Des festgemau'rten Schlosses hohe Wand,
> Wenn rasend der Südwest, der Nordwind droben
> Die Esch' und Tanne reißt vom Felsenrand,
> Wie Rodomont erknirscht mit stolzem Toben,
> Von Blutdurst glühend und von Grimm entbrannt.
> Und wie der Blitz kommt mit dem Donnerkrache,
> So kommt zugleich mit seinem Zorn die Rache.

Den Ritter, der sich ihm zunächst gehalten –
Hugett, der arme, war's –, wirft der Barbar
Zur Erde hin, bis auf den Mund gespalten,
Obwohl sein Helm von guter Stählung war.
Zugleich hat *er* auch manchen Streich erhalten,
Am ganzen Leib, von jener Ritterschar.
Ihm tun sie, was dem Amboß tut die Nadel;
So ist sein Panzer fest und ohne Tadel.

Es war die Stadt, es waren alle Wälle
Ringsum verlassen schier und unbewacht;
Denn auf dem Markt, jetzt die bedrängt'ste Stelle,
Versammelt Karl die Stärke seiner Macht.
Zum Markte rennt das Volk in wilder Schnelle,
Da ihm das Fliehn so wenig Frucht gebracht.
Karls Gegenwart befeuert so die Seelen,
Daß keinem Mut und keinem Waffen fehlen.

Sperrt in verschloßnen Käfig man zu Zeiten
Zur alten Löwin, längst an Kampf gewöhnt,
Um eine Lust dem Volke zu bereiten,
Den wilden Stier, der alle Zähmung höhnt;
Und sehn die Löwlein ihn den Sand durchschreiten
So mutig stolz, indes sein Brüllen tönt:
Dann stehen sie, die solch ein Horn nie sahen,
Furchtsam beiseit' und wagen nicht zu nahen.

Doch sehn sie auf ihn los die Mutter rücken,
Die ihm die Ohren packt mit grausem Zahn,
Dann wollen sie sich auch mit Blute schmücken
Und rennen, ihr zum Beistand, kühn heran;
Der beißt ihn in den Bauch, *der* in den Rücken:
So greift das Volk nunmehr den Heiden an.

Von Dächern, Fenstern, selbst auf nähern Wegen,
Strömt auf ihn los ein dichter Waffenregen.

Zu Fuß und Roß vermehrt sich das Gedränge
So ungeheu'r, daß man nicht Platz mehr schaut.
Gleich Bienenschwärmen eilt durch alle Gänge
Das Volk herbei und dringt ihm auf die Haut.
Und wäre nackt und waffenlos die Menge
Und leichter zu zerhau'n als Rüb' und Kraut,
Doch könnte sie, gestapelt Schicht' auf Schichten,
In zwanzig Tagen kaum der Mohr vernichten.

Wie er so starker Forderung entspreche,
Sieht er nicht ein, und ihn verdrießt das Spiel.
Färbt er mit Blut von Tausenden die Fläche,
Doch mindert sich das Volk umher nicht viel.
Auch merkt er schon, daß sich der Atem schwäche;
Und er begreift, setzt er nicht jetzt ein Ziel,
Da er noch kräftig ist und heil am Leibe,
Daß es hernach ihm wohl unmöglich bleibe.

Sein fürchterliches Aug' umherbewegend,
Sieht er, daß rings der Pfad verschlossen sei;
Allein er wird, zahlloses Volk erlegend,
Bald eine Bahn sich öffnen, weit und frei.
Und sieh! den scharfen Stahl im Schwunge regend,
Kommt der Barbar in wilder Raserei
Und stürzt sich auf Britanniens neue Fahnen,
Die Eduard geführt samt Arimanen.

Wer jemals auf dem Platze sah den großen
Unbänd'gen Stier, den ganzen Tag gehetzt,
In seiner Wut die Schranken nun durchstoßen,

Die ringsumher gedrängtes Volk besetzt,
Das vor dem Wilden läuft, der voll Erbos'n
Bald *den,* bald *den* auf seine Hörner setzt:
Der denke so, und grauser noch, den Frechen,
Da er sich aufmacht, um durchs Volk zu brechen.

Fünfzehn bis zwanzig werden quer durchspalten,
Gleich vielen Rümpfen wird der Kopf geraubt;
Und jeder hat nur einen Hieb erhalten,
Als würden Reben, Weiden abgelaubt.
Der blut'ge Heide läßt, mit grausem Walten,
Noch manche Schulter fliegen, manches Haupt,
Und Arm' und Bein' und andrer Glieder Menge,
Wohin er kommt; so geht er durchs Gedränge.

Er geht vom Platze fort auf solche Weise,
Daß niemand Furcht in seinen Zügen liest;
Allein bei sich nun überdenkt er leise,
Wie er den besten Ausweg sich erkiest.
So kommt er hin, wo sich die Sein' im Kreise
Ums Eiland dreht und aus der Mauer fließt.
Das Heer, das Volk, mit endlichem Ermannen,
Drängt, treibt und läßt nicht ruhig ihn von dannen.

Wie in Numidiens und Massiliens Hainen
Das edle Tier, von langer Jagd beschwert,
Sein mutig Herz noch fliehend läßt erscheinen
Und drohend, langsam heim zum Dickicht kehrt:
So geht der Mohr, ein Feiger nie zu meinen,
Durch einen starren Wald von Lanz' und Schwert,
Der ihn umringt, durch flücht'ger Pfeile Mitte
Dem Flusse zu, langsam, mit weitem Schritte.

Dreimal, und mehr, folgt er des Zornes Winke
Und kehrt zurück in diese Menschenflut,
Daß noch einmal sein Schwert vom Blute trinke;
Und mehr als hundert lassen ihm ihr Blut.
Doch, daß sein Tun zu Gott empor nicht stinke,
Besiegt Vernunft am Ende seine Wut.
Er folgt dem bessern Rat, springt in die Wogen
Und wird der drohenden Gefahr entzogen.

Er schwimmt hindurch, von Waffen rings umschlossen,
Als schlössen ihn so viel' Nußschalen ein.
Ihm gleich ist, Afrika, dir nichts entsprossen,
War Hannibal, war auch Antäus dein.
Kaum war er durch, da hatt' es ihn verdrossen,
Daß er die Stadt im Rücken ließ, die sein
Beinah schon war und die er ganz durchrannte,
Und doch nicht ganz zerstörte noch verbrannte.

Schon sinnt er drauf, von Stolz und Zorn entglommen,
Zurückzukehren zu dem andern Strand.
Er seufzt und ächzt, im Herzen tief beklommen,
Und will nicht gehn, bis er die Stadt verbrannt.
Doch längs dem Flusse sieht er jemand kommen,
Der seinen Zorn noch hemmt, den Haß verbannt.
Wer dieser war, will ich alsbald euch sagen,
Doch hab' ich erst noch andres vorzutragen.

ASTOLFO GEGEN CALIGORANT UND ORRIL

Aus Indien, wo er Gefangener der Alcina war, kehrt Astolfo, von Logistilla befreit, nach Europa zurück. Sein Pferd Rabican ist so leicht, daß es keine Spuren hinterläßt, weder im Sand noch im Schnee, und wenn es über eine Wiese galoppiert, knickt es keinen Grashalm. Es ist ein gewichtloses Pferd, geboren aus der Begegnung einer pferdeförmigen Flamme mit einem Windstoß. Unter seinen ungreifbaren Hufen gleitet eine reich mit Figuren und Ornamenten bemalte Landkarte dahin, auf der sich die Wunder der Reisen Marco Polos mit den vorausgesehenen Entdeckungen des 16. Jahrhunderts, die tradierten Berichte antiker Autoren mit Echos der Expeditionen von Cortés vereinen.

Unter Astolfos Blicken versucht die Welt ein letztes Mal, alle Dimensionen der menschlichen Phantasie auf ein und derselben Karte zu entfalten: Jeder Ortsname evoziert Naturschauspiele, Monumente, Sitten und Bräuche der Völker, aber auch Götter der klassischen Mythologie und Feen und Menschenfresser der Märchen. Ägypten ist das von Herodot und der Bibel und zugleich das der Erzählungen von Pilgern, die in Memphis die Pyramiden gesehen haben und in Kairo den Palast des Sultans, bewohnt von fünfzehntausend Mamelucken. Doch man findet dort auch das stählerne Netz, das Vulkan geschmiedet hatte, um darin die ehebrecherische Venus samt ihrem Buhlen Mars zu fangen. Dreitausend Jahre lang war es im Anubistempel zu Kanopus aufbewahrt worden, und nun befindet es sich in der Hand eines menschenfressenden Riesen, der es benutzt, um vorbeikommende Wanderer zu fangen und zu verschlingen.

Die Karawanen ziehen arglos durch die Wüste, nichts ahnend von dem im Sand verborgenen Netz, und auf einmal sehen sich Männer, Frauen, Pferde und Kamele von stählernen Maschen eingeschnürt in die Luft gehoben, während das Lachen des Riesen ertönt. Das Schloß des Caligorante (so heißt der Menschenfresser) steht am Ufer des Nils und ist rundum bestückt mit Menschenknochen, auch mit abgezogenen Häuten, die als Ornamente auf Zinnen und Mauersimse gespannt sind; ausgebleichte Schädel hängen wie Trophäen an den Toren, als deren Giebel abgehackte Arme und Beine dienen. Dorthin schleppt Caligorante das stählerne Netz mit seinen Gefangenen, um sie dann einen nach dem anderen abzunagen wie kleine Vögel, die Knochen in die Wüste zu spucken und zuletzt schmatzend das Hirn auszuschlürfen.

Da kommt ein Ritter des Weges: Caligorante lauert im Schilf; gleich werden die Hufe des Pferdes auf das im Sand vergrabene Netz treten, und die Falle wird zuschnappen. Aber der Ritter ist Astolfo, und der Galopp seines Rabican ist so leicht, daß er nur über den Boden huscht, als wäre er eine Libelle. Caligorante kommt aus dem Schilf hervor, um ihm nachzujagen. Da fällt Astolfo ein Geschenk ein, das ihm die Fee Logistilla gemacht hat: ein Wunderhorn, das einen so fürchterlichen Ton von sich gibt, daß jeder, der es hört, entsetzt davonläuft. Dies ist der Moment, es auszuprobieren: Astolfo stößt in das Horn, der Riese läuft in Panik davon und ist so verwirrt, daß er in seine eigene Falle stolpert. Er strampelt vergebens, das stählerne Netz zieht sich um ihn zusammen und fesselt ihn. Astolfo kann ihn am Gängelband hinter sich herziehen und als Gepäckträger benutzen. So setzt er seine Reise am Nil entlang fort (XV, 40–64):

> Er folgt dem Fluß Trajans in schnellem Ritte,
> Auf einem Roß, wie keins auf Erden mehr;
> Es rennt und trabt mit federleichtem Schritte,
> Läßt keine Spur im Sande hinterher,
> Drückt weder Gras noch Schnee mit seinem Tritte,
> Ja, trocknen Fußes ging' es übers Meer.
> So streckt es sich im Lauf, mit solcher Eile,
> Daß es besiegt die Winde, Blitz' und Pfeile.
>
> Einst war es Argalías' und bewährte,
> Daß es vom Wind und von der Flamm' entsproß,
> Weil Luft, nicht Heu noch Hafer, es ernährte;
> Und Rabican hieß dieses edle Roß.
> Der Herzog trabte fort, bis sein Gefährte,
> Der Fluß Trajans, sich in den Nil ergoß:
> Doch eh er an die Mündung noch gekommen,
> Kam schnell ein Boot entgegen ihm geschwommen.
>
> Ein Eremit, dem bis zur Brust hernieder
> Der Bart sich neigt, saß hinten in dem Boot,
> Der ihm von weitem zurief, freundlich bieder,
> Und in dem Nachen einen Platz ihm bot:
> »Mein Sohn, ist dir dein Leben nicht zuwider,
> Verlangst du nicht noch heute deinen Tod,
> So komm auf dieses andre Stromgestade;
> Denn in den Tod gehst du auf jenem Pfade.
>
> Zwei Meilen gehst du kaum auf jenen Auen,
> So findest du die Wohnung voller Graus;

Dort haust ein Riese, gräßlich anzuschauen,
Er ragt acht Fuß ob jedem Mann hinaus.
Kein Ritter und kein Pilger mag vertrauen,
Er komme lebend aus des Wütrichs Haus.
Den schlachtet er, *den* schindet er elendig,
Den vierteilt er, *den* frißt er gar lebendig.

Bei solcher Wut belustigt diesen Recken
Ein eisern Netz, mit großer Kunst gemacht.
Nah seiner Wohnung pflegt er's zu verstecken;
Im klaren Sand hat keiner dessen acht,
Und wer's nicht weiß, der wird es nicht entdecken,
So fein ist es, so listig angebracht.
Dann drohet er den Wandrern mit Gebrülle
Und jagt die Bangen in des Netzes Hülle.

Sind sie verwickelt nun im Eisenzwirne,
Schleppt er sie lachend in sein Haus hinein
Und fragt nicht, sei es Ritter oder Dirne,
Ob an Verdienst sie groß sind oder klein.
Er frißt das Fleisch, verschlürft Blut und Gehirne,
Zerstreut rings in der Wüste das Gebein
Und weiß auch noch die Häute zu benutzen,
Um seine Wohnung gräßlich aufzuputzen.

O komm, Sohn, komm herüber! Bis zum Meere
Bringt dieser andre Pfad dich sicher hin.«
»Ich danke, Vater, für die gute Lehre«,
Versetzt Astolf mit unbesorgtem Sinn.
»Allein Gefahr acht' ich gering für Ehre,
Denn die ist mehr als Leben mir Gewinn.
Vergebens willst du mich hinüberlocken,
Vielmehr zur Höhle geh' ich unerschrocken.

Flucht kann mit Schmach dem Tode mich entraffen;
Doch mehr als Tod ist mir solch Heil verhaßt.
Nichts Schlimmres kann das Gegenteil mir schaffen
Als, neben vielen andern, ew'ge Rast.
Und lenkt des Höchsten Arm mir so die Waffen,
Daß ich am Leben bleib' und er erblaßt,
So sicher' ich für tausend diese Pfade;
Drum ist der Nutzen größer als der Schade.

Denn für die Wohlfahrt unzählbarer Scharen
Ist eines einz'gen Tod geringer Preis.«
»So magst du«, spricht der Mann, »in Frieden fahren;
Gott sende dir vom höchsten Himmelskreis
Den Michael, dein Leben zu bewahren!«
Und damit segnet ihn der schlichte Greis.
Astolf indes folgt weiter seinen Wegen,
Dem Horne mehr vertrauend als dem Degen.

Vom tiefen Strom und vom Morast umfangen,
Läuft am Gestade hin ein schmaler Pfad
Und läßt bis an das öde Haus gelangen,
Dem Menschlichkeit und Umgang nimmer naht.
Rings sieht man Schädel und Gebeine hangen
Vom armen Volk, das diesen Weg betrat;
An Fenster und Gesims, an allen Ecken
Sieht man davon zum mindsten *eines* stecken.

Dem Jäger gleich, der in Gebirgesgauen,
Wenn er die große Jagdgefahr bestand,
Des Bären zott'ges Fell, gewalt'ge Klauen
Und dicken Kopf aufsteckt an Tor und Wand,
Läßt nur der Recke dessen Glieder schauen,
Der ihm im Kampf am stärksten widerstand.

Rings liegt zerstreut Gebein der andern Menge,
Und alle Gräben sind dem Blut zu enge.

Caligorant steht eben vor der Klause
(Dies ist der Name, den der Arge trägt,
Der Tote braucht zum Schmuck an seinem Hause,
Wie man zu brauchen Gold und Purpur pflegt).
Schwer hält's, daß laut nicht seine Lust erbrause,
Da sich der Herzog auf ihn zubewegt.
Zwei Monde lang, und schon begann ein dritter,
Erschien auf diesem Pfad kein einz'ger Ritter.

Er läuft dem Sumpfe zu in vollem Jagen,
Der voll von Schilf war wie ein grüner Plan,
Um auf dem Umweg, den er eingeschlagen,
Von hinten her dem Ritter sich zu nahn.
So hofft er glücklich ihn ins Netz zu jagen,
Das er verbarg auf jener sand'gen Bahn;
Wie er es sonst mit andern Fremden machte,
Die bis hieher ihr böses Schicksal brachte.

Als ihn Astolf von weitem wahrgenommen,
Hemmt er sein Roß, nicht ohne daß er zagt,
Er möge wohl in jene Schlingen kommen,
Von welchen ihm der gute Greis gesagt.
Drum wird jetzt Zuflucht zu dem Horn genommen,
Das die gewohnte Wirkung nicht versagt.
Sein Schall durchdringt den Riesen so gewaltsam,
Daß er zur Flucht sich wendet, unaufhaltsam.

Der Ritter bläst, doch hält im Reiten inne;
Stets deucht ihm, daß das Netz zusammenschnellt.
Der Feind, beraubt des Mutes wie der Sinne,
Entflieht und sieht nicht, welchen Weg er hält;

Die Angst verhehlt ihm, wohin er entrinne,
So daß er in die eigne Schlinge fällt.
Er läuft ins Netz; gleich packt es seine Glieder,
Umknotet sie und wirft ihn stracks danieder.

Kaum sieht Astolf das Untier in den Schlingen,
So rennt er zu, für sich nun außer Not,
Springt ab vom Roß und will den Degen schwingen,
Als Rächer für so vieler Menschen Tod.
Dann scheint ihm, den Gefangnen umzubringen,
Sei mehr der Feigheit als des Muts Gebot;
Denn Arm und Bein und Hals und Leib umschnüren
Die Ketten so, daß er nicht kann sich rühren.

Vulcanus hatte dieses Netz aus feinen
Stahldrähten einst mit solcher Kunst gemacht,
Daß niemand auf der Welt davon auch keinen
Geringsten Teil zerreißt mit aller Macht.
Dasselbe war's, womit an Arm und Beinen
Er Mars und Venus band in jener Nacht.
Der Eifersücht'ge macht' es, aus Verlangen,
Das schöne Paar in seinem Bett zu fangen.

Dem Schmiede hat Merkur das Netz gestohlen,
Voll von Begier, die Chloris drin zu fahn,
Die schöne Chloris, die mit leichten Sohlen
Aurora folget bei der Sonne Nahn
Und aus dem aufgehobnen Saum Violen
Und Lilien streut und Rosen auf die Bahn.
Er ließ nicht ab, der Schönen aufzupassen,
Bis ihm gelang, sie in der Luft zu fassen.

Im Fluge, scheint es, fing sie der Verräter,
Wo sich ins Meer ergießt des Niles Flut.

Dann, zu Kanopus, blieb das Netz in steter
Jahrkreise Lauf Anubis' Tempelgut.
Caligorant, dreitausend Jahre später,
Kam hin und raubt' es seiner heil'gen Hut;
Worauf der Frevler, der das Netz entwandte,
Den Tempel plündert' und die Stadt verbrannte.

Er wußt' im Sand es listig anzubringen,
Und jeder, den er jagte, mußt' hinein.
Kaum rührt man eben an das Netz, so springen
Die Ketten rasch um Hals und Arm und Bein.
Der Paladin nimmt eine dieser Schlingen
Und wickelt hinterrücks die Händ' ihm ein;
Sucht dann ihm Arm und Brust so zu umweben,
Daß er's nicht löst, und heißt ihn sich erheben.

Nachdem er ihn, jetzt zahmer als ein Mädchen,
Von all den andern Knoten erst befreit,
Will er ihn nun in Städten und in Städtchen
Und Schlössern sehen lassen, weit und breit.
Das schöne Netz, wie von so feinen Drähtchen
Nie Feil' und Hammer Ring an Ring gereiht,
Gibt er dem Riesen, daß er's um sich hänge,
Und führt ihn an der Kett' im Siegsgepränge.

Er gibt dazu ihm Helm und Schild zu tragen
Wie seinem Knecht; worauf er weiterzieht
Und alle Welt erfreut, daß ohne Plagen
Man künftig reisen kann durch dies Gebiet.
Er zieht so weit, daß er nach manchen Tagen
Sich nahe schon bei Memphis' Gräbern sieht;
Memphis, berühmt durch seine Pyramiden.
Dann wird der Anblick Kairos ihm beschieden.

Rings lief das Volk zusammen, um die Länge
Des ungeheuern Recken anzusehn.
»Wie ist es möglich«, sprach man in der Menge,
»Daß dies dem Riesen von dem Zwerg geschehn?«
So preßt' auf jeder Seit' ihn das Gedränge,
Daß es beinah ihn hemmt' im Weitergehn:
Und keiner war, der ihn nicht pries und ehrte
Als einen Rittersmann von hohem Werte.

Kairo war wohl die größte Stadt der Heiden
Damals noch nicht, von der man jetzt erzählt,
Daß achtzehntausend Straßen sie durchschneiden
Und dennoch Raum für die Bewohner fehlt.
Drei Stock hat jedes Haus, doch muß man leiden,
Daß Unzahl auf der Gass' ein Lager wählt.
Der Sultan soll in einem Schlosse wohnen,
So groß und schön wie keins in allen Zonen.

An fünfzehntausend seiner Kronvasallen,
Und sämtlich Renegaten, wohnen dort
Mit Weib und Sippschaft, samt den Rossen allen,
Von *einem* Dach bedeckt, an *einem* Ort.
Jetzt will der Herzog sehn des Niles Fallen
Und wie er sich ergießt am Meeresbord
Bei Damiette; wo, so hört' er sagen,
Gefangen jeder wird, wohl gar erschlagen.

Im Nildelta steht ein Turm, der von Krokodilen umgeben ist. Dort wohnt der Räuber Orrilo. Er hat die Besonderheit, daß er nicht im Zweikampf besiegt werden kann, denn wenn man ihm einen Arm abschlägt, packt er ihn grinsend und klebt ihn sich wieder an, hackt man ihm einen Fuß ab, holt er ihn sich zurück, als hätte er bloß einen Schuh verloren, und schneidet man ihm ein

Ohr ab, fängt er es im Fluge auf wie einen Schmetterling und setzt es wieder an seinen Ort. Sogar wenn man ihm den Kopf abschlägt und in den Nil wirft, springt er hinterher, taucht auf den Grund und holt ihn wieder hervor.

Zwei Jünglinge, Zwillingsbrüder, Grifone (Gryphon) und Aquilante mit Namen, bekämpfen Orril seit wer weiß wie langer Zeit. Sie haben ihn schon oft zerhackt und zerstückelt, und jedesmal haben sich seine Teile wieder vereinigt wie Quecksilbertropfen in der Schale eines Alchimisten.

Die Zwillinge sind Söhne des karolingischen Paladins Olivier, dem sie im zarten Kindesalter von zwei Feen geraubt wurden, einer weißen und einer schwarzen. Um zu verhindern, daß sie auf die Schlachtfelder gelangten, haben die Feen sie beauftragt, gegen Orril zu kämpfen, in der sicheren Annahme, daß sie damit eine ganze Weile beschäftigt sein würden.

Außer dem Wunderhorn hat Astolf auch ein Buch zur Zauberabwehr geschenkt bekommen, das sehr praktisch zu benutzen ist, da es ein alphabetisches Inhaltsverzeichnis hat. Er blättert darin: M... N... O... Oger... Olifant... Orril: da haben wir's! »Stirbt, wenn man ihm ein Haar ausreißt, das er auf dem Kopf hat.« Ha, das ist ein Wort! Orril hat sehr dichtes Haupthaar, das von den Schläfen bis zum Nacken geht. Als Astolf mit ihm kämpft, versucht er zuerst, ihm den Kopf abzuschlagen. Für Orril ist auch das nur ein Scherz, allerdings braucht er eine Weile, um sich den Kopf wieder aufzusetzen, da er ihn erst tastend am Boden wiederfinden muß, weil er ja keine Augen mehr hat. Astolf ist schneller: Er schnappt sich den blutigen Kopf an den Haaren und galoppiert mit ihm davon.

Orril tastet blind am Boden umher, merkt, daß er ausgetrickst worden ist, springt auf sein Pferd und jagt Astolf nach. Er will rufen: »Warte! Das gilt nicht!«, aber die Worte bleiben ihm in der Brust stecken, da er ja keinen Mund mehr hat, um sie auszusprechen.

Astolfo setzt sich an eine ruhige Stelle am Ufer des Nils und fängt an, Haare auszureißen, als entblätterte er ein Gänseblümchen. Aber das dauert zu lange bei dieser dichten, fettigen und verfilzten Mähne. So zieht er sein rasiermesserscharfes Schwert, packt den Kopf an der Nase und rasiert ihn rundherum ratzekahl. Zusammen mit all den anderen Haaren muß auch das Schicksalshaar der Klinge zum Opfer fallen. Tatsächlich wird der Kopf plötzlich weiß wie ein Laken, verdreht die Augen, reißt den Mund auf und rührt sich nicht mehr. Orril, der gerade kopflos angeritten kommt, zuckt heftig zusammen, erschauert und stürzt mit ausgebreiteten Armen vom Pferd (65–88):

Doch hart am Ausfluß, an des Nils Gestaden,
Schanzt sich in einen Turm ein Räuber ein,
Tut Fremden sowie Heimischen viel Schaden,
Streift bis nach Kairo hin mit Räuberei'n,
Und keiner kann sich dieses Feinds entladen,
Denn nicht zu töten, sagt man, soll er sein.
Viel' tausend Wunden hat er schon bekommen,
Und doch ist ihm das Leben nicht genommen.

Um nun zu sehn, ob nicht die Parze wäre
Durch Zwang zu nöt'gen, daß sie dem Orril
(So nannte jener sich) mit ihrer Schere
Den Faden löse, naht' Astolf dem Nil,
Wo sich der Strom vereinigt mit dem Meere

Und wo ihm bald der Turm ins Auge fiel,
Zum Wohnsitz des verwünschten Spuks erkoren,
Den eine Fee von einem Elf geboren.

Er findet ihn, als er ein wildes Schlagen
Mit einem tapfern Ritterpaar beginnt.
Orril allein weiß beide so zu plagen,
Daß wenig nur ihr Widerstand gewinnt.
Und doch weiß alle Welt, wie hoch sie ragen
An Tapferkeit; denn diese Ritter sind
Oliviers Söhne, die man Gryph den Weißen
Und Aquilant den Schwarzen pflegt zu heißen.

Der arge Zaubrer kam in allen Fällen
Mit einem großen Vorteil in die Schlacht.
Ein wildes Tier hatt' er zum Kampfgesellen,
Dergleichen nur dies Land hervorgebracht,
Das teils am Ufer lebt, teils in den Wellen
Und Menschenfleisch zu seiner Nahrung macht.
Gar mancher Leib sorgloser Wandersleute
Und armer Schiffer wird ihm sichre Beute.

Schon liegt die Bestie tot im Sand danieder,
Vom starken Arm der Brüder hingestreckt;
Drum ist es auch dem Rechte nicht zuwider,
Wird jetzt Orril von beiden zugedeckt.
Oft schon beraubten sie ihn mancher Glieder,
Allein sein Tod ward nicht dadurch erzweckt;
Denn ward auch Arm und Bein ihm abgeschnitten,
Er weiß wie Wachs sie wieder anzukitten.

Jetzt spaltet Gryph sein Haupt bis zu den Zähnen,
Jetzt bis zur Brust hernieder Aquilant,

Doch er verlacht sie um ihr eitles Wähnen;
Die Brüder sehn's und sind von Zorn entbrannt.
Wer jenes Silber sah im Fall sich dehnen
(Von Alchimisten wird's Mercur genannt)
Und sich zerstreu'n und dann zusammenrinnen,
Der wird, dies hörend, dessen sich entsinnen.

Fällt itzt sein Haupt: er springt vom Pferd herunter
Und tappt nach ihm umher mit irrem Schritt,
Packt's an der Nas', am Haar und klebt es munter
Auf seinen Hals, Gott weiß, mit welchem Kitt.
Fängt Gryph den Kopf und schleudert weit hinunter
Ihn in den Fluß, so hilft auch das nicht mit;
Orril taucht wie ein Fisch zum Grunde nieder
Und kommt gesund mit seinem Kopfe wieder.

Zwei schöne Frau'n, sehr ehrbar anzusehen,
In weißer *die,* und *die* in schwarzer Tracht,
Durch die der Anlaß zum Gefecht geschehen,
Betrachten aufmerksam die wilde Schlacht.
Und dieses sind die zwei wohltät'gen Feen,
So die Erziehung jener zwei bewacht,
Die sie vordem, als junge, zarte Knaben,
Zwei Vögeln aus den Klau'n gerissen haben.

Gismonden hatten diese sie entrissen
Und weit von ihrer Heimat weggeführt.
Die ganze Welt muß die Geschichte wissen,
Drum wird sie hier auch weiter nicht berührt;
Obwohl ein Wahn den Autor hingerissen,
Der einen falschen Vater angeführt.
Nun haben beide Jüngling', auf Verlangen
Der beiden Frau'n, den Kampf hier angefangen.

Schon war in diesem Strich die Sonn' entschwunden,
Die hoch noch auf Fortunens Inseln stand;
Die Nacht hatt' alles rings dem Blick entwunden,
Vom Monde nur ward schwaches Licht gesandt.
Orril kehrt' in sein Schloß, unüberwunden,
Weil jetzt die Weiße wie die Schwarze fand,
Am besten sei's, wenn man die Schlacht verschöbe,
Bis sich im Ost die neue Sonn' erhöbe.

Astolf, der lange schon an ihren Zeichen
Der Kinder Oliviers berühmtes Paar
Und besser noch erkannt an mächt'gen Streichen,
Bot seinen Gruß nicht stolz noch träge dar.
Sie sahn, daß, der den Riesen sondergleichen
Gebunden zog, der Pardelritter war
(Den Namen hatt' Astolf am Hof bekommen),
Und hießen ihn nicht minder gern willkommen.

Nun führen jene Frau'n die tapfern Degen
Zur Rast in ihren nahen Aufenthalt,
Wo ihnen eine Mädchenschar entgegen,
Ein Knappentroß mit hellen Fackeln wallt.
Man bringt die Rosse fort, um sie zu pflegen;
Die Herrn entwaffnen sich und finden bald
Das Abendmahl im Garten zubereitet,
Wo klar und lieblich eine Quelle gleitet.

Mit einer Kette, schwer und mächtig, ließen
Sie erst den Riesen dort im grünen Hain
An einen hochbejahrten Eichbaum schließen;
Mit *einem* Ruck bricht er ihn nimmer ein.
Zehn Knechte mußten ihn zur Wach' umschließen,
Damit er nachts nicht möge sich befrei'n

Und, während alles liegt in guter Ruhe,
Sie überfall' und ihnen Schaden tue.

Beim leckern, reichen Mahl, wo doch die Speise
Bei weitem die gering're Lust verschafft,
Dreht das Gespräch fast immer sich im Kreise
Um den Orril und seine Wunderkraft.
Wie Traum erscheint die unerhörte Weise:
Wird ihm der Arm, wird ihm der Kopf entrafft,
Er nimmt ihn auf und weiß ihn anzuheften
Und kehrt zum Kampf zurück mit neuen Kräften.

Aus seinem Buche hatt' Astolf erfahren
(Aus jenem, das vor Zauber sicherstellt),
Orrilen kann die Seele nicht entfahren,
Solang' er ein gewisses Haar behält;
Doch schneidet, reißt man dies aus seinen Haaren,
So muß sie fort, wie schlecht es ihr gefällt.
Dies sagt das Buch, doch nicht, wie auf dem Kopfe
Dies Haar erkennbar ist im dichten Schopfe.

Astolf fühlt' innerlich ein Siegsfrohlocken,
Als trüg' er schon die Palm' in seiner Hand,
Und hofft', einbüßen solle Seel' und Locken
Nach wenig Hieben jener Nekromant;
Weshalb er auch sogleich, ganz unerschrocken,
Das Werk zu übernehmen sich verband.
Orril, versprach er, solle bald erblassen,
Wenn ihm den Kampf die Brüder überlassen.

Und sie gewähren gern ihm sein Verlangen,
Gewiß, daß er umsonst sich nur beschwert.
Kaum sieht man neu die Morgenröte prangen,
Als auch Orril zurück zur Ebne kehrt.

Schon hat die Schlacht der beiden angefangen,
Der führt die Keule, *dieser* führt das Schwert.
Durch *einen,* denkt Astolf, von tausend Hieben
Wird doch die Seel' ihm aus dem Leib getrieben.

Er schlägt die Faust mitsamt der Keule nieder,
Jetzt, samt der Faust, *den* Arm, und *diesen* jetzt;
Haut quer den Panzer durch, hackt ihm die Glieder
Stückweis herab, bis er ihn ganz zerfetzt.
Doch jedes Glied sucht gleich das andre wieder
Vom Boden auf und ist wie unverletzt.
Und hieb' Astolf ihn auch in hundert Bissen,
Er würde gleich hernach kein Glied vermissen.

Nach tausend Hieben glückt' ein Hieb am Ende,
Der grade zwischen Kinn und Schultern fiel
Und Kopf und Helm vom Rumpfe nahm behende.
Astolf sprang ab, nicht träger als Orril,
Wand sich das blut'ge Haar um seine Hände,
Schwang sich aufs Roß und sprengte rasch dem Nil
Mitsamt dem Kopfe zu, im schnellsten Trabe,
Damit Orril ihn nur nicht wiederhabe.

Der arme Narr, der nicht den Fall erkannte,
Sucht' erst den Kopf im Sande lang genug;
Doch merkt' er dann, daß fort der Renner rannte
Und durch den Wald sein Haupt von hinnen trug;
Worauf er schnell zu seinem Gaul sich wandte,
Und, aufgesprungen, setzt' er nach im Flug.
Er wollte schrei'n: »Halt! Du mußt wiederkommen!«
Doch jener hatt' ihm schon das Maul genommen.

Daß er noch Fersen hatte, war dem Tropfe
Doch ein'ger Trost; drum folgt er ihm geschwind.

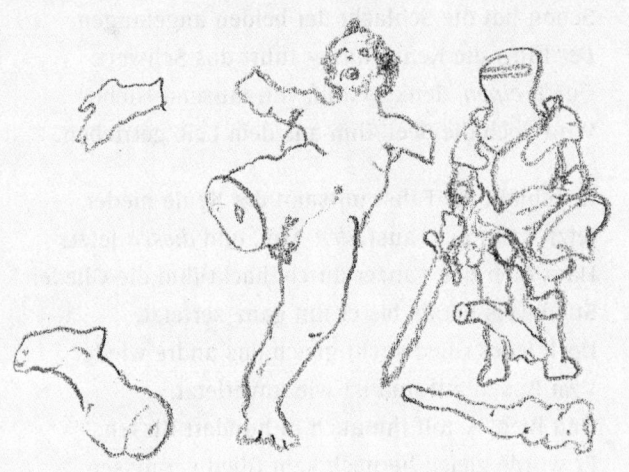

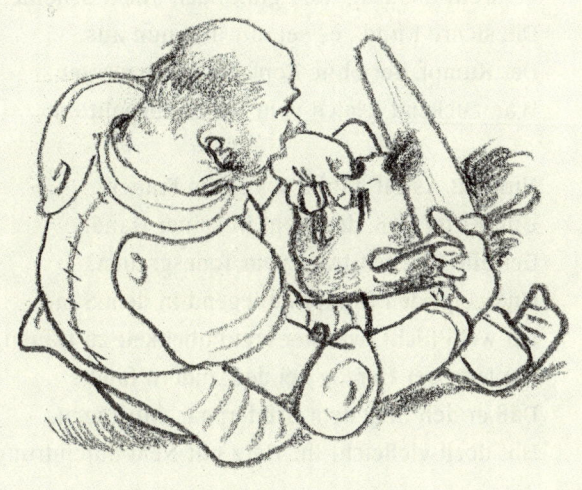

Allein der Rabican eilt mit dem Kopfe
Ihm weit voraus, viel schneller als der Wind.
Indessen sucht Astolf am ganzen Schopfe,
Vom Halsgelenk bis wo die Stirn beginnt,
In Eile nach, ob er das Haar nicht findet,
Woran Orrils Unsterblichkeit sich bindet.

Doch zeigt sich unter den unzähl'gen Haaren
Keins, das hervor vor andern Haaren sticht;
Mit welchem soll Astolf nun so verfahren,
Daß er das Leben raubt dem Bösewicht?
Am besten wär's, kein einz'ges aufzusparen.
Schabmesser oder Schere hat er nicht;
Drum eilt er, mit dem Schwert sie loszutrennen,
Denn dessen Schneiden kann man Scheren nennen.

Der Herzog hält den Kopf am Nasenbeine,
Und rundherum enthaart er ihn durchaus.
So trifft er auch das Zauberhaar, das eine;
Da wird das Antlitz bleich von Todesgraus,
Verdreht das Aug' und gibt, nach allem Scheine,
Die sichre Kund', es sei mit ihm nun aus.
Der Rumpf, der ohne Kopf ihm nachgeritten,
War, zuckend, gleich vom Sattel abgeglitten.

Nun eilt Astolf dahin, wo er die Frauen
Und Ritter ließ, den Kopf in seiner Hand,
Der alle Zeichen trägt vom Todesgrauen,
Und zeigt den Rumpf daliegend in dem Sand.
Ich weiß nicht, war der Freundlichkeit zu trauen,
Die jetzt der Herzog bei den andern fand.
Daß er den Sieg dem Brüderpaar entrungen,
Hat doch vielleicht ihr Herz mit Neid durchdrungen.

CLORIDAN UND MEDORO

Bisher haben wir die Taten der Hauptleute verfolgt, bei ihren Tapferkeitsproben und Bravourstücken, in ihrer übermenschlichen Kraft und ihrem Umgang mit magischen Gegenständen. Jetzt, wenn wir in den dichten Lanzenwald der Schlacht um Paris eindringen, sehen wir die einfachen Soldaten in den Vordergrund treten, mit ihrer bescheidenen und beharrlichen Menschlichkeit, ihrem Mut, ihren Unsicherheiten und ihrem Mitgefühl.

Das Kriegsglück ist den Sarazenen nicht hold. An die achtzigtausend Tote haben sie an jenem Tag zu beklagen. Auch ihr jüngster Hauptmann, Dardinello, Sohn des Almonte, ist gefallen, von Rinaldo getötet. König Agramant läßt zum Rückzug blasen. Nachts ertönen aus dem Lager der Mauren die Klagen über die Opfer der Schlacht.

Zwei Rekruten aus Dardinells Regiment, fast noch Knaben, Cloridan und Medoro, beweinen ihren Hauptmann und beschließen, seine Leiche zu bergen. Ihre nächtliche Expedition ist eine doppelte Reise zu den Toten: erst durch das feindliche Lager zwischen die christlichen Soldaten, die wirr durcheinanderliegen, wo sie der Schlaf übermannt hat und wo sie der Tod festnageln wird, den ihnen die beiden jugendlichen Rächer bringen; dann zwischen die auf dem Schlachtfeld verstreuten Leichen. Wie sollen sie dort im Dunkeln unter all den Toten Dardinello erkennen? Medoro betet zur Göttin Luna, die Wolken tun sich auf, und im Mondlicht breitet sich ganz Paris vor ihnen aus, von Montmartre bis Montlhéry (XVIII, 164–187):

Von den geschlagnen, bangen Sarazenen
Wird nun im Lager diese ganze Nacht
Mit Seufzern, Klagen und mit heißen Tränen,
Doch leise nur und schüchtern, hingebracht;
Um ihrer Freund' und Brüder Tod von jenen,
Von diesen auch in eignen Leids Betracht,
Weil sie verwundet sind, mit Not beladen;
Doch größer ist die Furcht vor künft'gem Schaden.

Zwei Jünglinge, von dunklem Stamm geboren
In Ptolemais, sind bei dieser Schar.
Zum seltnen Beispiel wahrer Lieb' erkoren,
Werd' ihre Tat der Nachwelt offenbar.
Von Cloridanen red' ich und Medoren,
Die beide stets, in Glück und in Gefahr,
An Dardinell mit treuer Liebe hingen
Und übers Meer mit ihm nach Frankreich gingen.

Sein ganzes Leben durch der Jagd gewogen,
Von Körper stark und rasch war Cloridan.
Medors Gesicht, mit Jugendglanz umzogen
Und weiß und rot, erfreute, die es sahn.
Von allen, die hieher zum Kampfe zogen,
Konnt' ihm an Reiz und Anmut keiner nahn.
Mit schwarzem Aug' und goldgelockten Haaren,
Schien er ein Engel aus den höchsten Scharen.

Den beiden war, in mehrern Volks Geleite,
Des Lagerwalls Bewachung anvertraut,
Als noch, vom Horizont in gleicher Weite,
Schlaftrunknen Aug's die Nacht gen Himmel schaut.
Wohin Medor die Red' auch immer leite,
Von seinem teuren Herrn spricht jeder Laut,

Von Dardinell. Ihm weint er manche Zähre:
Im Felde lieg' er ohne Grab und Ehre.

Er spricht zu seinem Freund: »Ich kann nicht sagen,
O Cloridan, wie wehe es mir tut,
Daß unser Herr dort auf dem Feld, erschlagen,
Für Rab' und Wolf zu teure Speise, ruht.
Und denk ich an sein freundliches Betragen,
So scheint mir wohl, daß ich mit allem Blut,
Und wenn ich's gänzlich seinem Ruhme weihe,
Mich immer nicht von meiner Schuld befreie.

Daß er im Feld nicht dalieg', unbegraben,
Will ich hinab, um ihn zu suchen, gehn;
Vielleicht verstattet Gott mir armem Knaben,
Daß mich des Feindes Blicke nicht erspähn.
Du bleibe hier; sollt' er beschlossen haben,
Ich falle dort, so melde, was geschehn.
Denn wehrt das Glück, so Schönes zu erfüllen,
Mag doch der Ruf mein gutes Herz enthüllen.«

Ob solchem Mut in eines Knaben Herzen,
Ob solcher Lieb' und Treu staunt Cloridan
Und sucht ihm den Gedanken wegzuscherzen;
Denn herzlich war er stets ihm zugetan.
Allein vergeblich; denn so großen Schmerzen
Vermögen Trost und Lindrung nicht zu nahn.
Durchaus entschlossen ist Medor zu sterben,
Kann er ein Grab nicht seinem Herrn erwerben.

Ihn unbeweglich sehend, fest entschlossen,
Spricht Cloridan: »So geh' ich denn mit dir!
Auch ich bin nicht zu edler Tat verdrossen,
Ruhmwürd'ger Tod gefällt und frommt auch mir.

Wo könnte mir fortan noch Freude sprossen,
Bliebst du, o mein Medor, im Schlachtrevier?
Mehr frommt's, mit dir in Waffen umzukommen,
Als dann vor Schmerz, wenn du mir wirst genommen.«

Sie rufen andre Wach' an ihre Stelle,
Und, fest bestimmt, beginnen sie den Pfad.
Bald kommen sie, durch Gräben, über Wälle,
Zum Christenheer, dem keine Sorge naht.
Das Lager schläft, es sank der Flammen Helle,
Nichts fürchtet von den Heiden der Soldat;
Und, zwischen Wehr und Wagen hingesunken,
Liegt alles dort, vom Schlaf und Weine trunken.

»Niemals verschmähn muß man Gelegenheiten«,
Sprach Cloridan und weilt' ein wenig dort.
»Sollt' ich nicht Tod in diesem Volk verbreiten,
Das schuldig ist an meines Königs Mord?
Du richte Blick und Ohr nach allen Seiten,
Daß man uns nicht ertapp' an diesem Ort;
Denn wohl verheißen will ich, mit den Waffen
Dir durch den Feind geraume Bahn zu schaffen.«

Er sprach's und trat ins Zelt mit keckem Wesen,
Wo sich der Schlaf um Alpheus' Augen zog,
Der noch nicht lang am Hofe Karls gewesen,
Berühmt als Magier, Arzt und Astrolog.
Doch wenig half ihm jetzt das Sternenlesen,
Weil es für diesmal ihn durchaus betrog.
Geweissagt hatt' er sich, bejahrten Leibes
Erblass' er einst am Busen seines Weibes.

Nun läßt er hier vom Mohren sich ereilen,
Und dieser stößt sein Schwert ihm durch den Schlund.

Dann tötet er vier andre sonder Weilen,
Nicht Zeit zu einem Worte hat ihr Mund.
Turpin vergaß die Namen mitzuteilen,
Und nach so langer Zeit sind sie nicht kund.
Dem Palidon von Moncalier, der neben
Zwei Rossen schlief, entriß er dann das Leben.

Der arme Grillo lag mit seinem Haupte
Ans Faß gelehnt; so schlief er ruhig ein.
Er hatt' es völlig ausgeleert und glaubte
Im sanften Schlaf ganz ungestört zu sein.
Als nun der kecke Mohr den Kopf ihm raubte,
Floß mit dem Blut aus *einem* Spund der Wein.
Er hat wohl mehr als *eine* Kann' im Magen
Und träumt vom Trinken noch, und wird erschlagen.

Zwei andre sucht sich Cloridan zum Schlachten
Und macht den Andropon und Konrad kalt,
Die tief bis in die Nacht sich lustig machten,
Bald mit dem Becher, mit dem Würfel bald.
Glücksel'ge zwei, wenn sie am Tische wachten,
Bis Phöbus durch des Indus Furt gewallt!
Allein die Macht des Schicksals wäre nichtig,
Weissagte jeder sich die Zukunft richtig.

Dem Löwen gleich, der, mager durch Beschwerde
Langwier'gen Hungers, im gefüllten Stall
Umbringt, zerreißt und frißt die schwache Herde,
Die er bezwang durch raschen Überfall,
Schlägt Cloridan dies Volk, das sonder Fährde
Im Schlummer liegt, und schlachtet überall.
Das Schwert Medors ist auch nicht stumpf geworden,
Doch es verschmäht, unedles Volk zu morden.

Er kam dahin, wo in dem Arm der Liebe
Der Herzog von Labrett entschlummert war.
Daß zwischen sie sich auch kein Lüftchen schiebe,
So fest umschlang sich das beglückte Paar.
Medor enthauptet sie mit *einem* Hiebe;
O süßer Tod, glückselig Los fürwahr!
Gewiß, daß, wie die Leiber sich umschlangen,
Die Seelen auch, umarmt, empor sich schwangen.

Dann ward Malind, dann Ardalich erschlagen,
Die Flanderns Herrscher beide Sohn genannt.
Sie hatte Karl zu Rittern erst geschlagen
Und ihrem Schild die Lilien zuerkannt,
Weil er die Schwerter, die sie heut getragen,
Von vieler Feinde Blut gerötet fand.
In Friesland wollt' er ihnen Güter geben,
Und hätt's getan; Medor verhindert's eben.

Schon war das meuchlerische Schwert den Zelten
Der Paladine Frankreichs dicht genaht,
Die das Gezelt des Kaisers rings umstellten,
Wo nach der Reih' ein jeder Wache tat;
Doch die verwegnen Sarazenen stellten
Das Morden ein und wandten ihren Pfad.
Unmöglich schien's, daß unter solcher Menge
Nicht einer sei, den Schlummer nicht bezwänge.

Zwar konnten sie viel Beute hier erringen,
Doch Glück genug schien sichre Wiederkehr.
Wo er am besten glaubt sich fortzubringen,
Geht Cloridan; der andre hinterher.
Man kommt aufs Feld, wo zwischen Lanzen, Klingen,
Armbrüsten, Schilden, rings in rotem Meer

Vasallen, Fürsten, Arme neben Reichen
Und Rosse ruhn, vermischt mit Menschenleichen.

Der Leichen Menge, die, mit blut'gen Wogen
In gräßlichem Gemisch, das Feld bedeckt,
Leicht hätte sie das treue Paar betrogen
Und ihre Sorge bis zum Tag geneckt.
Wenn Luna nicht, vom Flehn Medors bewogen,
Ihr Horn hervor aus dunkler Wolke streckt.
Gen Himmel hob Medor, andächt'gerweise,
Zu Lunen seinen Blick und sagte leise:

»O heil'ge Göttin, die mit vollem Rechte
Als dreigestaltig pries der Väter Flehn,
Weil Himmel, Erd' und selbst die Höllenmächte
Den hohen Reiz so vielgestaltet sehn;
Du, die als Jägerin durch Waldesnächte
Pflegt dem Gewild, dem Untier nachzugehn:
Zeig unsern König uns, der einst im Leben
Sich deinem heiligen Geschäft ergeben!«

Und Luna hebt den dunklen Wolkenschleier –
Trieb Zufall oder solche Treu' sie an –
Schön, so wie da, als sie zu süßer Feier
Sich ließ vom Arm Endymions umfahn.
Bei diesem Lichte zeigt Paris sich freier,
Die Lagerplätze beid' und Berg und Plan.
Man sieht von fern die beiden Hügel blinken,
Montmartre rechts, und Montleri zur Linken.

Doch heller sieht man da den Schimmer prangen,
Wo bleich und tot der Sohn Almontens ruht.
Medor eilt hin, ihn weinend zu umfangen;

Er kennt den rot und weißen Schild zu gut.
Mit bittern Tränen netzt er ihm die Wangen,
Denn jedem Aug' entströmt die heiße Flut;
Und bei der Klage lieblichem Erklingen
Hemmt, um zu lauschen, wohl der Wind die Schwingen.

Doch leis' ist diese Stimm' und kaum zu hören,
Zwar will er nicht dem Horcher sie entziehn,
Weil Sorgen um sein Leben ihn nicht scheren
(Er haßt es ja und möcht' ihm gern entfliehn);
Allein er zagt, es mög' ihn jemand stören,
Das fromme Werk der Liebe zu vollziehn.
Auf ihre Schultern laden sie, nicht weilend,
Den toten Herrn, sich in die Bürde teilend.

Im Morgengrauen machen sich Cloridan und Medoro mit der Leiche Dardinells auf den Rückweg ins Lager, als sie von einer schottischen Patrouille unter Führung des Prinzen Zerbino entdeckt werden. Um zu fliehen, läßt Cloridan, der Besonnenere, die Last fahren im Glauben, daß sein Kamerad es ihm nachtun werde. Aber der hartnäckige Medoro ist nicht bereit, den Leichnam seines Hauptmanns den Raben zum Fraß zu lassen, und trägt ihn alleine weiter (188–192):

Sie lassen nicht den schnellen Schritt ermatten,
Obwohl von der geliebten Last beschwert. –
Schon kommt des Lichtes Herrin, die von Schatten
Das Land, das Firmament von Sternen leert,
Als Prinz Zerbin, dem, Schlaf sich zu gestatten,
Sobald es gilt, sein hoher Mut verwehrt
Und der bei Nacht die Sarazenen jagte,
Zum Lager heimzog, da es eben tagte.

Und bei sich hatt' er ein'ge Reitersleute,
Die jetzt von fern die beiden Freunde sahn.
Schnell zogen sie heran, denn jeder freute
Der Hoffnung sich, hier guten Raub zu fahn.
»Hinwerfen, Bruder, müssen wir die Beute
Und unsern Fersen trau'n«, sprach Cloridan;
»Denn solche Torheit ist uns nicht geboten,
Zwei Lebende zu opfern *einem* Toten.«

Er warf die Last vom Nacken sonder Weile,
Fest glaubend, daß Medor ein Gleiches tat;
Doch dieser nimmt sie ganz zu seinem Teile,
Weil er für seinen Herrn mehr Liebe hat.
Der andre flieht davon mit größter Eile,
Im Wahn, der Freund begleite seinen Pfad.
Wußt' er, welch Los er überließ Medoren,
Er hätte lieber tausend Tod' erkoren.

Die Reiterschar, die sich der flücht'gen Heiden
Fang oder Tod nun einmal vorgesetzt,
Zerstreut sich schnell, um rings sie abzuschneiden,
Und jeder Ausgang wird sogleich besetzt.
Der Führer ist nicht fern mehr von den beiden,
Die er noch heißer als die andern hetzt;
Denn da er sieht, wie bange sie geworden,
Weiß er gewiß sie von des Feindes Horden.

Dort war ein alter Forst zu jenen Zeiten,
Von dunklen Bäumen und Gesträuchen dicht,
Der, nur vom Wild bewohnt, nach allen Seiten
Die engen Pfad' als Labyrinth verflicht.
Er, hofft das Paar, verberg' in Dunkelheiten
Die Flücht'gen vor des Feindes Angesicht.

Doch wer bis jetzt mein Singen gern vernommen,
Mag nächsten Tags zum Hören wiederkommen.

Bald ist Medoro von Feinden umzingelt: Schon hat Zerbin die tödliche Klinge gezückt, doch gerührt von der Jugend des Soldaten und von seiner Treue gegenüber seinem gefallenen Kommandanten schenkt er ihm das Leben. Im selben Augenblick rammt einer der Schotten, ein brutaler Kerl, ohne auf die Befehle seines Hauptmanns zu achten, seinen Speer in Medoros Brust. Während Zerbin den unbotmäßigen Soldaten verfolgt, um ihn zu bestrafen, erscheint Cloridan auf der Suche nach seinem verlorenen Kameraden, sieht ihn fallen und stürzt sich auf die Christen, um sie niederzumachen, bis er seinerseits fällt. Eine einzige Blutlache empfängt die noch warmen Körper der beiden Jünglinge und den schon erkalteten ihres Herrn. Ist es die feudale Vasallenpflicht, die mit diesem Opfer gefeiert wird? Vielleicht etwas Älteres und Dauerhafteres: die Solidarität der Jugend (XIX, 3–17):

Der Arme sucht auf dicht verflochtnen Pfaden
In solcher Fährde Schutz sich zu verleihn;
Allein die Last, womit er sich beladen,
Läßt alles, was er tut, vergeblich sein.
Er kennt die Gegend nicht, zu großem Schaden,
Verfehlt den Weg, schlingt sich in Dornen ein.
Indessen hat der andre nicht gerastet
Weit weg zu fliehn, denn er ist unbelastet.

Und schon ist Cloridan so weit entkommen,
Daß er vom Lärm der Feinde nichts erfährt;
Doch wie er merkt, Medor sei ihm genommen,
Da scheint es ihm, daß er sein Herz entbehrt.

»Wie war ich«, ruft er, »so von Angst beklommen,
Wie war ich doch so sinnlos, so verkehrt,
Daß ich hieher kam, ferne von Medoren,
Nicht wissend, wann und wo ich ihn verloren!«

Er sprach's, indem er in den Waldgehegen
Den vielverschlungnen Steig aufs neu' betrat.
Rasch kehrt er um auf schon beschrittnen Wegen
Und wendet sich auf seines Todes Pfad.
Hufschlag und Kampfgeschrei tönt ihm entgegen
Und wildes Drohn der Feinde, wie er naht.
Er hört Medor, er sieht ihn, rings von Rossen
In großer Meng', allein, zu Fuß umschlossen.

Wohl hundert Reiter sind's, die ihn umstreichen:
Daß man ihn fangen solle, ruft Zerbin.
Der Arme sucht, sich drehend, auszuweichen
Und steckt, um ihrer Hand sich zu entziehn,
Sich hinter Ulmen, Eschen, Buchen, Eichen,
Doch ohne von der teuern Last zu fliehn.
Zuletzt, als sie zu schwer wird, legt er leise
Sie hin ins Gras und irrt umher im Kreise.

So steht die Bärin wohl bei ihren Jungen,
Wenn sie des Jägers ungestümer Mut
In ihrer Schlucht bekriegt, und knirscht, durchdrungen
Von streitendem Gefühl, vor Angst und Wut.
Von Zorn und angebornem Grimm bezwungen,
Streckt sie die Klauen aus und lechzt nach Blut;
Doch Lieb erweicht und fesselt sie nicht minder,
Und noch im Zorn schaut sie auf ihre Kinder.

Zwar Cloridan weiß nicht ihm beizustehen,
Doch will er noch im Sterben mit ihm sein

Und, eh er selbst muß aus dem Leben gehen,
Noch manchen Feind mit sich dem Tode weihn.
Den schärfsten Pfeil hat er sich ausersehen
Und schießt, versteckt, so auf den Haufen ein,
Daß gleich ein Schotte, dem des Pfeiles Spitze
Das Hirn durchbohrt, tot fällt herab vom Sitze.

Indem sich alle nach der Seite wenden,
Von wo der mörderische Pfeil entrann,
Eilt Cloridan, den zweiten abzusenden,
Und zu dem ersten fällt der zweite Mann.
Denn während der sich dreht nach allen Enden
Und schreiend fragt, wer diesen Mord begann,
Kommt das Geschoß und fährt ihm durch die Kehle
Und schneidet ihm das Wort ab samt der Seele.

Nun hat Zerbin, der Führer dieser Scharen,
Bei solchem Tun nicht mehr Geduld noch Ruh.
Auf den Medor zornwütig losgefahren,
Ruft er in vollem Grimm: »Das büße du!«
Und packt ihn heftig bei den goldnen Haaren
Und reißt mit Macht den Jüngling nach sich zu.
Doch wie er in sein holdes Antlitz schaute,
Kam Mitleid ihm, daß vor dem Mord ihm graute.

Jetzt kann Medor wohl eine Bitte wagen:
»O wolle«, spricht er, »nicht so grausam sein –
Ich fleh's bei deinem Gott –, mir zu versagen,
Daß ich begrabe meines Herrn Gebein!
Kein andres Mitleid sollst du für mich tragen;
Denn glaube nicht, das Sterben sei mir Pein.
So viel, und mehr nicht, sorg' ich für mein Leben,
Als not ist, meinem Herrn ein Grab zu geben.

Und willst du dennoch Wild und Vögel weiden,
Reißt Kreons, des Thebaners, Wut dich fort,
So nähre sie mit meinen Eingeweiden,
Ein Grab nur gönne jener Leiche dort!«
Wohl würd' ein Fels gerührt von seinen Leiden,
So hold und lieblich war Gebärd' und Wort;
Daher Zerbin im innersten Gemüte
Schon ganz von Mitleid und von Lieb' erglühte.

In dem Moment stieß einer aus dem Heere,
Der ganz die Achtung für Zerbin verlor,
Ein tück'scher Reitersmann, mit seinem Speere
Tief in die Brust den flehenden Medor.
Gar sehr mißfiel Zerbinen diese schwere,
Grausame Tat, vor allem, da der Mohr
Betäubt zur Erde sank, so ganz erblichen,
Als wäre schon das Leben ihm entwichen.

Weshalb Zerbin von Zorn und Schmerz entbrannte
Und wütend rief: »Das sei nicht ungerächt!«
Und sich mit heißem Groll zu jenem wandte,
Der sich der ungeheuern Tat erfrecht.
Doch der nahm seinen Vorteil wahr und rannte
Im Augenblick davon durchs Waldgeflecht.
Wie Cloridan sieht, sein Medor erliege,
So springt er aus dem Wald zu offnem Kriege;

Und wirft den Bogen weg, schwingt unverdrossen,
Von Wut entflammt, im Feindeskreis sein Schwert,
Zu sterben mehr verlangend, als entschlossen,
Sich so zu rächen, wie sein Zorn begehrt.
Schon sieht er rings das Erdreich übergossen
Mit eignem Blut, fühlt jede Kraft verzehrt;

Und da er merkt, daß es zum Letzten schreite,
Läßt er sich fallen dem Medor zur Seite.

Ein jeder eilt, dem Führer nachzufliegen,
Den tiefer Zorn treibt durch den tiefen Wald,
Und alles läßt die beiden Mohren liegen,
Den einen kaum noch warm, den andern kalt.
Medor liegt da, und ohne zu versiegen
Entströmt das Blut ihm aus so weitem Spalt,
Daß wohl sein Leben bald ein Ende nähme,
Wenn jemand nicht ihn zu erretten käme.

Der Zufall fügt, daß durch des Waldes Dichte
Ein Mädchen kommt in ländlichem Gewand,
Doch fürstlich von Gestalt, schön von Gesichte,
Von edlen Sitten, ehrbar, voll Verstand.
So lange gab ich nicht von ihr Berichte,
Daß sie von euch wohl schwerlich würd' erkannt.
Angelica erschien auf diesem Plane,
Die Tochter von Cathays großmächt'gem Chane.

Medor liegt da, als wäre er tot, aber sein Herz schlägt noch. Wer ist es, die sich über den Schwerverletzten beugt und sich beeilt, ihm Hilfe zu bringen? Eine Hirtin, würde man angesichts ihrer Kleidung sagen; aber die Miene verächtlichen Stolzes, die diese junge Frau hoch zu Roß an den Tag legt, genügt, um uns eine Person in Erinnerung zu rufen, die wir in anderem Aufzug gekannt haben: Angelica, die Prinzessin von Cathay. Einziges Vergnügen dieser Frau war es stets, die ruhmreichsten Ritter verrückt vor Liebesverlangen zu machen und sie hinter sich herzulocken, ohne sich jemals von ihnen fangen zu lassen. Und seit sie wieder im Besitz ihres Zauberrings ist und bei einer Hirtenfamilie Zuflucht gefunden hat, fühlt sie sich erhabener denn je. Doch beim Anblick des verwundeten Medor rührt sich etwas in ihrem kalten Herzen.

Zuerst ist es nur Mitleid und das Vergnügen, die im Orient erlernten medizinischen Künste anzuwenden. Aber dann, als sie die Wunde mit Kräutern geheilt hat und Medor, der ebenfalls von den Hirten beherbergt wird, allmählich wieder Farbe bekommt und seine Schönheit zurückgewinnt, fühlt Angelica sich zum ersten Mal ohne die Hilfe von Zaubermitteln in Liebe entbrennen. Die betörende Magierin, die hochmütig auf die kühnsten Anführer der gegnerischen Heere herabgeblickt hatte, von Roland bis Sacripante, von Ferragu bis Rinaldo, verliebt sich am Ende rückhaltlos in einen einfachen Fußsoldaten. Vielleicht liegt es an der ruhigen und soliden Art dieses dunkelhäutigen Jungen mit blonder Mähne, der so ganz anders ist als ihre üblichen Verehrer, die ständig unter Hochspannung stehen, geladen mit Aggressivität und Imponiersucht (20–32):

Kaum nun erblickt Angelica Medoren,
Der wund und kraftlos mit dem Tode stritt,
Mehr klagend, daß sein Herr ein Grab verloren,
Als um die Schmerzen, die er selber litt:
Da fühlt sie, wie zu ungewohnten Toren
In ihre Brust seltsame Rührung tritt,
Die ihr das harte Herz erweicht und mildert,
Zumal, nachdem er seinen Fall geschildert.

Sie sucht die Heilkunst sich zurückzubringen,
Auf welche sie in Indien sich gelegt,
Wo diese Kunst, gleich adelwürd'gen Dingen
(Wie man vernimmt), gerühmt wird und gepflegt

Und wo, ohn' erst viel Bücher zu verschlingen,
Der Vater sie den Kindern überträgt.
Mit Kräutersäften denkt sie zu verfahren,
Um ihn zu reiferm Leben zu bewahren.

Es fällt ihr ein, daß, als sie hergekommen,
Sie nicht gar weit, im bunten Wiesenklee,
Ein Kraut von großer Wirkung wahrgenommen;
Vielleicht war's Diptam oder Panacee.
Es stillt das Blut, der Wunde wird benommen
Der Spannung Schmerz und jedes andre Weh.
Sie findet's bald, eilt, davon aufzufassen,
Und kehrt zurück, wo sie Medor gelassen.

Auf ihrer Rückkehr, tief im Waldesgrunde,
Begegnet ihr ein Viehhirt, der zu Roß
Nach einer Kuh gesucht bis diese Stunde,
Die sich verirrt von seiner Herde Troß.
Sie nahm ihn mit dahin, wo aus der Wunde
Medors die Kraft mitsamt dem Blute floß.
Schon hatt' er rings das Erdreich so gerötet,
Daß sicher bald der Blutverlust ihn tötet.

Vom Zelter sprang die Jungfrau sonder Weile,
Und auch der Hirt, wie sie gebot, stieg ab.
Mit Steinen quetschte sie das Kraut in Eile,
Das seinen Saft den weißen Händen gab,
Und goß ihn in die Wund', auf alle Teile
Der Brust, des Leibes, bis zur Hüft' hinab.
Gleich stillten ihm die wirkungsreichen Säfte
Des Blutes Strom und gaben neue Kräfte;

Und stärkten ihn, aufs Roß sich zu erheben,
Das jener Hirt sorgsam am Zügel hält.

Doch eher nicht will er sich fortbegeben,
Als bis sein edler Herr ein Grab erhält.
Und man begräbt den Cloridan daneben;
Dann folgt er ihr, wohin es ihr gefällt.
Aus Mitleid bleibt sie unterm niedern Dache
Des freundlich biedern Hirten, ihm zur Wache.

Und eher nicht, als bis er wird gesunden –
So schätzt sie ihn –, will sie von hinnen gehn;
So nimmt das Mitleid zu, das sie empfunden,
Als auf der Erde dort sie ihn gesehn.
Dann, da sie ihn so hold, so schön gefunden,
Fühlt sie ihr Herz zernagt von stillen Wehn;
Sie fühlt ihr Herz zernagt, und mählich kündet
Die Glut sich an, die es durchaus entzündet.

Der Hirte wohnt' in einer ziemlich schönen
Behausung, tief versteckt in Waldesnacht,
Von Hügeln eingehegt, mit Weib und Söhnen;
Vor kurzem erst hatt' er sie neu gemacht.
Hier fand Medor, durch Müh' und Kunst der Schönen,
Die Wunde bald zur Besserung gebracht.
Allein noch bälder fühlt sie, tief im Grunde
Der zarten Brust, die ungleich größre Wunde;

Die größre Wunde von dem unsichtbaren,
Verborgnen Pfeil, den mit gewisser Hand
Vom holden Aug' und aus den blonden Haaren
Medors der Flügelschütz auf sie entsandt.
Sie fühlt die Glut, es wachsen die Gefahren;
Doch ihre Sorg' ist immer nur gewandt
Auf fremdes Leid, und all ihr Tun und Hoffen
Ist Heilung des, der sie so tief getroffen.

Ihr wird die Wunde weiter stets und schlimmer,
Wie ihm sich heilt und schließt der tiefe Spalt.
Medor genest, sie aber schmachtet immer
In neuem Fieber, glühend oder kalt.
Mit jedem Tag wächst seiner Reize Schimmer,
Und es vergeht der Armen Wohlgestalt
Wie später Schnee, der lange sich versteckte
Und den zuletzt der Sonne Blick entdeckte.

Will sie nicht endlich sterben vor Verlangen,
So muß sie schnell um Hilfe sich bemühn;
Denn bis er selbst zu bitten angefangen,
So lange hat nicht Zeit ihr Liebesglühn.
Sie sprengt das Band der Scheu, das sie umfangen,
Und wie ihr Blick, wird ihre Zunge kühn
Und fleht um Hilfe für der Wunde Plagen,
Die er, vielleicht unwissend, ihr geschlagen.

O Sacripant! O Roland! jetzt bekennet,
Was hilft euch aller Ruhm der tapfern Hand?
Eu'r hoher Wert, sagt, wie man ihn erkennet?
Sagt, welchen Lohn eu'r langes Dienen fand?
Nur *eine* Freundlichkeit, nur *eine* nennet,
Alt oder neu, die sie euch zugewandt
Als Lohn, Vergeltung oder Dankbezeigung
Für so viel Opfer treuergebner Neigung.

O könntest du ins Leben wiederkehren,
Fürst Agrican, wie wär' es dir zur Qual,
Daß sie durch hart unmenschliches Verwehren
Dir ihren Abscheu wies so manchesmal!
O Ferragu, ihr andern, die bei Heeren
Für sie verübt Großtaten ohne Zahl,

> Ohn' jeden Dank – wie würdet ihr euch haben,
> Säht ihr sie jetzt im Arme dieses Knaben!

Die Wahrheit ist, daß Angelica, bevor sie Medoro traf, sich niemals einen idealen Ehemann hätte vorstellen können. Und nachdem sie ihn jetzt gefunden hat, will sie ihn nicht mehr loslassen. Sie heiratet ihn auf der Stelle, gleich dort bei den Hirten, und beschließt, ihn in den Orient mitzunehmen und zum Kaiser von Cathay krönen zu lassen. Die Jungvermählten nehmen den Weg über die Pyrenäen, um sich in Barcelona einzuschiffen. Am Strand von Katalonien springt ihnen ein Irrer entgegen, splitternackt und voller Kot und Schlamm. Wer das ist, wird zu gegebener Zeit erklärt.

DAS VERWUNSCHENE SCHLOSS

Das Epos, das wir lesen, ist ein Labyrinth, in dem sich andere Labyrinthe auftun. In der Mitte der Dichtung gibt es eine Fallgrube, eine Art Strudel, von dem die Hauptpersonen eine nach der anderen verschlungen werden: das verwunschene Schloß des Zauberers Atlas. Schon vorher hatte der Zauberer uns ein stählernes Schloß in den Pyrenäen vor Augen geführt und es dann in Luft aufgehen lassen. Jetzt erblicken wir mitten auf einer Wiese unweit der Küste des Ärmelkanals ein prächtiges Schloß, das ein Strudel von Leere ist, in dem sich alle Bilder des Epos brechen.

Während er durch einen Wald reitet, hört Rüdiger einen Schrei: Er sieht einen Riesen mit einem Ritter kämpfen. Unter einem Keulenschlag des Riesen stürzt der Ritter zu Boden, sein Helm löst sich, und eine Flut blonden Haares quillt hervor: Es ist Bradamante! Rüdiger verfolgt den Riesen, der mit der reglosen Kriegerin flieht und in einem marmornen Schloß mit goldenen Pforten verschwindet. Rüdiger tritt ein, läuft durch Säle und Flure, treppauf, treppab, verirrt sich, durchsucht das Schloß mehrmals von oben bis unten: keine Spur des Entführers noch der Entführten.

Wie Ceres die von Pluto geraubte Proserpina suchte, so verflechten sich Entführungen und rastlose Suchaktionen kreuz und quer durch alle Provinzen Frankreichs. Auch Roland ist seinerzeit, als er nach Angelica suchte, dasselbe passiert wie jetzt Rüdiger: Er sah, wie seine Schöne geraubt wurde, verfolgte den Räuber, kam in ein geheimnisvolles Schloß, lief durch verlassene Säle und Flure. Genauer, das Schloß ist verlassen von dem, was man sucht, aber voll von Suchenden. Atlas hat uns das Reich der Illusion vor Augen gezaubert: Während das Leben stets vielgestaltig, überraschend und wandelbar bleibt, ist die Illusion einförmig, sie haut immer wieder in dieselbe Kerbe.

Die da durch Korridore und Treppenhäuser irren, hinter Wandteppiche und Vorhänge schauen, sind die berühmtesten Ritter des Abend- und Morgenlandes: Sie alle wurden durch die Vision einer geliebten Frau, eines verfolgten Feindes, eines geraubten Pferdes oder eines verlorenen Gegenstandes in jenes Schloß gelockt. Und sie können es nicht mehr verlassen: Wenn einer sich zu entfernen beginnt, hört er hinter sich seinen Namen rufen, schaut zurück, und da steht die vergeblich gesuchte Erscheinung an einem Fenster und bittet ihn flehend um Hilfe. So war es auch schon Roland auf seiner langen Suche nach Angelica ergangen (XII, 4–20):

> Ganz Frankreich späht' er durch und will nun spähen,
> Ob sie in Deutschland, in Italien sei,
> Und dann durch Alt- und Neukastilien gehen,
> Ja, übers Meer, in Libyens Wüstenei.
> So überdenkt er sich's, als ihm ein Flehen
> Zu Ohren schallt, ein ängstliches Geschrei.
> Er eilt hinzu, da zeigt in raschem Traben
> Ein Ritter sich, auf hohem Roß erhaben,
>
> Der mit den Armen, vor sich auf dem Pferde,
> Ein höchst betrübtes Fräulein fest umspannt.
> Sie sträubt sich, weint mit kläglicher Gebärde
> Und ruft den tapfern Fürsten von Anglant,

Daß er ihr helfen mög' in solcher Fährde;
Und dieser meint, er habe *die* erkannt,
Nach der er Tag und Nacht mit allen Sinnen
Frankreich durchsucht von außen und von innen.

Daß sie es wirklich war, will ich nicht sagen,
Allein es schien Angelica zu sein.
Er, der sein Liebchen, seine Göttin tragen
Von hinnen sieht, so voller Gram und Pein,
Ruft, übermannt von Wut und Zornes Plagen,
Dem Ritter nach mit fürchterlichem Schrei'n.
Er ruft ihm nach, läßt manche Drohung schallen
Und spornt sein Roß und läßt die Zügel fallen.

Der Frevler weilt nicht und antwortet nimmer,
Nur auf den Raub, auf den Gewinn bedacht,
Und sprengt durch das Gebüsch so eilig immer,
Daß selbst der Wind viel minder Eile macht.
Er flieht, und Roland jagt; das Klaggewimmer
Tönt weit umher durch tiefe Waldesnacht.
So kommen sie im Lauf zu weiten Auen,
Und mitten ist ein reiches Schloß zu schauen.

Mit feiner Arbeit war aus Marmorstücken
Erbaut der stolze, herrliche Palast.
Schnell in die goldnen Pforten, die ihn schmücken,
Sprengt jener ein, das Mädchen stets umfaßt.
Den hochergrimmten Roland auf dem Rücken,
Kommt bald auch Brigliador in voller Hast.
Kaum angelangt, schaut Roland rings im Kreise,
Doch ohne daß sich Mann noch Mädchen weise.

Schnell steigt er ab vom Roß, geht weiter, fluchend,
Und lenkt ins Inn're des Palasts den Lauf,

Rennt hieher, dorthin, alles untersuchend,
Macht jedes Zimmer, jede Kammer auf;
Und da er unten, stets vergeblich suchend,
Den Raum durchspäht, steigt er die Trepp' hinauf.
Doch muß er Müh' und Zeit bei seinem Spähen,
Wie unten erst, auch oben fruchtlos sehen.

Er sieht, wie Seid' und Gold die Lager decken,
Doch Wand und Mauer sind dem Aug' entrückt,
Weil Vorhäng' und Tapeten sie verstecken,
So wie den Boden, den die Sohle drückt.
Der Graf rennt auf und ab, aus Eck' in Ecken,
Doch nimmer wird sein Auge so beglückt,
Daß es die Jungfrau und den Räuber finde,
Der ihm davonlief mit dem holden Kinde.

Indem er so, dem Kummer überlassen,
Voll bittrer Sorgen rennt von Ort zu Ort,
Erblickt er Sacripanten und Gradassen
Und Ferragu und Brandimarten dort,
Nebst andern mehr, die nicht vom Rennen lassen,
Und, so wie er, vergeblich immerfort;
Wobei sie sehr viel Böses von dem frechen
Und unsichtbaren Herrn des Schlosses sprechen.

Sie alle suchen ihn, und bittre Klagen
Führt über ihn, als Dieb, der ganze Troß;
Der, weil er ihm sein Liebchen fortgetragen,
Der, weil er ihm geraubt sein gutes Roß.
Der klagt um andres; und bei allen Plagen
Kann keiner fort aus diesem Käfig-Schloß.
Und viele sind, so listig hintergangen,
Seit Wochen und seit Monden hier gefangen.

Nachdem der Graf in diesem Wunderorte
Noch vier-, sechsmal die Wanderung gemacht,
Sprach er bei sich: »Hier, fern von meinem Horte,
Wird Zeit und Mühe ganz umsonst verbracht.
Vielleicht hat sie aus einer andern Pforte
Der Dieb entführt und weit von hier gebracht.«
So denkend, ging er auf die grüne Weite,
Die den Palast umgab von jeder Seite.

Indem er nun das Waldhaus in der Runde
Rastlos umstreift und stets die Augen senkt,
Ob frische Spur auf diesem Wiesengrunde,
Rechts oder links, ihn auf die Fährte lenkt:
Da hört er sich aus jenem Göttermunde
Vom Fenster her gerufen, wie er denkt.
Aufblickend, glaubt er das Gesicht zu sehen,
Wodurch so große Wandlung ihm geschehen.

Er hört Angelica mit matter Kehle
Und weinend rufen: »Hilfe, Hilfe mir!
Mehr als mein Leben, mehr als meine Seele
Empfehl' ich meiner Jugend Blüte dir.
Soll's denn geschehn, daß dieser Dieb sie stehle,
Und mein geliebter Roland wäre hier?
Viel lieber laß durch deine Hand mich sterben
Als durch ein solches Mißgeschick verderben!«

Dies Rufen macht, daß Roland jedes Zimmer
Des Schlosses ein- und noch einmal durchrennt
Mit großer Angst und Mühsamkeit, doch immer
Von hoher Hoffnung nicht so ganz getrennt.
Oft bleibt er stehn und horcht auf ein Gewimmer,
In dem er seiner Schönen Stimm' erkennt;

Und ist er hier, ruft sie aus andern Ecken
Und fleht um Hilf' und läßt sich nie entdecken.

Doch um euch Rüd'gern wiederum zu nennen,
Den ich auf dunkelm, schattenreichen Pfad
Ließ nach dem Riesen und dem Fräulein rennen,
Bis er zuletzt sich einer Wiese naht:
So wißt, er kam – kann ich den Ort erkennen –
An jenes Schloß, das Roland auch betrat.
Der große Riese war ins Tor geschritten,
Und ohne Rast folgt Rüd'ger seinen Tritten.

Kaum hat er seinen Fuß jenseits der Pforten,
Als er den Hof durchspäht, die Galerien;
Doch weder Weib noch Riese zeigt sich dorten,
Wie oft auch ringsumher die Blicke ziehn.
Nun läuft er auf und ab, von Ort zu Orten,
Und was er wünscht, wird nimmer ihm verliehn;
Und er begreift nicht, wie in zwei Sekunden
Der Räuber mit der Schönen sei verschwunden.

Nachdem er Zimmer, Säl' und Kammern, oben
Wie unten, vier- und fünfmal durchgesehn,
So macht er noch von neuem seine Proben;
Sogar bis unter Treppen dringt sein Spähn.
Da andre Hoffnung sich in ihm erhoben,
Eilt er zum Walde; doch ein ängstlich Flehn,
Wie erst dem Roland, scheint auch ihm zu rufen,
Und schnell hinan steigt er des Schlosses Stufen.

Dieselbe Bildung mit denselben Tönen,
Die Roland als Angelicas erkannt,
Scheint Rüd'gern Bradamantes, seiner Schönen,

Die aus ihm selber ihn herausgebannt.
Und hört vielleicht Gradass die Stimm' ertönen,
Hört sie ein andrer, der das Schloß durchrannt:
So wird von allen sie für das erachtet,
Wonach ein jeder grad am meisten trachtet.

Denselben Hilferuf, dieselbe Erscheinung, die Rüdiger für die von Bradamante und Roland für die von Angelica hält, wird Bradamante für die von Rüdiger halten. Das Begehren ist ein Rennen ins Leere. Atlas' Zauber konzentriert alle unbefriedigten Sehnsüchte in der Abgeschlossenheit eines Labyrinths, aber er ändert nicht die Regeln, nach denen sich die Menschen im offenen Raum des Gedichts und der Welt bewegen.

Auch Astolfo kommt in jene Gegend. Auf einer schnellen Rundreise durch die Welt hat er kurz zu Hause in England vorbeigeschaut, und jetzt kommt er zurück nach Frankreich. Während er an einer Quelle trinkt, stiehlt ihm ein Bauer sein Pferd Rabican – so scheint es zumindest. Tatsache ist, daß auch Astolfo, als er dem Dieb und seinem Pferd nachsetzt, in das Zauberschloß gelangt.

Doch für Astolfo gibt es keinen wirksamen Zauber. In dem Zauberabwehrbuch, das ihm die Fee Logistilla geschenkt hat, steht alles Nötige über diese Sorte von Schlössern. Astolfo geht geradewegs zu der Marmorplatte auf der Schwelle, die man nur anzuheben braucht, um das ganze Schloß in Rauch aufgehen zu lassen. In diesem Moment wird er von einer Schar aufgebrachter Ritter umringt. Es sind fast alles seine Freunde, aber statt ihn willkommen zu heißen, scheinen sie mit blanker Waffe gegen ihn vorgehen zu wollen.

»He, ich bin Astolfo, erkennt ihr mich nicht?«

Aber nein, sie rufen: »Da ist ja der Riese! Gebt's ihm, dem Räuber! Dem Entführer! Dem Dieb!« Jeder beschuldigt ihn einer anderen Tat, aber alle sind wütend auf ihn.

Was ist geschehen? Als er sein Spiel fast verloren sah, hat der Zauberer Atlas zu einem letzten Mittel gegriffen: Astolfo den verschiedenen Gefangenen des Schlosses als den jeweiligen Gegner erscheinen zu lassen, den jeder von ihnen gerade verfolgte, als er dorthin gelangt war. Doch Astolfo braucht nur in sein Horn zu stoßen, um Zauberer und Zauberei und ihre Opfer in alle Himmelsrichtungen zu zerstreuen. Das Schloß, dieses Spinngewebe aus Träumen und Wünschen und Neidgefühlen, löst sich in Rauch auf; oder genauer, es hört auf, ein Raum außerhalb unserer selbst zu sein, mit Türen und Treppen und Mauern, um sich wieder in unserem Innern, im Labyrinth unserer Gedanken zu verbergen (XXII, 11–23):

Er kommt, indem er einen Wald durchschneidet,
Am Hügelrand zu klarer Quellenflut,
Zur Stunde, da der Widder nicht mehr weidet,
Vielmehr in Hürden oder Höhlen ruht.
Und da er sehr von Durst und Hitze leidet,
Nimmt er vom Haupt den schweren Eisenhut;
Fest bindet er sein Roß im Schattengrunde
Und kehrt zum Quell zurück mit durst'gem Munde.

Noch war das Naß zur Lippe nicht gedrungen,
Und plötzlich kommt ein Bauer (ihn verriet
Das Dickicht nicht) aus dem Gesträuch gesprungen,
Ergreift das Roß, schwingt sich hinauf und flieht.
Auf fährt Astolf, so wie der Lärm erklungen;
Und da er deutlich seinen Schaden sieht,

Verläßt er, ohne Trinken satt, die Quelle
Und läuft dem Bauer nach in aller Schnelle.

Der Räuber flieht nicht rasch, denn sonst entwände
Er schnell sich dem Astolf im dichten Wald.
Bald gibt er nach, hält bald zurück die Hände,
Bald geht er im Galopp, im Trabe bald.
Zuletzt erreichen sie des Waldes Ende
Und kommen beid' an jenen Aufenthalt,
Wo der berühmtsten Ritter edle Scharen,
Zwar nicht in Haft, mehr als verhaftet waren.

In den Palast hinein wirft sich der Bauer
Mit jenem Roß, an Schnelle gleich dem Wind.
Astolf, dem Rüstung, Schild und Helm zu sauer
Das Laufen macht, folgt weniger geschwind.
Zuletzt erreicht auch er des Schlosses Mauer,
Wo ihm auf einmal alle Spur zerrinnt.
Verschwunden ist der Räuber samt dem Rosse;
Er guckt, er rennt umsonst herum im Schlosse.

Er rennt herum und sucht durch alle Säle,
Vorhallen, Zimmer, ohne Rast umher;
Allein wie heftig er sich müh' und quäle,
Er findet den Verräter nimmermehr,
Noch, wo er ihm den Rabican verhehle,
Dies Tier, so schnell wie keins auf Erden mehr.
Den ganzen Tag durch sucht er außen, innen,
Sucht hoch und tief, ohn' etwas zu gewinnen.

Verwirrt und müde von so langem Rennen,
Merkt' er zuletzt, hier müss' ein Zauber sein.
Das Buch, von dem er nie sich pflog zu trennen,
Geschenk von Logistilla, fiel ihm ein.

Damit er gleich die Hilfe mög' erkennen,
Gab sie es ihm zum Schutz vor Zauberei'n.
Schnell sucht' er im Register nach dem Blatte,
Das gegen diesen Trug das Mittel hatte.

Das weise Buch enthielt gar viele Worte
Vom Zauberschloß; auch war der Art gedacht,
Wie man die Schar erlöst aus diesem Orte
Und jenes Zaubrers Kunst zuschanden macht.
Ein Geist liegt nämlich unterhalb der Pforte,
Durch ihn wird aller dieser Trug vollbracht.
Hebt man die Steine weg, die ihn verschließen,
So wird das Schloß durch ihn in Rauch zerfließen.

Der Paladin, entglommen vom Verlangen,
Zu enden solche ruhmvoll hohe Tat,
Säumt nicht, mit seinem Arm hinabzulangen,
Und prüft, welch ein Gewicht der Marmor hat.
Doch Atlas wird die Hand gewahr, mit Bangen,
Die, seine Künste zu vereiteln, naht;
Und sehr besorgt, daß sie's zustande brächte,
Eilt er hinzu mit neuem Truggefechte.

Und da ihm seine Geister Hilf' erwiesen,
Verwandelt' er Astolfens Anblick bald.
Der sieht als Bauer ihn, und *der* als Riesen,
Und *der* als Ritter, widrig von Gestalt.
Kurz, so geformt sieht jeder ihn von diesen,
Wie er zuerst den Zaubrer sah im Wald;
Und jeder packt ihn an, um zu bekommen,
Was damals ihm der Zaubrer abgenommen.

Rüd'ger, Gradass, Irold und Bradamante,
Prasild und Brandimart, die ganze Schar,

Die vor Begier, Astolf zu töten, brannte,
Stürzt' auf ihn los und nahm den Trug nicht wahr.
Doch er, des Hornes sich erinnernd, bannte
Den stolzen Mut in kurzem ganz und gar.
Geschehn war's, ohne Rettung, um Astolfen,
Hätt' ihm nicht jetzt der mächt'ge Schall geholfen.

Kaum aber bringt Astolf das Horn zum Munde,
Kaum dringt der Schreckenston zu ihrem Ohr:
Schon fliehn die Ritter eiligst in die Runde,
Wie Tauben fliehn, erknallt das Feuerrohr.
Der Zaubrer selbst kommt aus dem Höhlengrunde,
In dem er haust, bleich und bestürzt hervor
Und flieht, von rascher Furcht gejagt, so lange,
Bis er entgeht dem fürchterlichen Klange.

Der Wächter flieht samt der Gefangnen Trosse,
Und auch die Pferde fliehn von Stall und Stroh;
Ein bloßer Strick hält nicht die scheuen Rosse,
Und jedes flieht, wohin sein Herr entfloh.
Nicht eine Maus noch Katze bleibt im Schlosse,
Denn immer schallt es, wie: »Mordio! Mordio!«
Auch Rabican floh mit den andern allen,
Wär' ihm Astolf nicht in den Zaum gefallen.

Der Herzog hob den Marmor von der Schwelle,
Nachdem das Horn den Zaubrer weggebannt.
Weihbilder und dergleichen barg die Stelle;
Sie zu beschreiben, lass' ich aus der Hand.
Um zu vernichten nun des Zaubers Quelle,
Zerbrach, zerschlug er alles, was sich fand
(Wie durch das Buch die Vorschrift ihm geschehen),
Und sah das Schloß in Rauch und Dampf zergehen.

Bleibt anzumerken: Um der bequemeren Darstellung willen haben wir die Ankunft des Befreiers Astolfo so erzählt, als folgte sie unmittelbar auf die Gefangennahme der anderen Paladine, aber in Wirklichkeit folgt das Epos einem anderen Rhythmus und erreicht diesen Punkt erst nach einem Intervall von gut zehn Gesängen. Zehn Gesängen, in denen die Schlacht um Paris, zwischen heroischen Taten, Feuersbrünsten und Massakern, die Geschicke des Krieges zwischen Heiden und Christen wendet. Wir hatten schon bemerkt, daß in jenem Drama fast alle berühmten Recken fehlten; nur die robuste Präsenz Rodomontes ragte aus dem Getümmel hervor. Jetzt wissen wir endlich, wo die anderen alle gesteckt haben. Atlas hatte sie in sein Labyrinth eingeschlossen, und nun entläßt er sie wieder in die Dichtung. Atlas oder Ariost? Der Part des Zauberers, der die Erfüllung des Schicksals verzögern will, und der Part des Dichters, der bald neue Personen in die Geschichte einführt, bald welche herausnimmt, sie bald umgruppiert und bald zerstreut, überlagern einander so, daß sie fast identisch werden. Das Karussell der Illusionen ist das Schloß, ist das Epos, ist die ganze Welt.

DER ZWEIKAMPF
UM DAS SCHWERT DURINDANA

Wenn die militärischen Operationen zwischen Mohammedanern und Christen stagnieren, vergessen die gegnerischen Armeen gerne den Krieg, der ritterliche Edelmut prägt jede Aktion, und die Recken Karls und Agramantes wetteifern miteinander im Austausch von Höflichkeiten. Doch im christlichen Lager gibt es keine Waffenruhe im Dauerzwist zwischen den Häusern Clermont und Mainz. Der Grund ist, daß man sich über die Mainzer nichts vormachen darf: Jeder, der zu dieser Familie gehört, ist ein Lügner und Verräter. Sehr gut weiß das Bradamante, die eine alte Rechnung mit Graf Pinabel offen hatte, welche sich erst durch den Tod des Schurken endlich erledigt hat. Aber der unglückselige Zerbin, Prinz von Schottland, der sich zufällig bei der Leiche befand, wird des Mordes an Pinabel beschuldigt und zum Tode verurteilt.

Zum Glück kommt Roland vorbei, in Begleitung der letzten Jungfrau, die zu retten ihm untergekommen ist: Isabella, Prinzessin von Galicien, war einer Räuberbande in die Hände gefallen, als sie zu ihrem Geliebten reiste, der kein anderer ist als eben Zerbin.

Roland weiß nichts von diesem Begleitumstand, aber er hört, daß ein Ritter aufs Schafott soll, weil die Mainzer es wollen, und das genügt ihm, um sicher zu sein, daß der Mann unschuldig ist. Lassen wir also Roland machen.

»Bindet den Ritter los!« brüllt Roland die Mainzer an.

»Was will denn der hier?« erwidert der Eifrigste. »Hält er uns für Strohpuppen oder Wachsfiguren?«

Hundertzwanzig waren die Mainzer an der Zahl; mindestens achtzig werden gnadenlos von Durindana niedergemacht und regelrecht zerstückelt. Der befreite Zerbin fällt seiner wiedergefundenen Isabella um den Hals und dankt seinem Retter auf Knien (XXIII, 58–70):

> »Gleich bindet los den Ritter, ihr Elenden«,
> Ruft Roland, »sonst sollt ihr des Todes sein!«
> »Wer will denn da so große Streiche spenden?«
> Spricht einer, lüstern nach des Mutes Schein.
> »Wenn alle wir aus Wachs und Stroh beständen,
> Aus Feuer *er,* so gnügte solches Schrein.«
> Und will nun keck sich wider Roland regen;
> Doch dieser senkt ihm seinen Speer entgegen.
>
> Zerbinen war die Rüstung abgenommen,
> Die dieser Mainzer trug, der sie bei Nacht
> Sich angemaßt; doch konnte sie nicht frommen
> Zum Schutze wider Rolands starke Macht.
> Zwar ging der Stoß, der ins Gesicht gekommen,
> Nicht durch den Helm, denn der war gut gemacht;
> Allein so furchtbar prallt' er ab vom Haupte,
> Daß er den Hals ihm brach, das Leben raubte.
>
> Und ohne nur die Lanze zu verrücken,
> Wird sie dem zweiten in die Brust gerannt.
> Dort läßt er sie und eilt, das Schwert zu zücken,
> Stürzt auf die dichteste Schar, rasch und gewandt,
> Macht *einen* Kopf zu zwei verschiednen Stücken,
> Haut glatt den andern von des Rumpfes Rand,
> Bohrt manche Kehl', erlegt und jagt von dannen,
> Im Augenblick, weit über hundert Mannen.

Der dritte Teil ist tot; den Rest vom Heere
Verjagt er, schlägt, haut, sticht und stößt auf Mord.
Der wirft den Schild, daß nichts die Flucht erschwere,
Der seinen Helm, *der* Spieß und Sense fort.
Der läuft den Weg entlang, *der* in die Quere;
Der sucht im Wald, in Höhlen Schutz und Hort.
Doch Roland, heut vom Mitleid ganz verlassen,
Will, wenn er kann, nicht *einen* leben lassen.

Von hundertzwanzig blieben achtzig Leute
Zum mindsten tot; Turpin hat sie gezählt.
Nun eilt der Graf, da sich der Rest zerstreute,
Dahin, wo sich Zerbin indes gequält.
Wie sehr ihn Rolands Wiederkehr erfreute,
Das würd' in Versen schwerlich gut erzählt.
Gern würd' er vor ihm niederknien im Sande,
Doch auf dem Klepper hielten ihn die Bande.

Indes ihm Roland, der ihn losgebunden,
Beim Anziehn seiner Rüstung Hilfe leiht,
Die er dem Führer jener Schar entwunden,
Der sich damit geschmückt zu eignem Leid:
Wird von Zerbin die Jungfrau bald gefunden,
Die auf dem Hügel hielt die ganze Zeit
Und, da sie sieht, das Treffen sei geendet,
Jetzt ihren Reiz dem Auge näher wendet.

Die Schöne naht sich seinem Angesichte,
Mit der Zerbin so innig war vereint,
Die er, getäuscht durch fälschliche Berichte,
Ertrunken glaubt und schon so viel beweint.
Als ob zu Eis sich all sein Blut verdichte,
So starrt Zerbin und bebt, da sie erscheint.

Doch bald wird seiner Brust das Eis genommen,
Er fühlt sich ganz von Liebesglut entglommen.

Allein ihm wehrt, ihr um den Hals zu fallen,
Die Achtung für den Ritter von Anglant;
Denn der Verdacht ist ihm aufs Herz gefallen,
Daß Roland seine Lieb' ihr zugewandt.
So ist er denn aus Qual in Qual verfallen,
So flüchtig war die Lust, die er empfand!
Mehr quält ihn, daß ein andrer sie erworben,
Als selber das Gerücht, sie sei gestorben.

Und mehr als alles muß ihn *das* bedrücken,
In seines Retters Händen sie zu sehn.
Unedel wär's, sie diesem zu entrücken,
Auch möcht' es wohl nicht allzu leicht geschehn.
Zwar würd' er sicher, ohn' ein Schwert zu zücken,
Die Beute keinem andern zugestehn;
Doch *diesem* darf er nicht sich widersetzen,
Mag er auch rüde seinen Stolz verletzen.

Stillschweigend kommen sie zu einer Quelle
Und steigen ab, ein wenig auszuruhn.
Der Graf enthelmt sich an der kühlen Stelle,
Und läßt auch ihn sogleich dasselbe tun.
Kaum nun erkennt den Treuen Isabelle,
Trifft jäh die Freude sie wie ein Taifun.
Dann lebt sie auf, wie feuchte Blumen pflegen,
Wenn sie die Sonne schau'n nach langem Regen.

Und ohne Zögern eilt sie, ohn' Erwägung
Zu ihrem Freund, dem sie den Hals umflicht;
Den Worten wehrt die heftige Bewegung,

247

Doch Tränen feuchten Brust und Angesicht.
Der Graf, aufmerksam auf die Liebesregung,
Erkennt, auch ohne deutlichern Bericht,
Schon aus den Zeichen, die sie nicht verstellen,
Dies sei Zerbin, der Freund von Isabellen.

Kaum ist die Stimme wieder ihr gegeben,
Und während noch der Tränen Welle quillt,
Spricht sie von nichts, als mit wie edlem Streben
Der Graf sie schützte, ritterlich und mild.
Der Fürst von Schottland, dem sein eignes Leben
So teuer nicht, wie die Geliebte, gilt,
Wirft dankbar sich zu Rolands Füßen nieder,
Er gab ihm ja zugleich zwei Leben wieder.

Noch länger hätt' im Wettkampf bei den Rittern
Danksagung und Erbietung fortgewährt;
Doch auf dem Weg, den dunkle Bäum' umgittern,
Schallt ein Geräusch, das immer sich vermehrt.
Schnell bringen sie, als sie das Lärmen wittern,
Den Helm aufs Haupt und setzen sich zu Pferd.
Und sieh, ein Ritter und ein Fräulein kommen,
Da jene kaum den Sattel eingenommen.

Mit drohender Miene erscheint ein heidnischer Ritter. Es ist Mandricard, der Tatarenkönig, der in ganz Frankreich nach zwei Personen sucht: zum einen nach dem schwarzgekleideten Ritter, der die beiden sarazenischen Kämpen Alzird und Manilard umgebracht hat, zum anderen nach Roland, um den Tod seines Vaters Agrican an ihm zu rächen und sich von ihm das Schwert Durindana zu holen, das in seiner Sammlung der Waffen Hektors noch fehlt. Als er erfährt, daß die beiden Gesuchten ein und derselbe sind und daß dieser eine vor ihm steht, hält er es nicht mehr aus vor Begierde nach einem Zweikampf. Da das Streitobjekt Durindana ist, verzichtet Roland mit einer großen Geste der Ritterlichkeit darauf, das unbesiegbare Schwert im Zweikampf zu führen, und hängt es an einen Baum (71–81):

Es war Fürst Mandricard, den sein Versprechen
Dem großen Paladin zu folgen drang,
Um den Alzird und Manilard zu rächen,
Die Rolands Kraft im wilden Streit bezwang.
Doch schien sein Eifer etwas sich zu schwächen,
Seitdem er Doralise sich errang,
Die er unlängst mit einem Eichenschafte
Der starken, stahlbewehrten Schar entraffte.

Er wußte nicht, nach jenem Kühnen trachtend,
Daß er in ihm den Roland werd' erspähn;
Obwohl für einen tapfern Mann ihn achtend,
Nach allen Proben, die er dort gesehn.
Den Roland mehr als den Zerbin betrachtend,
Mißt er ihn jetzt vom Kopf bis zu den Zeh'n,
Und, alle Zeichen, die man ihm gegeben,
Auffindend, spricht er: »Ha, dich sucht' ich eben!

Es mochten wohl zehn Tage schon verstreichen,
Seitdem ich deine Spuren nicht verließ;
So spornte mich der Ruf, der, sondergleichen,
Von dir erscholl im Lager vor Paris,
Das kaum ein einz'ger lebend konnt' erreichen
Von tausend, die dein Schwert zur Hölle stieß.
Die Niederlag' erzählt' er, die die Scharen
Noriziens, Tremisens durch dich erfahren.

Um dich zu sehn, um mich mit dir zu messen,
Verließ ich, nach der Botschaft, gleich das Heer.
Ich weiß, du bist's; ich habe nicht vergessen,
Kund' einzuziehn von deiner ganzen Wehr.
Doch hättst du sie auch abgelegt indessen,
Und ständen rings auch hundert um dich her:
Mir würde schon dein furchtbar Ansehn melden,
Daß ich in dir entdeckt den tapfern Helden.«

»Man muß gewiß«, spricht Roland unbefangen,
»Dir hohen Mut und Kühnheit zugestehn;
Denn nimmer kann solch rühmliches Verlangen,
Glaub' ich gewiß, in schlechter Brust entstehn.
Bist du, um mich zu schau'n, hiehergegangen,
So sollst du mich von inn' und außen sehn.
Ich will die Stirn vom Helme mir enthüllen,
Um dein Begehren pünktlich zu erfüllen.

Doch hast du dir betrachtet meine Züge,
So hab' auch deines zweiten Wunsches acht,
Und leist' alsdann der Ursach ein Genüge,
Die dich mir nach auf diesen Weg gebracht,
Damit du siehst, ob nicht dies Ansehn trüge,
Das du so rühmst, und gleich sei meiner Macht.«
»Auf!«, spricht der Mohr, »laß uns ans zweite gehen;
Dem ersten Wunsch ist schon genuggeschehen.«

Vom Kopf indes bis zu den Füßen gleiten
Des Grafen Blick' am Mandricard umher;
Er sieht ihm nach dem Sattel, nach den Seiten,
Doch Schwert und Kolben sieht er nimmermehr.
Nun fragt er ihn, womit er denkt zu streiten,
Wenn er vielleicht fehlstieße mit dem Speer.

Der andre spricht: »Du darfst nicht Sorge tragen;
So wußt' ich manchen schon in Furcht zu jagen.

Ich tat den Eid, kein Schwert mehr anzulegen,
Bis ich dem Grafen Roland seins geraubt.
Schon lange such' ich ihn auf allen Wegen,
Um mehr mit ihm zu rechnen, als er glaubt.
So schwur ich damals (ist dir dran gelegen),
Als ich mir setzte diesen Helm aufs Haupt
Und diese Waffen nahm, die Hektors waren,
Der schon gestorben ist vor tausend Jahren.

Das Schwert allein fehlt diesen guten Waffen,
Doch weiß ich nicht, wie dieses ward entführt.
Es wußte sich's Graf Roland zu verschaffen;
Daher der Mut, den man an ihm verspürt.
Allein ich denk' es wohl ihm zu entraffen,
Wenn mich das Glück mit ihm zusammenführt.
Auch trag' ich groß Verlangen, ihn zu sprechen,
Um meinen Vater Agrican zu rächen.

Durch Tücke hat ihn Roland überwunden;
Unmöglich war's im ehrlichen Gefecht.«
Doch Rolands Mund bleibt länger nicht gebunden:
»Wer *das* sagt«, schreit er, »ist ein Lügenknecht!
Du aber hast, was du gesucht, gefunden;
Ich bin der Graf und tötet' ihn mit Recht.
Das Schwert ist dieses, dem du nachgelaufen,
Und es ist dein, kann's deine Kraft erkaufen.

Obwohl es mein ist mit vollkommnem Rechte,
Doch kämpf' ich drum aus Edelmut mit dir.
Für jetzt, gestatt' ich, sei es im Gefechte
Nicht mein noch dein; am Baume häng' es hier.

251

Und tötet oder fängt mich deine Rechte,
Wohlan, so nimm es ungehindert mir.«
So spricht der Graf und hängt die Durindane
An einen Baumast, mitten auf dem Plane.

Die Lanzen zerbrechen schon beim ersten Zusammenstoß: Die beiden Ritter stehen sich mit zwei Speerstümpfen gegenüber wie zwei Bauern, die mit Knüppeln um ein Wasserrecht oder um die Begrenzung einer Wiese kämpfen. Sie werfen auch diese Stümpfe weg und gehen, nach wie vor beide auf ihren Pferden sitzend, mit bloßen Fäusten aufeinander los, um sich in eine wüste Rauferei mit Zerren und Reißen zu verwickeln (82–84):

Schon ist im Flug der Paladin vom Mohren
Um einen halben Pfeilschuß fortgesprengt;
Schon auf den Feind hetzt jeder mit den Sporen
Sein mutig Roß, dem er den Zaum verhängt;
Schon sucht der mächt'ge Speer sich einzubohren
Da, wo der Blick durchs Helmvisier sich drängt.
Wie Eis zerbricht die Lanze beiden Rittern
Und fliegt zum Himmel an in tausend Splittern.

Wohl müssen sich die Speere gleich zerstücken,
Denn beide Ritter sitzen starr und fest
Und kehren um mit kurzen Lanzenstücken,
Soviel der Stoß am Griff noch übrig läßt.
Sie, immer nur gewohnt, das Schwert zu zücken,
Hau'n sich herum mit einem Knüttelrest,
Wie Bauern tun, wenn sie beim Wassertrennen,
Beim Grenzenziehn in wildem Zorn entbrennen.

Vier Schläge kaum vollführt man mit den Knütteln,
Sie mangeln in der Wut des Kampfes bald.

> Mag heft'ger auch der Zorn die Kämpfer schütteln,
> Nichts bleibt zum Schlagen als der Faust Gewalt.
> Wo sie vermag zu packen und zu rütteln,
> Wird Blech zertrümmert, Masch' und Ring zerkrallt;
> Und keiner wünscht, als Klopfer oder Klammer,
> Sich härtre Zange noch gewicht'gern Hammer.

Jeder Zweikampf in diesem Epos hat seine Besonderheit: Dieser ist das Duell des schlecht angelegten Zaumzeugs.

Mandricard packt Roland an der Brust und versucht ihn aus dem Sattel zu heben; naturgemäß kann er dabei nicht mehr die Zügel halten. Roland, wendig auch noch in der häßlichen Lage, in der er sich befindet, beugt sich nieder und findet eine Möglichkeit, das lockere Halfter des gegnerischen Pferdes abzureißen, so daß es samt Zügel und Trense zu Boden fällt. Unterdessen wird er, so fest er die Schenkel auch zusammenpreßt, von Mandricards eisernen Händen mitsamt dem Sattel und den Steigbügeln in die Höhe gehoben. Der Sattelgurt reißt, und Roland stürzt vor die Füße seines Brigliadoro, doch in diesem Moment prescht Mandricards Pferd, das keine Trense mehr spürt, in wildem Galopp davon. Roland liegt am Boden, aber sein Gegner ist verschwunden, entführt auf dem Rücken seines durchgegangenen Pferdes (85–88):

> Wie kann der Mohr den Kampf mit Ehren enden,
> Den er begann mit tollem Übermut?
> Wohl töricht war's, auf etwas Zeit zu wenden,
> Was mehr dem Schläger als Geschlagnen tut.
> Ans Ringen geht es, und mit beiden Händen
> Packt Mandricard den Paladin voll Wut

Und drückt ihn fest, weil er's zu machen dachte,
Wie Jovis' Sohn es mit Antäus machte.

Mit aller Kraft hält er ihn quer umschlungen
Und stößt ihn ab und reißt ihn her mit Macht;
Und ganz von seinem wilden Zorn bezwungen,
Gibt er nur wenig auf die Zügel acht.
Doch Roland, stets von eigner Kraft durchdrungen,
Auf seinen Vorteil, auf den Sieg bedacht,
Legt unterdes die schlaue Rechte munter
Dem Roß aufs Aug' und reißt den Zaum herunter.

Der Sarazene denkt, es soll ihm glücken,
Ihn zu erwürgen, ihn vom Roß zu ziehn;
Er aber läßt nicht rechts noch links sich rücken
Und schließt beim Rütteln fest mit seinen Knien.
Allein bei diesem Zerren, diesem Drücken,
Reißt doch der Sattelgurt dem Paladin.
Er ist am Boden, eh er's nur begreife;
Der Schenkel schließt, der Fuß ist noch im Reife.

Als fiel' ein Waffensack mit lautem Klange,
So klingt der Graf, wie er den Grund berührt.
Des Heiden Roß, befreit von allem Zwange,
Weil's keinen Zügel mehr im Maule spürt,
Bekümmert sich um Wald und Weg nicht lange,
Rennt über Hals und Kopf, weit fortgeführt
Von blinder Furcht, hieher und dorthin jagend
Und seinen Herrn mit sich von hinnen tragend.

Doralise, die Prinzessin aus Granada, die von Mandricard entführt worden war, eilt hinter ihrem lieben Entführer her, der von seinem Pferd entführt worden ist. Der Tatarenkönig ist in einen Graben gerollt. Wie kann

er zum Kampf zurückkehren mit einem Pferd, das keine Zügel mehr hat? Doralise bietet ihm das Zaumzeug ihres Zelters an, aber Mandricard will es nicht annehmen. Da kommt eine garstige alte Vettel in einem Jungmädchenkleid voller Schleifen und Bänder dahergeritten. Es ist Gabrina, eine der widerwärtigsten und ruchlosesten Personen, die in jener Gegend ihr Unwesen treiben. Sie kommt wie gerufen: Ihr Gaul ist es, dem Mandricard kurz entschlossen Zaum und Zügel abnimmt, um ihn dann fortzujagen, so daß er wild davongaloppiert mit der kreischenden Hexe im Sattel (89–94):

Von Angst fühlt Doralise sich beklommen,
Als Mandricard von ihrer Seite rannt';
Ohn' ihn zu bleiben, denkt sie, kann nicht frommen,
Und jagt mit ihrem Klepper nach durchs Land.
Der Mohr ruft seinem Roß, von Wut entglommen,
Und schlägt und stößt es oft mit Fuß und Hand.
Als wär's kein Tier, droht ihm der tolle Reiter,
Es solle stehn, und jagt es immer weiter.

Das scheue Tier springt fort in *einem* Satze,
Sieht auf die Beine nicht und läuft verquert
Wohl meilenweit und weiter, bis zum Platze,
Wo endlich seinem Lauf ein Graben wehrt.
Zwar polstern ihn nicht Decke noch Matratze,
Doch hat er Raum genug für Mann und Pferd.
Hart stürzt der Tatar auf den Boden nieder,
Indes zerschlägt und bricht er keine Glieder.

Im Graben hält der bange Gaul am Ende,
Den, ohne Zaum, man nun nicht lenken kann.
Am Haare halten ihn des Mohren Hände;

Voll Zorn und Wut ist der geplagte Mann
Und weiß nun nicht, wie er dies Unglück wende.
»Leg ihm den Zaum von meinem Zelter an«,
Spricht Doralise; »meiner ist nicht böse,
Ob man den Zaum ihm anleg' oder löse.«

Doch schien es ihm der Höflichkeit entgegen,
Das anzunehmen, was die Schöne riet;
Auch währt's nicht lange, bis auf andern Wegen
Das günst'ge Glück ihm einen Zaum beschied.
Gabrina sandt' es ihm, gar sehr gelegen,
Die, seit sie tückisch den Zerbin verriet,
Floh wie die Wölfin, die von fern vernommen,
Daß hinter ihr die Hund' und Jäger kommen.

Die Alte trug noch stets auf ihrem Leibe
Den Jugendputz, dasselbe Prachtgewand,
Das man unlängst, damit es *ihr* verbleibe,
Der stolzen Dame Pinabels entwandt.
Und auch der schöne Zelter blieb dem Weibe,
Der bei den besten seine Stelle fand.
Dicht neben Mandricard schon war die Alte,
Eh sie gewahr geworden, wo er halte.

Die andern können nicht das Lachen zähmen,
Denn beiden hat es sehr zum Spaß gereicht,
Den Jugendputz an dieser wahrzunehmen,
Die einer Meerkatz', einem Affen gleicht.
Der Mohr beschließt, den Zügel ihr zu nehmen
Für seinen Gaul; und dies gelingt ihm leicht.
Er nimmt den Zaum und setzt mit Schrei'n und Drohen
Dem Zelter zu, bis der voll Angst entflohen.

ROLANDS WAHNSINN

Der Zweikampf zwischen Roland und Mandricard ist unentschieden geblieben. Nachdem das Pferd des Tatarenkönigs mit seinem Herrn durchgegangen war, hatte Roland noch eine Weile am Fuß des Baumes gewartet, an dem das Schwert Durindana hing, um das es bei dem Streit gegangen war.

Doch als er sah, daß der Gegner nicht wiederkam, band er sich sein unbezwingliches Schwert wieder um und hinterließ, daß er sich drei Tage und drei Nächte in der Nähe aufhalten werde. Wenn Mandricard den Kampf fortsetzen wolle, sei er bereit. So reitet der Paladin nun schon zwei Tage lang kreuz und quer durch die Gegend. Aber von Mandricard ist weit und breit nichts zu sehen.

Roland kommt an ein lauschiges Flußufer. Er sieht, daß die Stämme der Bäume voll eingeritzter Schriften sind. »He, diese Schrift kenne ich doch«, denkt er, und wie man es tut, wenn man sich langweilt, beginnt er zerstreut, die Worte zu entziffern. Er liest: *Angelica.* Ja, sicher, das ist ihre Unterschrift! Angelica ist hier vorbeigekommen!

Um Angelicas Namen sind durchbohrte Herzen, verschlungene Knoten und turtelnde Täubchen in den Stamm geritzt. Angelica verliebt? Und wenn, in wen denn? Roland hat keine Zweifel: »Wenn sie sich verliebt hat, dann kann sie sich nur in mich verliebt haben!«

Aber auf diesen Herzen, auf diesen Knoten steht ein anderer Name neben ihrem, ein unbekannter Name:

Medoro. Wieso hat Angelica diesen Namen geschrieben? Wieso hat sie den Namen von jemandem eingeritzt, von dem man nicht weiß, wer es ist, von jemandem, der gar nicht existiert? »Vielleicht«, überlegt Roland, »hat sie *mich* in ihren Liebesphantasien so getauft und schreibt überall Medoro, weil sie nicht Roland zu schreiben wagt« (XXIII, 101–106):

> Dem Vieh, dem nackten Hirten ward die Milde
> Des Schattens lieblich durch den Mittagsbrand;
> Daher der Graf, mit Panzer, Helm und Schilde,
> Auch vor der Kühlung keine Scheu empfand.
> Um auszuruhen, naht' er dem Gefilde,
> Wo er ein schlimmes, hartes Lager fand
> Und einen Aufenthalt voll herber Plage,
> An diesem bittern, unglücksel'gen Tage.
>
> Er blickt umher und sieht am Rand der Wellen
> Die Bäume rings bedeckt mit Schreiberei.
> Sobald er sie beschaut, muß ihm erhellen,
> Daß dies die Handschrift seiner Göttin sei.
> Denn dies war eine der erwähnten Stellen,
> Wohin die schöne Fürstin von Cathay,
> Als sie des Hirten Haus zum Sitz erkoren,
> Gar oft zu kommen pflegte mit Medoren.
>
> *Angelica, Medor,* vielfach verschlungen,
> Erblickt er da und dort, rings um den Fluß.
> Von so viel Nägeln wird sein Herz durchdrungen,
> Wie er der Lettern wahrnimmt mit Verdruß.
> Vielfältig sucht er nach Entschuldigungen,
> Um nicht zu glauben, was er glauben muß.
> Er sagt sich vor, geschrieben sei der Name
> Von einer andern so geheißnen Dame.

Dann sagt er sich: »Ich kenne diese Züge,
So oft gelesen hab' ich sie von ihr.
Vielleicht ist der Medor nur eine Lüge,
Vielleicht auch gibt sie diesen Namen *mir.*«
So sucht der Graf, daß er sich selbst betrüge,
Die Wahrheit zu entfernen mit Begier
Und weiß, im Kummer noch, mit regem Walten
Die selbstgeschaffne Hoffnung zu erhalten.

Doch immer nur entflammt er, durch das Streben,
Ihn zu verlöschen, heft'ger den Verdacht:
Dem Vogel gleich, der auf der Stange kleben,
Im Netze hängen blieb und nun, bedacht,
Durch Flügelschlag die Freiheit sich zu geben,
Durch sein Bemühn sich immer fester macht.
Der Graf gelangt dahin, wo wie ein Bogen
Der Fels sich hinbeugt ob der Quelle Wogen.

Die Grotte war am Eingang mit Gewinden
Von wildem Wein und Efeu eingefaßt.
Hier hielt gar oft, bis zu des Mittags Schwinden,
Sich das beglückte Liebespaar umfaßt;
Hier war ihr Nam' allüberall zu finden,
Mehr als an jedem andern Ort der Rast,
Geschrieben bald mit Kohle, bald mit Kreide,
Und eingeschnitten bald mit scharfer Schneide.

Roland tritt in die Grotte. Die Wände sind voller Graffiti und Schriftzeilen, mit Kohle oder bunter Kreide gekritzelt oder mit einem Messer eingeritzt. Alles arabisch, versteht sich. Roland ist Experte in dieser Sprache, oft genug hat er sich bei seinen Expeditionen hinter die feindlichen Linien gewagt. Was da geschrieben steht, ist für ihn also klar, und doch möchte er es nicht glauben. Da steht geschrieben, in einer anderen Handschrift als der Angelicas: »Oh, hier zu liegen mit der Prinzessin Angelica Arm in Arm, morgens und abends, oh, wie schön ist das!« Unterschrieben: »Medoro«.

Roland überlegt: »Also, wenn ich Medoro bin und nicht ich es war, der das geschrieben hat, dann muß Angelica in dem Wunsch, hier mit mir Arm in Arm zu liegen, darauf verfallen sein, diese Dinge in einer männlichen Handschrift zu schreiben, um sich vorzustellen, was ich empfinden würde.« Die Erklärung ist genial, aber nicht aufrechtzuhalten. Roland kann den Gedanken nicht mehr zurückdrängen, daß Medoro ein Nebenbuhler sein könnte. Ein unglücklicher Nebenbuhler natürlich, der, um seine Phantasien auszuleben und die Frau, die ihn abgewiesen hat, zu erniedrigen, seinen Namen dorthin setzt, wo Angelica ihre Liebesbotschaft an Roland unterschrieben hat. Auch dies ist wieder zu weit hergeholt: Welche Erklärung er auch versucht, stets weigern sich Rolands Überlegungen, dem einfachsten Weg zu folgen, und der Schmerz, der ihn schon wie ein Klumpen im Halse würgt, bleibt dort stecken.

Gedankenverloren reitet der Paladin vor sich hin. Es dunkelt bereits, am Ende des Tals sieht er Rauch vom Dach eines Hauses aufsteigen; Hunde beginnen zu bellen, das Muhen von Rindern antwortet. Dort muß eine Alm mit Herde und Hirten sein. Mechanisch reitet er hin und bittet um ein Quartier für die Nacht (113–115):

Der heft'ge Schmerz muß innen sich verschließen,
Weil er zu rasch hervor will aus dem Grund.
So kann das Naß dem Kruge nicht entfließen,
Der weiten Bauch hat und verengten Mund;

Denn wird er plötzlich umgekehrt, so schießen
Mit solcher Hast die Wasser nach dem Spund,
Daß sie sich selbst den engen Weg verstopfen,
Mühsam entrinnend, Tropfen nur um Tropfen.

Dann, zu sich kommend, sinnt er auf Erklärung
Der Möglichkeit, unwahr sei solch Vergehn.
Er glaubt, wünscht, hofft, es sei nur auf Entehrung
Des Namens seiner Herrin abgesehn,
Vielleicht ihm selbst zu tödlicher Beschwerung,
Damit er soll' in Eifersucht vergehn;
Und habe der, wer auch gewagt die Lüge,
Sehr täuschend nachgemalt der Schönen Züge.

Durch solcher Hoffnung mühevolles Ringen
Weckt er den Lebensgeist ein wenig auf
Und eilt, sich auf den Brigliador zu schwingen,
Denn Phöbus läßt der Schwester schon den Lauf.
Nach kurzem Wege nimmt er wahr, es dringen
Rauchwolken aus dem nahen Dach herauf;
Schon hört er Rinder brüllen, Hunde bellen
Und kommt zum Hof, um Wohnung zu bestellen.

Die Hirten reißen sich Arme und Beine aus, um den Paladin würdig zu empfangen: Einer schraubt ihm die Rüstung auf, einer nimmt ihm die Sporen ab, einer poliert ihm den Harnisch, einer versorgt das Pferd. Roland läßt alles mit sich geschehen wie ein Schlafwandler. Dann legt er sich aufs Bett und bleibt mit offenen Augen liegen. Womöglich ist alles bloß eine Halluzination? Aber diese Schriften verfolgen ihn weiter. Rings um das Bett, an den Wänden, sogar an der Decke sieht er die Schriften, wohin er auch blickt. Er hebt die Hand, um sie zu verscheuchen: Nein, sie sind wirklich da, das ganze Haus ist voll davon.

»Könnt Ihr nicht einschlafen, Herr?« Ein Hirte hat ihn stöhnen hören und setzt sich an sein Bett. »Wenn Ihr wollt, erzähle ich Euch eine Geschichte, die man sich schöner nicht vorstellen könnte. Es ist eine wahre Geschichte. Denkt nur, in diesem Haus hat einmal eine Prinzessin aus dem Orient Zuflucht gesucht...«

Roland ist ganz Ohr.

»Und diese Prinzessin hatte auf dem Schlachtfeld einen armen verletzten Soldaten aufgelesen, einen blonden Jungen...« (116–122):

Matt steigt er ab und läßt nun Brigliadoren
Durch einen wackern Knecht zum Stalle ziehn.
Der nimmt die Waffen, *der* die goldnen Sporen,
Der putzt die Rüstung für den Paladin.
Dies war das Haus, wo ehemals Medoren,
Der krank hier lag, ein hohes Glück erschien.
Vom Schmerz gesättigt, nicht auf andre Weise,
Verlangt der Graf nur Lager, keine Speise.

Je mehr er strebt, sich Ruhe zu erjagen,
Je mehr erlangt er Marter nur und Streit;
Denn alle Fenster, Wänd' und Türen tragen
Die Schrift, die er so oft vermaledeit.
Er möchte gern, und wagt es nicht zu fragen,
Weil er besorgt, zu deutlich werd' ein Leid,
Zu offenbar, das er in Nebelschwärze
Zu hüllen wünscht, damit es minder schmerze.

Es hilft ihm nicht, sich selber zu betrügen;
Man spricht davon, auch ohne daß er fragt.

Der Hirt gewahrt den Gram in seinen Zügen
Und hätt' ihn gern aus Mitleid ihm verjagt;
Drum trägt er jetzt, was manche mit Vergnügen
Von ihm gehört und was er jedem sagt,
Der's hören will, des Liebespaars Geschichte
Dem Grafen vor, ausführlich im Berichte:

Wie auf Angelicas inständig Bitten
Er in die Hütte den Medor gebracht,
Der großen Schmerz von einer Wund' erlitten,
Die sie gepflegt und bald gesund gemacht;
Wie sie indes in ihres Herzens Mitten
Weit schwerer sei verletzt durch Amors Macht,
Der solchen Brand erregt aus kleinen Funken,
Daß jene ganz in Flammen sei versunken.

Und wie die Schöne dann, obwohl entsprossen
Vom größten Herrn im ganzen Morgenland,
Bedrängt von Amors mächtigen Geschossen,
Den armen Knecht beglückt mit ihrer Hand.
Des Hirten Rede ward damit beschlossen,
Daß er sich holen ließ das goldne Band,
So ihm das Fräulein für die gute Wohnung
Bei ihrem Scheiden daließ zur Belohnung.

Zum Beile wird das Ende der Erzählung
Und nimmt vom Hals mit *einem* Schlag das Haupt,
Da nach so langer, wiederholter Quälung
Der Henker Amor sich gesättigt glaubt.
Wohl strebt der Graf nach seiner Pein Verhehlung,
Allein umsonst; ihm ist die Kraft geraubt.
Dem Mund und Aug' entquellen Seufzer, Zähren;
Will oder will er nicht, er kann's nicht wehren.

Und kaum verläßt der Hirt des Zimmers Schwelle,
Da zügelt er der Schmerzen Lauf nicht mehr.
Aus seinen Augen strömt der Tränen Welle
Die Wangen nieder, bis zum Busen her.
Er seufzt und stöhnt und wirft von einer Stelle
Zur andern, ruhlos, sich im Bett umher;
Und härter scheint ihm, stechender dies Bette,
Als ob es Stein' und Nesseln in sich hätte.

Der Hirt erzählt dem entsetzten Roland die ganze Geschichte von der Liebe zwischen Angelica und Medoro und ihrer Hochzeit. »Genau in diesem Bett, in dem Ihr liegt, Herr, verbrachten die Prinzessin und der kleine Soldat ihre Hochzeitsnacht!«

Roland springt auf wie von einer Tarantel gestochen.

»Glaubt Ihr mir nicht, Herr? Seht, was die Prinzessin uns armen Leuten geschenkt hat, als sie mit ihrem jungen Gemahl nach Cathay aufgebrochen ist!« Der Hirte zeigt ihm einen juwelenbesetzten Armreif. Es ist derselbe, den Roland einst Angelica als Unterpfand seiner Liebe geschenkt hatte. »He, wartet, gnädiger Herr! Wo wollt Ihr hin?«

Aber Roland ist schon aufs Pferd gesprungen und reitet laut heulend durch die Nacht.

Seine Tränen strömen so heftig, daß er denkt: »Das können keine Tränen mehr sein, denn inzwischen müßte ich alle vergossen haben: Was mir da aus den Augen läuft, ist der Lebenssaft, der mich flieht.«

Er seufzt so schrecklich, daß er denkt: »Das können keine Seufzer sein, denn sie lassen gar nicht mehr nach: Das ist sicher mein brennendes Herz, das diesen fauchenden Gluthauch ausströmt wie durch den Aufsatz eines Kamins.«

Er leidet so sehr, daß er denkt: »Das kann nicht mehr ich sein, denn Roland ist tot, von Angelica getötet. Ich bin das Gespenst meiner selbst, das nie mehr Frieden finden wird.«

Im Morgengrauen erreicht er die Grotte, in der Medoro sein Bekenntnis eingeritzt hatte: Mit wütenden Durindana-Hieben zerschlägt er den Felsen und zerbröselt die Steine ins Wasser der Quelle, das sich für immer trübt. Dann legt er sich ins Gras, starrt mit aufgerissenen Augen zum Himmel und bleibt drei Tage und drei Nächte liegen, ohne etwas zu essen und ohne zu schlafen.

Am vierten Tag steht er auf, zieht sich splitternackt aus und schleudert Rüstung und Waffen in die vier Winde. Er bleibt nackt und waffenlos. Als erstes reißt er eine Fichte aus, dann eine Eiche, dann eine Ulme. Von diesem Moment an wird Rolands Wahnsinn immer heftiger, bis er alle Dämme einreißt und sich rasend über Felder und Dörfer ergießt (124–136):

> Auf einmal nun erfüllt mit wildem Hassen
> Ihn dieser Landmann, dieses Bett, dies Haus;
> Und alsogleich, ohn' auf den Mond zu passen,
> Noch ob dem Tag ein Schimmer fliegt voraus,
> Eilt er, die Waffen und das Roß zu fassen,
> Flieht mitten in des Waldes dunkeln Graus
> Und öffnet nun, einsam am öden Orte,
> Mit Schrei'n und Heulen seinem Schmerz die Pforte.
>
> Er hört nicht auf zu klagen und zu weinen,
> Gönnt Tag und Nacht sich keine Ruh noch Rast.
> Auf harter Erde liegt er in den Hainen,
> Denn Städt' und Dörfer sind ihm jetzt verhaßt.
> Es muß zuletzt ihm selbst ein Wunder scheinen,

Daß solchen Tränenquell sein Auge faßt,
Daß immer noch die Seufzer sich vermehren;
Und oftmals spricht er so bei seinen Zähren:

»Das sind nicht Tränen mehr, muß ich vermuten,
Was vollen Stromes meinem Aug' entweicht.
Nicht gnügten für den Schmerz der Tränen Fluten,
Sie waren all, eh er die Hälft' erreicht.
Der Lebenssaft, gedrängt von innern Gluten,
Flieht auf dem Weg, der zu den Augen reicht;
Er ist's, was sie in solcher Fülle spenden,
Und wird zugleich mir Schmerz und Leben enden.

Und sie, die Zeugen meiner Qual zu nennen,
Sind Seufzer nicht; die kenn' ich nur zu gut.
Sie lassen nach; doch nie ist zu erkennen,
Daß dieser Sturm in meinem Busen ruht.
Amor erregt ihn, will mein Herz verbrennen
Und facht mit wildem Flügelschlag die Glut.
Durch welches Wunder, Amor, hältst du's immer
In hellem Brand, und ach! verzehrst es nimmer?

Ich bin nicht der, den mein Gesicht läßt schauen;
Der Roland war, liegt tot in Grabesnacht.
Durch Treubruch hat die schnödeste der Frauen
Grausamerweis' ums Leben ihn gebracht.
Ich bin sein Geist, der, unter Qual und Grauen,
Von ihm getrennt, in dieser Hölle wacht,
Damit er noch mit diesem Schattenleibe
Dem, der auf Liebe traut, ein Beispiel bleibe.«

Die ganze Nacht irrt' er umher im Haine;
Und als des Tages Fackel sie vertrieb,
Da führt' ihn sein Geschick beim Morgenscheine

Zur Quelle, wo Medor die Verse schrieb.
Dies Zeugnis seiner Schmach am Felsensteine
Entflammt' ihn so, daß ihm kein Tropfen blieb,
Den Haß, Wut, Zorn und Ingrimm nicht durchschäumen;
Und seinen Stahl entblößt er ohne Säumen,

Zerhaut die Schrift, den Stein, und sprengt die Scherben
In kleinen Splittern in die Luft empor.
Weh dieser Höhl', und jedem Baum Verderben,
An dem man liest: *Angelica, Medor.*
Nicht Schatten mehr noch Kühlung zu erwerben
Bleibt hier den Herden und der Hirten Chor.
Die Quelle selbst, die reinen, klaren Fluten,
Sind nicht geschützt vor seines Zornes Gluten.

Denn Äst' und Klötze, Stämme, Stein' und Schollen
Wirft er in sie hinein ohn' Unterlaß;
Und daß sie nie sich wieder läutern sollen,
Trübt er bis auf den Grund das klare Naß.
Ermattet nun, mit Schweiß wie überquollen,
Da sein erschöpfter Atem nicht dem Haß,
Der Wut, dem Zorne mehr vermag zu frönen,
Sinkt er aufs Feld mit Ächzen und mit Stöhnen.

Zu Boden sinken die erschlafften Glieder;
Er starrt zum Himmel auf und spricht kein Wort.
Dreimal entflieht die Sonn' und kehret wieder,
Und ohne Speis' und Schlummer liegt er dort.
Der Schmerz drückt immer mehr den Geist darnieder,
Und endlich fliehn ihm alle Sinne fort.
Am vierten Tag, zum Tollen umgeschaffen,
Reißt er vom Leibe Panzerhemd und Waffen.

Das Schwert wird da-, dorthin der Helm geschmissen,
Der Harnisch weit, und weiter noch der Schild;

Kurz, alle seine Waffen, sollt ihr wissen,
Zerstreut er rings im waldigen Gefild.
Dann zeigt er, da er sein Gewand zerrissen,
Den rauhen Bauch, Brust, Rücken, nackt und wild.
Und so beginnt die Raserei zu toben,
Furchtbar, wie keine jemals sich erhoben.

Je heft'ger nun sich Wut und Tollheit regen,
Sinkt jeder Sinn in immer tiefre Nacht.
Ihm fällt nicht ein, die Hand ans Schwert zu legen,
Sonst hätt' er wohl der Wunder viel vollbracht;
Doch er bedarf nicht Streitaxt, Beil noch Degen,
Bei seines Armes ungeheurer Macht.
Hier zeigt er wohl, was seine Kraft verrichte:
Ein Ruck entwurzelt gleich die höchste Fichte.

Nach ihr entwurzelt' er noch mehr dergleichen,
Als wär' es Fenchel, Dill und Attich nur;
Was auch sodann den alten Ulmen, Eichen,
Bucheschen, Birken, Tannen widerfuhr.
Dem Vogelsteller mag er sich vergleichen,
Der für die Netze von bewachsner Flur
Gestrüpp und Nesseln pflegt beiseit' zu räumen;
So räumt' er auf mit hundertjähr'gen Bäumen.

Der Hirten Schar, die das Gekrach vernommen,
Läßt ihre Herd' im Walde rings zerstreut
Und rennt von da- und dorther, angstbeklommen,
Um zu erfahren, welches Unglück dräut.
Doch die Geschicht' ist an ein End gekommen,
Des Überschreitung schwerlich mehr erfreut;
Drum will ich lieber sie für jetzt verschieben,
Bevor die Läng' euch alle Lust vertrieben.

ZWIETRACHT IM LAGER AGRAMANTES

König Agramante wird in seinem Quartier von den verbündeten Heeren Karls des Großen belagert. Wie kann er sich halten, wenn seine besten Recken über ganz Frankreich verstreut sind? Er schickt Boten aus, um sie auf schnellstem Wege zurückzubeordern. Aber er hat die Rechnung nicht mit Frau Zwietracht und ihrer Schwester, der Hoffart, gemacht, die der Erzengel Michael genau in der Absicht losgelassen hat, unter den Sarazenen Zwist und Hader zu säen.

Erster Streitgrund ist Doralise, die Verlobte Rodomontes, die Mandricard entführt hat. Was der Tatarenkönig haben will, kriegt er am Ende immer; auch das Schwert Durindana hat er schließlich in seinen Besitz gebracht, nachdem es der verrückt gewordene Roland weggeworfen hatte. (Wir werden sehen, wie diese Erwerbung den guten Zerbino das Leben kostet.) Aber nun tritt ihm Rodomonte in den Weg. Der Kampf zwischen dem König von Algier und dem von Tatarien besteht aus einem Hagel von Schwertstreichen in einer Heftigkeit und Dichte, wie man sie sich nur zwischen diesen beiden Hochmeistern der rohen Gewalt vorstellen kann, und doch wird er mit einer technisch perfekten Präzision geführt, auf dem Rücken von Pferden, die einander tänzelnd auf engstem Raum umkreisen, als müßten die Duellanten das Kampffeld nach Fingerbreiten bezahlen. Mandricard erhält einen beidhändig geführten Schlag auf den Schädel, der ihn sämtliche Sterne des Firmaments sehen läßt, doch er springt wieder auf mit der Elastizität einer Stahlfeder und gibt es Rodomonte doppelt zurück, bis ein Schwerthieb versehentlich seinem Pferd den Schädel spaltet (XXIV, 99–107):

> Schon kommen sie vom Schimpfen, Schrei'n und Schmähen
> Zum Schwerterziehn, und wildes Eisen schallt.
> So fängt der Wind kaum merklich an zu wehen,
> Dann schüttelt er die Esch' und Eich' im Wald,
> Dann läßt er dunkeln Staub empor sich drehen,
> Dann stürzt er Bäum' und Häuser mit Gewalt,
> Senkt Schiff' ins Meer und braust heran mit Wettern,
> Die rings im Forst die Herde niederschmettern.
>
> Die Riesenkraft, das ungestüme Feuer
> Des Heidenpaars, dem keines gleicht an Macht,
> Gebären Streiche, furchtbar, ungeheuer,
> Und wert so wilden Samens ist die Schlacht.
> Die Erde bebt vom Schall, sooft ein neuer
> Schwertstreich geschieht und Kling' an Klinge kracht.
> Die Waffen sprühn Lichtfunken auf zum Himmel,
> Nein, heller Fackeln tausendfach Gewimmel.
>
> Ohn' alles Ausruhn währt der wilden Mohren
> Furchtbarer Kampf, ohn' Atemholen fort;
> Sie suchen nur die Panzer zu durchbohren,
> Die Ringe zu zerhauen, da und dort.
> Nichts wird an Feld gewonnen noch verloren;
> Als wäre Wall und Graben um den Ort
> Und jeder Zoll des Raums zu hoch im Preise,
> So gehn sie nie aus ihrem engen Kreise.
>
> Nach manchem Streich nimmt Mandricard die Klinge
> In beide Händ' und trifft so unerlaubt

Des Feindes Stirn, daß Rodomont vom Ringe
Zahlloser Fackeln sich umwirbelt glaubt.
Als ob dem Libyer alle Kraft entginge,
Schlägt er des Rosses Kreuz mit seinem Haupt,
Wird bügellos und scheint, da gegenwärtig
Sein Fräulein ist, beinah zum Sturze fertig.

Doch wie ein wohlgemachter, starker Bogen
Von feinem Stahl, durch tücht'ge Last gezwängt,
Je mehr man ihn gekrümmt, je mehr gezogen,
Je mehr ihn Wind' und Hebel angestrengt,
Nur wilder ausfährt, wenn die Last entzogen,
Und Schaden mehr verrichtet als empfängt:
So hebt der Afrikaner rasch die Glieder
Und gibt den Streich dem Feinde doppelt wieder.

Wo er von Mandricard den Hieb bekommen,
Gibt er ihm einen jetzt, der nicht mißrät.
Zwar kann das Schwert nicht an das Antlitz kommen,
Weil der trojan'sche Helm ihm widersteht;
Allein der Tatar fühlt sich so beklommen,
Daß er nicht weiß, ob's früh ist oder spät.
Der wilde Rodomont, ohn' einzuhalten,
Haut noch einmal, um ihm den Kopf zu spalten.

Des Tatars Pferd, von scheuer Furcht bezwungen,
Als in der Luft des Schwertes Pfeifen droht,
War, um zu fliehen, schnell zurückgesprungen
Und rettet seinen Herrn mit eigner Not;
Denn durch den Kopf ist ihm das Schwert gedrungen,
Das seinem Herrn, nicht ihm, den Angriff bot.
Kein Helm von Troja schützt es vor Verderben,
Wie dort den Mandricard; drum muß es sterben.

Es fällt; sein Herr, nicht mehr betäubt zu nennen,
Springt ab und wirbelt Durindanen gut.
Des Rosses Tod macht innen ihm entbrennen
Und außen ihm entlodern Zornesglut.
Der andre spornt den Gaul, ihn umzurennen;
Doch Mandricard weicht minder, als der Flut
Die Felsenklippe weicht; so muß geschehen,
Daß jener Renner stürzt, und er bleibt stehen.

Fürst Rodomont, des Renners Wanken spürend,
Wirft Bügel weg, stemmt sich am Sattelknauf
Und springt herab, den Boden leicht berührend,
Und gleich im Vorteil kämpfen beide drauf.
Die Schlacht, da Haß und Zorn und Hochmut schürend
Am Feuer stehn, flammt immer wilder auf.
Noch Größres stand bevor; da kommt in Eile
Ein Bote her und trennt die beiden Teile.

Es ist der Bote von König Agramant, der die beiden Recken ins Lager zurückholen soll, allerdings wagt er nicht, direkt dazwischenzugehen, aus Angst, von beiden verprügelt zu werden. Er zieht es vor, sich an Doralise zu wenden, der es schließlich gelingt, die beiden Kampfhähne zu überreden, ihren Kampf auf später zu verschieben. Mandricard, der kein Pferd mehr hat, findet auf einer Waldwiese Rolands Hengst Brigliadoro, der sich, von seinem verrückt gewordenen Herrn verlassen, allein auf die Suche nach frischer Weide gemacht hat. Er kommt Mandricard wie gerufen, und so reiten sie alle gemeinsam, die beiden Rivalen und die von ihnen begehrte Frau, zum Lager Agramantes.

Unterwegs begegnen sie einer schönen und starken Frau, die von vier christlichen Rittern begleitet wird.

Mandricard beschließt, die Ritter zu töten, die Frau zu erobern und sie Rodomonte im Tausch gegen Doralise anzubieten, um so seine Schuld zu begleichen. Es gelingt ihm, die vier auszuschalten. »Jetzt bist du in meiner Hand«, sagt er zu der Frau.

»Von wegen in deiner Hand«, erwidert sie. »Du mußt wissen, ich bin die Kriegerin Marfisa, ich gehöre mir selbst und weiß mit Waffen umzugehen!«

Sie legt die Rüstung an, steigt in den Sattel und kreuzt die Lanze mit Mandricard: Er glaubt, sie im Handumdrehen erledigen zu können, aber sie erweist sich als das, was man eine harte Nuß nennt.

Da greift Rodomonte ein, der sich bislang abseits gehalten hatte, als ob ihn das Ganze nichts anginge: »He, nein, das gilt nicht! Wir hatten unser Duell unterbrochen, um Agramante zu Hilfe zu eilen. Wenn jetzt hier wieder gekämpft werden soll, muß zuerst unser Kampf zu Ende geführt werden!«

»Agramante zu Hilfe eilen?« ruft Marfisa überrascht. »Seid ihr beiden vom sarazenischen Heer? Dann sind wir ja Waffengenossen! Wohlan denn, eilen wir alle gemeinsam unserem König zu Hilfe!«

Sie reiten los. Aber unterwegs tritt ihnen Rüdiger entgegen, der auf der Suche nach Rodomonte ist, weil der sich sein Pferd Frontin angeeignet hat. Auch Mandricard fängt nun mit Rüdiger einen Streit an, bei dem es um das Recht geht, den weißen Adler des sagenhaften Hektor von Troja im Wappen zu führen. So bildet sich ein ganzes Knäuel von Zwistigkeiten, das sich kaum noch entwirren läßt. Die Sache ist ein bißchen so, wie wenn der Po über die Ufer tritt: Man flickt einen Damm, und das Hochwasser sucht sich zehn andere Wege. Die vier Sarazenen beginnen sich zu duellieren, um zu klären, wer von ihnen das Recht hat, sich mit den anderen zu duellieren (XXVI, 98–118):

> Indessen Rüd'ger nun verlangt, man schreite
> Zum Zweikampf oder geb ihm den Frontin,
> Der Mohr hingegen beides schiebt ins Weite
> Und nicht das Roß will geben, noch verziehn:
> Kommt Mandricard jetzt von der andern Seite,
> Um einen neuen Streitfall zu bemühn,
> Weil Rüd'gers Schild, auf den sein Blick gefallen,
> Den Vogel zeigt, der König ist von allen.
>
> Das Wappen Trojas war es, das er führte,
> Im himmelblauen Feld ein weißer Aar;
> Ein Zeichen, das er deshalb sich erkürte,
> Weil er vom Stamm des tapfren Hektor war.
> Der Tatar wußte nicht, daß ihm's gebührte,
> Und nahm es als ein großes Unrecht wahr,
> Daß noch ein andrer prunkt mit solchem Schilde,
> Geschmückt mit Hektors weißem Adlerbilde.
>
> Auch auf des Tatars Schilde sah man prangen
> Den Vogel, der den Ganymed entrückt.
> Wie er ihn jenes Tags zum Lohn empfangen,
> Da ihm der Sieg im Schloß der Fee geglückt,
> Ist euch, nebst andern Dingen, nicht entgangen:
> Und wie die Fee ihn mit dem Schild geschmückt
> Und mit der andern Wehr, so höchst vollkommen,
> Die Trojas Ritter vom Vulkan bekommen.
>
> Fast wäre deshalb schon zu andern Stunden
> Ein Zweikampf zwischen diesem Paar entbrannt;
> Und welcher Zufall sie der Schlacht entwunden,
> Erzähl' ich nicht; es ist euch schon bekannt.

Sie hatten sich seitdem nicht mehr gefunden,
Und kaum hat Mandricard den Schild erkannt,
So fühlt er gleich des Stolzes Flamme lodern
Und donnert Rüd'ger zu: »Ich muß dich fodern!

Du wagst, Verwegner, meinen Schmuck zu tragen,
Und nicht zuerst sagt' ich dir heute dies.
Gedenkst du, Tor, ich werd' es stets ertragen,
Weil ich die Nachsicht einmal dir bewies?
Doch weil durch Drohen nicht noch mildes Sagen
Aus dir die Torheit sich vertreiben ließ,
So sollst du schau'n, wieviel es besser wäre,
Wenn du sogleich gehorchtest meiner Lehre.«

Wie warmes, trocknes Holz schon beim geringen
Anhauch der Luft sich zu entzünden pflegt,
So wird beim ersten Wort von diesen Dingen
Auch Rüd'gers Zorn in Flammen aufgeregt.
»Du denkst«, erwidert er, »mich leicht zu zwingen,
Weil schon der andre Hader mit mir hegt;
Allein du sollst gar bald mich tüchtig glauben,
Ihm den Frontin, dir Hektors Schild zu rauben.

Schon einmal kam ich, dieser Sache wegen,
Mit dir zum Kampf, es ist nicht lange Zeit;
Doch ich enthielt mich noch, dich zu erlegen,
Denn damals fehlte dir das Schwert zum Streit.
Das war ein Wink, jetzt kommt die Tat dagegen;
Dir wird gewiß der weiße Vogel leid,
Der alte Schmuck von Rüdigers Geschlechte.
Du führst mit Unrecht ihn, und ich mit Rechte.«

»Vielmehr mit Unrecht führest du mein Zeichen«,
Ruft Mandricard und zieht den Degen scharf,

Den kurz vorher, aus Tollheit ohnegleichen,
Graf Roland dort im Walde von sich warf.
Und Rüd'ger, der, um nimmer abzuweichen
Vom Edelmut, nicht erst des Winks bedarf,
Sieht kaum das bloße Schwert des Tatars blinken,
So läßt er gleich den Speer zur Erde sinken.

Und Balisarda, die ich oft gepriesen,
Wird rasch gezückt und fest der Schild gefaßt;
Doch Rodomont, vereinigt mit Marfisen,
Spornt zwischen sie sein Roß in aller Hast.
Der eine hindert den, die andre diesen,
Und alle beid' ermahnen sie zur Rast.
Der Afrikaner klagt, nun sei gebrochen
Zum zweitenmal, was Mandricard versprochen.

Er habe schon mit manchem Kampf, im Glauben,
Marfisen zu erstehn, viel Zeit verbracht
Und zeige jetzt, um Rüd'gers Schild zu rauben,
Wie wenig er aus Agramant sich macht.
»Willst du dergleichen«, spricht er, »dir erlauben,
So laß zuerst uns enden unsre Schlacht,
Die mehr verdient, ans Ende zu gelangen,
Als eine dieser, die du angefangen.

Mit *der* Bedingung ward der Bund errichtet,
Nur deshalb hab' ich Stillstand dir gewährt;
Und wenn ich diesen Streit mit dir geschlichtet,
So werd' ich *dem* antworten für sein Pferd.
Dir ist hernachmals, bleibst du unvernichtet,
Um deinen Schild der Zweikampf nicht verwehrt.
Doch denk' ich so ins Enge dich zu treiben,
Daß Rüdigern nicht viel wird übrigbleiben.«

Drauf Mandricard, den Zorn und Wut erhitzen:
»Das Teilchen, das du denkst, bekommst du nicht.
Du sollst vom Kopf bis zu den Füßen schwitzen;
Mehr, als du willst, erhältst du an Gewicht.
Und dennoch werd' ich noch genug besitzen
(Wie es dem Quell an Wasser nie gebricht),
Um Rüdigern und jedermann daneben,
Der was verlangt, noch davon abzugeben.«

Der Zorn vermehrt sich, und die Worte jagen
Auf beiden Seiten jetzt sich hin und her.
Mit Rodomont und Rüd'ger sich zu schlagen
Ist gleich des zorn'gen Mandricard Begehr.
Auch Rüd'ger nun, der niemals Schimpf ertragen,
Will Schlacht und Streit und keinen Stillstand mehr.
Marfisa geht, um sie zur Ruh zu bringen,
Von dem zu dem; doch kann's allein nicht zwingen.

So wie der Bauer, wenn die hohen Dämme
Der Fluß durchwühlt, aufsuchend neuen Pfad,
Zu hindern eilt, daß er nicht überschwemme
Die grüne Trift, die hoffnungsreiche Saat,
Und da und dort sich müht, wie er ihn hemme;
Doch wenn er hier ihm auch den Weg vertrat,
Sieht er ihn dort den lockern Damm durchfließen
Und seine Flut in manchem Arm ergießen:

So sucht Marfisa jetzt, da diese Ritter,
Der Rüd'ger, Rodomont und Mandricard,
Wild durcheinander toben, bös' und bitter,
Und jeder nur auf seinen Vorteil harrt,
Sie sucht zu stillen dieses Ungewitter,
Obwohl verloren Zeit und Mühe ward.

Denn glückt ihr auch, den einen auszuscheiden,
Gleich aneinander sind die andern beiden.

Marfisa wünscht zum Frieden sie zu lenken
Und spricht: »Ihr Herrn, habt meines Rates acht.
Am besten ist's, Ihr laßt von den Gezänken,
Bis wir den König aus der Not gebracht.
Will jeder nur an seine Sache denken,
So will auch ich mit Mandricard zur Schlacht,
Will sehen, ob er kann, wie er verheißen,
Mich durch Gewalt der Waffen an sich reißen.

Doch ist es Ernst, dem König beizustehen,
So stehn wir bei und lassen unsern Strauß.«
»Ich will nicht hindern, daß wir weitergehen«,
Spricht Rüd'ger jetzt, »gibt er mein Pferd heraus.
Mit einem Wort, dies muß sogleich geschehen;
Und tut er's nicht, so will ich Kampf durchaus.
Denn eher will ich mir den Tod erstreiten,
Als nicht auf meinem Pferd ins Lager reiten.«

Zu ihm spricht Rodomont: »Dies wird wohl eben
Nicht so gar leicht wie jenes ausgeführt.
Doch das beteur' ich, dir ist Schuld zu geben,
Wenn unser König Nachteil draus verspürt.
Ich habe, für mein Teil, kein andres Streben,
Als bald zu tun, was sich zu tun gebührt.«
Doch Rüd'gern schreckt die Drohung nicht zusammen,
Und wutentbrannt läßt er den Degen flammen.

Wild wie ein Eber stürzt er ihm entgegen
Und stößt mit Schild und Bug den von Algier;
Und dieser, sonst so rüstig und verwegen,
Verliert den Bügel und die Haltung schier.

Nun aber schreit der Tatarfürst dagegen:
»Verweile, Rüd'ger, oder ficht mit mir!«
Und gleich dem ärgsten Wüterich und Schelme,
Haut er bei diesem Wort nach Rüd'gers Helme.

Bis auf des Pferdes Hals beugt sich der Ritter,
Und sich erheben kann er nicht so bald;
Denn plötzlich überfällt, wie ein Gewitter,
Ihn Rodomont mit seines Schwerts Gewalt.
Und sicher sprang sein Helm in tausend Splitter,
War nicht der Stahl von Diamant-Gehalt.
Betäubt, kann Rüd'ger nicht der Hände wahren;
Die läßt den Zaum, und *die* den Degen fahren.

Der Renner trägt ihn mit sich fort ins Weite,
Indes sein Schwert auf dem Gefilde ruht.
Marfisa nun, die heut an Rüd'gers Seite
Im Felde focht, glüht auf und flammt vor Wut,
Daß er allein mit diesen beiden streite;
Und tapfer, wie sie ist, voll Edelmut,
Fliegt sie heran, um rasch, aus allen Kräften,
Dem Tatar einen Schlag aufs Haupt zu heften.

Jetzt mischen sich auch noch die vier christlichen Ritter mit ein, die Rodomonte aus dem Sattel geworfen hatte. Einer von ihnen ist der große Zauberer Malegys von Clermont, ein Vetter Rinaldos. Er zaubert dem Pferd Doralisens einen Dämon in den Leib, so daß es auf einmal wie von Hornissen gejagt davongaloppiert, mitsamt der schönen Prinzessin von Granada auf dem Rücken. Als der König von Algier und der von Tatarien das Objekt ihres Streites entschwinden sehen, jagen sie hinterher, ihrerseits gefolgt von Rüdiger und Marfisa. So gelangen sie schließlich alle zusammen in das von Karls Truppen eingekesselte Lager Agramantes.

Die Zwietracht hatte zu früh geglaubt, ihr Werk vollendet zu haben. Kaum ist sie zufrieden händereibend davongegangen, werden die Streitereien zwischen den Sarazenen beigelegt, und das fliehende Pferd Doralisens führt die Kämpen zurück in ihr Hauptquartier, was einen großen Sieg der Mauren über das Heer Karls des Großen ermöglicht.

Angesichts dieses Desasters muß der Erzengel Michael erkennen, daß die Zwietracht ihre Aufgabe nicht zu Ende geführt hat. Er macht sich auf die Suche nach ihr und findet sie in dem üblichen Kloster, wo sie gerade damit beschäftigt ist, Streitigkeiten über die Wahl der Ordensoberen zu schüren. Der Erzengel packt sie bei den Haaren und wirft sie zu Boden, traktiert sie mit Fäusten und Fußtritten und zerdrischt sogar ein Kruzifix auf ihrem Rücken. Die Zwietracht bittet um Gnade und verspricht hoch und heilig, das sarazenische Lager nicht mehr zu verlassen.

Sogleich scharen sich die Krieger mit ihren Querelen um König Agramant: Rodomont liegt im Streit mit Mandricard wegen Doralise, Mandricard mit Rüdiger wegen des trojanischen Wappens, Rüdiger mit Rodomont wegen Frontin und Marfisa mit Mandricard, weil er sie als Tauschware benutzen wollte.

Agramant ist ein systematischer König: Er läßt die Namen der Streithanseln paarweise auf Zettel schreiben und die Reihenfolge der Zweikämpfe auslosen. Dann läßt er ein reguläres Turnierfeld herrichten und eröffnet das Turnier in Gegenwart aller Fürsten und Damen der Gegend. Alles scheint nach den Regeln zu verlaufen, aber die Zwietracht betätigt weiter ihre Blasebälge. Gradasso, der Mandricard beim Anlegen der Waffen hilft, liest auf dessen Schwert den Namen *Durindana*. Schon lange ist er hinter Rolands Schwert her; daß es nun ein anderer hat, gefällt ihm gar nicht, und so fordert er ihn zum Zweikampf heraus, womit er die Reihenfolge der anderen durcheinanderbringt und weitere Zwistigkeiten hervorruft. Unterdessen hat Sacripant, während er Rodomont in den Sattel half, in Frontin seinen einstigen Hengst Frontalatte wiedererkannt, den ihm seinerzeit in Albracca der Meisterdieb Brunello unter dem Hintern weggestohlen hatte. So kommt es zu einem neuen Streit, ja gleich zu zweien, denn mit Brunello hat auch Marfisa eine alte Rechnung zu begleichen.

Wir befinden uns in einer Welt, in der niemals etwas verlorengeht, aber auch niemals etwas nur einen einzigen Besitzer hat. In den Wirren des Krieges gehen Waffen, Pferde, Rüstungen, Helme ständig von Hand zu Hand, alle mit einem Namen und einer eigenen Geschichte und unverwechselbaren Merkmalen sowie einem Rattenschwanz endloser Streitereien. Frau Zwietracht hat gute Gründe, ihren Triumphschrei auszustoßen, einen Schrei, der so mächtig ertönt, daß er ganz Paris erbeben läßt, die Seine aufwühlt und noch im Ardennerwald widerhallt (XXVII, 100–101):

> Die tolle Zwietracht lacht bei diesen Dingen,
> Denn Ruh und Frieden fürchtet sie nicht mehr.
> Sie kann sich selbst vor Freude nicht bezwingen
> Und rennt wie närrisch auf dem Platz umher.
> Die Hoffart auch, mit Jubeln und mit Springen,
> Holt Zunder noch und Holz zum Feuer her
> Und schreit so laut, daß in des Himmels Reichen
> Fürst Michael vernimmt des Sieges Zeichen.

Bei dieser fürchterlichen Stimm' Erkennen
Bebt ganz Paris, die Seine flieht das Land;
Der grause Schall rückhallt in den Ardennen,
Und alles Wild kommt aus dem Horst gerannt.
Es hören ihn die Alpen, die Cevennen,
Des Nord- und West- und Mittelmeeres Strand,
Garonne, Rhone, Saon' und Rhein nicht minder;
Die Mütter drücken an ihr Herz die Kinder.

ZERBINS UND ISABELLAS TOD

Eine grundlegende Ungleichheit trennt die Helden Ariosts. Da gibt es diejenigen, die aus übermenschlichem Stoff gemacht und daher gegen Verletzungen und Schmerzen gefeit sind, so daß sie, je mehr Lanzenstöße und Schwerthiebe sie abbekommen, nur noch immer unverwundbarer werden, als täte das viele Eisen ihrer Gesundheit gut; und dann gibt es diejenigen, die nicht weniger edel und nicht weniger tapfer sind, aber sich, da aus menschlichem Stoff gemacht, richtige Verletzungen zuziehen und daran sterben können. Diese Gattung der menschlichen Helden erweist sich als besonders verwundbar nicht nur für die Verletzung durch Waffen, sondern auch für die durch Unglücksfälle. Kurz sind die Momente von Glück und Frieden, die sie und ihre bangenden Liebsten genießen dürfen.

Einer von ihnen ist Zerbino. Seit wenigen Tagen hat er seine Isabella wieder, nachdem sie durch allerlei Hindernisse und Mißgeschicke getrennt waren, und nun folgen sie den Spuren Rolands, dem sie beide ihr Leben und ihre Freiheit verdanken. Diversen Anzeichen und Augenzeugenberichten entnehmen sie, daß Roland verrückt geworden ist, und sammeln seine im Gras verstreuten Waffen ein.

Aber Mandricard, der nach Roland sucht, um den unterbrochenen Zweikampf fortzusetzen, glaubt nicht an den Wahnsinn seines Gegners und erklärt sich zum legitimen Besitzer des Schwertes Durindana. Zerbin zückt sein Schwert, um das seines Freundes zu verteidigen. Im

Zweikampf mit Mandricard wird er verletzt. Isabella gelingt es zusammen mit Doralise, den Kampf zu beenden, aber Zerbin hat viel Blut verloren, es geht ihm sehr schlecht (XXIV, 76–87):

> Er hält am Ende still bei einer Quelle,
> Denn weiter läßt die Schwäche ihn nicht gehn.
> Nicht was sie sagen soll, weiß Isabelle,
> Noch was sie tun soll, um ihm beizustehn.
> Sie sieht ihn sterben, einzig, weil zur Stelle
> Die Hilfe fehlt; kein Ort ist rings zu sehn,
> Wo sie zu einem Arzt ins Haus ihn lege,
> Der ihn aus Mitleid oder Lohnsucht pflege.
>
> Nichts bleibt ihr übrig als vergeblich Klagen;
> Auf Himmel und Verhängnis schilt sie laut.
> »Warum nicht«, ruft sie, »schlang mit meinen Plagen
> Das Meer mich ein, als ich mich ihm vertraut?«
> Zerbin, auf sie den matten Blick geschlagen,
> Wird mehr gequält vom Jammern seiner Braut
> Als von den Schmerzen, die ihn selbst durchdringen
> Und die ihn nun dem Tode näher bringen.
>
> »So möge«, spricht er, »deine Liebe dauern,
> Reißt, o Geliebte, nun der Tod mich fort,
> Wie nicht mein Sterben mich erfüllt mit Trauern,
> Nur, daß du hier bleibst ohne Schutz und Hort.
> Denn faßte mich mit allen ihren Schauern
> Die letzte Stunde nur an sichrem Ort,
> So stürb' ich froh, befreit von allem Leide,
> Weil ich an deiner Brust vom Leben scheide.
>
> Doch da mein Unglück will, daß ich zur Stunde
> Dich lassen soll, wer weiß, in wessen Hand:

So schwör ich dir bei diesem Aug' und Munde,
Bei diesem Haar, das mich so fest umwand,
Verzweifelnd steig' ich zu dem finstern Schlunde
Der Höll' hinab, wo des Gedankens Brand,
Daß ich dich *so* verließ, mit heißrer Lohe
Mich martern wird, als was mich sonst bedrohe.«

Zu ihm hinab ihr weinend Antlitz bückte
Die holde Braut, von bitterm Schmerz erfaßt,
Indem sie ihren Mund auf seinen drückte,
Der schmachtend welkte, wie die Rose fast,
Die, weil man nicht zu rechter Zeit sie pflückte,
Auf ihrem schattigen Gebüsch erblaßt.
»Mein Leben«, sprach sie dann, »auf keine Weise
Beginnst du ohne mich die letzte Reise.

Laß, Teurer, deshalb keine Furcht dich quälen;
Zu Höll' und Himmel geb' ich dir Geleit.
Vereint, ich weiß, entfliehen unsre Seelen
Und bleiben dann vereint in Ewigkeit.
Wenn sich dein Auge schließt – es kann nicht fehlen,
Mich tötet alsobald das innre Leid.
Und wenn auch nicht, so will ich dir versprechen,
Noch heute soll dein Schwert mein Herz durchstechen.

Auch unsern Leibern hoff' ich viel zum Frommen,
Und mehr im Tod, als da sie noch gelebt.
Vielleicht wird bis hieher ein Wandrer kommen,
Der mitleidsvoll beisammen sie begräbt.«
So redet sie und sammelt, schmerzbeklommen,
Den letzten Rest des Lebens, das entschwebt,
Von seinem Munde mit begier'gen Lippen,
Um auch den kleinsten Hauch noch einzunippen.

Der Jüngling sucht den schwachen Ton zu heben:
»Ich bitte dich, mein Abgott«, spricht Zerbin,
»Bei jener Liebe, die dir Mut gegeben,
Um meinethalb dein Vaterland zu fliehn:
Ja, wenn ich darf, befehl ich's: Bleib am Leben,
Solang' es Gott nicht selbst dir wird entziehn.
Und nie, in keinem Fall, vergiß, Geliebte,
Daß ich, so sehr man lieben kann, dich liebte.

Gott wird vielleicht auch künftig deiner wahren
Und dich beschützen wider alles Leid;
So wie er tat, als von den Räuberscharen
Der römische Senator dich befreit.
So schützt' er, Dank ihm! dich in Meersgefahren
Und wider des Biscayers Schändlichkeit.
Und sollt' am Ende jeder Beistand fehlen,
So darf man Tod als klein'res Übel wählen.«

Kaum kann dies Wort den Lippen sich entwinden,
Auch, glaub' ich, blieb der Schluß ihr wohl verhehlt.
Sie sieht den Jüngling gleich dem Lichte schwinden,
Dem es an Wachs, an anderm Brennstoff fehlt.
Wo wär' ein Ausdruck für den Schmerz zu finden,
Der Isabella faßt, als nun entseelt,
Bleich, ausgestreckt, ohn' jegliches Erwarmen
Der teure Jüngling liegt in ihren Armen?

Sie wirft sich auf die blutbedeckte Leiche,
Die ihrer Tränen Strömung überwallt;
Und ringsumher, so weit die Stimme reiche,
Ertönt von ihrem Schreien Feld und Wald.
Nicht Brust noch Wangen schonen ihre Streiche;
Sie martert sie, zerschlägt sie mit Gewalt,

Zerrauft ihr goldnes Haar, grausamen Strebens,
Und ruft den teuern Namen stets vergebens.

Von solchem Schmerz ward ihre Brust durchschnitten,
In solche Wut versetzte sie die Qual,
Daß sie gewiß, trotz ihres Freundes Bitten,
Den Busen sich durchstach mit seinem Stahl,
Kam nicht ein Klausner jetzt herangeschritten,
Der aus der nahen Zelle manchesmal
Zum frischen Born des Waldes wiederkehrte
Und durch sein Kommen ihrer Absicht wehrte.

Zerbinos Verletzung ist von der Sorte, über die Roland oder Rüdiger oder Rodomonte nur gelächelt hätten, aber Zerbino ist aus menschlichem Fleisch und Blut gemacht, und Krieg bedeutet für ihn Lebensgefahr, nicht Spiel. Allerdings kann man deswegen nicht sagen, Personen wie Zerbino und Isabella seien *wahrer* als die übermenschlichen Kraftprotze. Sie folgen einfach nur einer anderen Logik: Sie sind Helden einer Rührstory und öffnen mit ihrem Leben und Sterben inmitten grotesker und wüster Abenteuer einen poetischen Raum mit anderen Dimensionen und anderer Sinnlichkeit – der tödlich verletzte Zerbino, der neben einer Quelle liegt, seine Liebesvereinigung mit Isabella und ihre Klage über seinem erkaltenden Leib. Isabella macht Anstalten, sich das Leben zu nehmen, wird jedoch im letzten Moment von einem Eremiten davor bewahrt und folgt ihm mit Zerbinos Leiche in die Provence, wo sie den Geliebten begraben und sich in ein Kloster einschließen will.

Doch schon verschränkt sich die rührende Geschichte wieder mit der grotesken: Isabella begegnet einem arroganten Gewaltkerl, der ihr den Weg versperrt und sie bedrängt. Es ist Rodomonte. Enttäuscht und verbittert über *die* Frauen, weil seine Doralise ihn verraten hat, und über Agramante, weil er es nicht verstanden hat, ihm Gerechtigkeit widerfahren zu lassen, hat sich der König von Algier in eine verlassene Bergkapelle unweit von Montpellier zurückgezogen. Entschlossen, Isabella davon abzubringen, ins Kloster zu gehen, wirft er den Eremiten ins Meer und stürzt sich auf die junge Frau.

Die groteske Geschichte scheint über die rührende zu triumphieren, doch Siegerin bleibt Isabella. Sie bleibt Siegerin, indem sie sich töten läßt, das heißt, indem sie durch eine raffinierte Kriegslist den ebenso dummen wie brutalen Krieger zu einer tragischen Lösung zwingt, die seinen Absichten fernlag. Isabella sagt ihm, sie kenne das Geheimnis eines bestimmten Kräutersaftes, der unverwundbar mache – und sie erprobt diesen Saft an sich selbst, indem sie den nach ihr gierenden Sarazenen auffordert, ihr mit einem Schwerthieb den Kopf abzuschlagen. Rodomonte fällt darauf herein und tötet sie. So zwingt die Rührstory durch die Mittel des Grotesken dem Ganzen ihre Logik auf, und dem düpierten Rodomonte bleibt nichts anderes übrig, als die unglückselige Heldin zu beklagen und sich zum Wächter ihres Grabes zu machen (XXIX, 8–31):

> Als Rodomont so grausam und verwegen
> Vom plauderhaften Klausner sich befreit,
> Eilt er der tiefbetrübten Frau entgegen,
> Doch im Gesicht mit wen'ger Grimmigkeit,
> Und sagt ihr nun, wie die Verliebten pflegen,
> Sie sei sein Leben, seine Seligkeit,
> Sein Herz, sein Trost, sein allerteu'rstes Hoffen,
> Und was noch sonst beisammen wird getroffen.

Damit er ihr aufs beste werd' empfohlen,
Erlaubt er sich kein Zeichen von Gewalt.
Der holde Reiz, der ihm sein Herz gestohlen,
Dämpft und erstickt den alten Stolz gar bald;
Und könnt' er gleich die Frucht heraus sich holen,
Doch macht er jetzt noch bei der Schale Halt.
Denn wenig, glaubt er, kann der Kern ihm frommen,
Wenn er ihn nicht von ihr geschenkt bekommen.

So hofft er ihr allmählich zu gefallen
Und Isabellen seiner Lust zu weihn.
Doch sie, gleich einer Maus in Katzenkrallen,
An diesem öden Ort mit ihm allein,
Sie möchte lieber gleich ins Feuer fallen
Und überlegt in stillen Grübelei'n,
Ob ihr kein Weg, kein Mittel übrigbleibe,
Ihm zu entgehn mit unbeflecktem Leibe.

Sie ist in ihrer Seele fest entschlossen,
Daß sie den Tod sich gibt mit eigner Hand,
Bevor der Heide seine Lust genossen
Und sie verlockt zu schnödem Unbestand
An jenem, der, von ihrem Arm umschlossen,
Durch des Geschickes Zorn sein Ende fand,
Dem sie gelobt, mit heiligen Gedanken,
Die Keuschheit zu bewahren sonder Wanken.

Stets wachsen sieht sie Rodomonts Verlangen
Und kann, was ihr zu tun sei, nicht ersehn.
Sie sieht den Augenblick voraus, mit Bangen,
Wo sie nicht mehr vermag zu widerstehn.
Nachdem sie viel mit sich zu Rat gegangen,
Gelingt's ihr doch, ein Mittel auszuspähn,

Um zu bewahren ihrer Keuschheit Blume;
Ich meld' es euch, zu ihrem ew'gen Ruhme.

Zum wilden Mohren, der ihr schon entgegen
Mit Worten und mit Tätlichkeiten kam,
Sehr weit von jener Artigkeit entlegen,
Die sie vorhin aus seinem Mund vernahm,
Sprach sie nunmehr: »Gebt meiner Ehre wegen
Mir Sicherheit und löset mich vom Gram;
Dann will ich Euch mit einem Lohn begaben,
Der mehr Euch nützt, als mich entehrt zu haben.

Verschmähet nicht um solch gering Vergnügen,
Das Ihr im Überfluß auf Erden habt,
Ein großes Glück, das ewig wird genügen,
Und eine Freude, wie Euch keine labt.
Ihr findet tausend Frau'n, mit holden Zügen
Und einer reizenden Gestalt begabt:
Doch wenig oder keine gibt's hienieden,
Von welchen mein Geschenk Euch wird beschieden.

Ich kenn' ein Kraut und sah es hier, indessen
Ich näher kam, so daß ich's finden kann.
Es gibt, gekocht am Feuer von Zypressen
(Tut man vorher noch Raut' und Eppich dran
Und läßt von unbefleckter Hand es pressen),
Ein Wundersäftlein, das, benetzte man
Dreimal damit den Leib, ihn so verdichtet,
Daß Stahl und Brand nichts wider ihn verrichtet.

Wer sich benetzt, dem wird vor allen Wunden
Auf einen Monat Sicherheit verschafft.
An diese Frist ist seine Kraft gebunden,
Und brauchen muß man jeden Mond den Saft.

Bereiten will ich ihn in wenig Stunden,
Und heute noch erprobt Ihr seine Kraft.
Und irr' ich nicht, so wird dies mehr Euch frommen,
Als hättet Ihr Europa eingenommen.

Doch dieses ist zum Lohne mein Begehren,
Daß Ihr auf Eure Treue schwört, hinfort
Nie wieder meine Keuschheit zu beschweren,
Und zwar durch Tat so wenig als durch Wort.«
Dies zwang den Heiden, schnell zurückzukehren
Zur Ehrbarkeit; denn ihm entstand sofort
Ein so gewalt'ger Wunsch, sich fest zu machen,
Daß er versprach noch mehr als diese Sachen.

Gewiß auch wird er halten sein Versprechen,
Bis er erprobt des Wundersaftes Macht,
Und sich so lange keiner Tat erfrechen,
Durch keine Spur aufregen den Verdacht.
Doch denkt er den Vertrag nachher zu brechen,
Weil er sich nichts aus Gott und Heil'gen macht;
Auch muß gewiß, in treuvergeßnen Streichen,
Ganz Afrika, das Lügenland, ihm weichen.

Der König von Algier schwört Isabellen,
Daß er sie niemals mehr beläst'gen will,
Vermag ihr Saft nur dem ihn gleichzustellen,
Was Kyknos einst gewesen und Achill.
Von Städten fern und von bewohnten Stellen,
Auf Felsenhöh'n, in Tälern, tief und still,
Sucht sie viel Kräuter; doch wohin sie gehe,
Bleibt immer Rodomont in ihrer Nähe.

Der Kräuter, mit und ohne Wurzeln, spendet
Die Gegend ringsumher ihr mancherlei;

Worauf sie spät sich zu der Wohnung wendet,
Wo sie, die stets der Keuschheit Muster sei,
Den Überrest der Nacht dazu verwendet,
Um wohl zu kochen ihre Mischerei.
Doch was sie auch Geheimes hier bereite,
Fürst Rodomont bleibt immer ihr zur Seite.

Der Heide saß mit wenigen Genossen,
Die bei ihm waren, diese Nacht beim Spiel.
Die Glut des nahen Feuers, die, verschlossen
In enger Klaus', ihm sehr beschwerlich fiel,
Erregt' ihm Durst; sie tranken unverdrossen
Zwei Fässer Weins, bald wenig und bald viel,
Die seine Knappen erst vor wenig Tagen
Von Reisenden als Beute fortgetragen.

Der Heide war im Trinken nur ein Schächer,
Weil sein Gesetz den Wein verdammt und wehrt;
Allein, ihn kostend, glaubt der mut'ge Zecher
Ihn mehr als Nektar oder Manna wert.
Hinunter stürzt er Flaschen, große Becher,
Und tadelt, was der Mohren Glaube lehrt.
Der Wein, der oft die Runde mußte gehen,
Macht allen, Kreiseln gleich, die Köpfe drehen.

Indessen hob den Kessel Isabelle,
Worin das Kraut gesotten, mit Bedacht
Vom Feuer ab und sprach: »Damit erhelle,
Daß ich nicht leeren Wind dir vorgebracht,
So sollst du sehn, was Wahrheit auf der Stelle
Von Lüge trennt und klug die Dummen macht,
Die klare Prob'; und, daß kein Zweifel bleibe,
An andern nicht, an meinem eignen Leibe.

Ich will zuerst es auf die Probe setzen,
Dies edle Mittel voll geheimer Kraft;
Sonst könntest du vielleicht für glaublich schätzen,
Es sei ein Gift, das dir den Tod verschafft.
Vom Wirbel an will ich das Haupt benetzen
Und Hals und Brust, mit diesem Wundersaft,
Dann magst du Stärk' und Schwert an mir erproben,
Ob dieses Schärf', ob jener Macht zu loben.«

Sie wusch sich, wie sie sprach, und freudig streckte
Sie ihren Hals dem Unvorsicht'gen her,
Den wohl der Wein bewältigt, den er schmeckte;
Denn Schild und Helm sind diesem keine Wehr.
Ihr glaubte nun der rohe Mensch und reckte
Den Arm so aus, hieb mit dem Stahl so schwer,
Daß er das schöne Haupt, den Sitz der Liebe,
Von Brust und Rücken schied mit *einem* Hiebe.

Drei Sprünge tat der Kopf, berührt vom Schwerte,
Und rief im Fallen deutlich noch: »Zerbin!«
Dem nachzufolgen auf so seltner Fährte
Sie sich dem Heiden suchte zu entziehn.
O Seele, du, die Treue höher ehrte
Und jenen Namen, der schon lange schien
Uns fremd zu sein, der unbefleckten Tugend,
Sie höher ehrt' als Leben selbst und Jugend;

Glücksel'ge, schöne Seele, geh in Frieden!
Wär' unser Lied mit solcher Kraft beglückt,
Wie strebt' ich gern, so gut es mir beschieden,
Mit aller Kunst, die nur die Rede schmückt,
Daß man nach tausend Jahren noch hienieden
Von deinem edlen Namen würd' entzückt!

Geh, um ins Tor des Himmels einzuwandern,
Und laß das Beispiel deiner Treu den andern!

Auf diese Tat, groß über alle Proben,
Sah von des Himmels Höhen Gott herab
Und sprach: »Dich muß ich mehr als jene loben,
Die sterbend brach Tarquinius' Herrscherstab.
Drum werde jetzt ein neu Gesetz erhoben,
So unverbrüchlich, wie ich eines gab;
Ich schwör' es bei der unverletzbarn Welle,
Fest soll es stehn für alle künft'gen Fälle.

Ich will, daß jede, die in künft'gen Zeiten
So heißt wie du, soll weise sein und schön,
Großsinnig, klug und voll von Lieblichkeiten,
Erklimmen soll der Tugend steilste Höh'n
Und allen Dichtern Stoff genug bereiten,
Den schönen, würd'gen Namen zu erhöhn;
So daß vom Pindus, Helicon, Parnasse
Stets ›Isabella!‹ sich vernehmen lasse.«

So sprach der Herr und ebnete die Wogen,
Und heitrer ward die Luft als je zuvor.
Die keusche Seele war indes geflogen
Zum dritten Himmel, zum Zerbin empor;
Und auf der Erde blieb, verhöhnt, betrogen,
Der neue Brehus, der verruchte Mohr,
Der, als der Wein verraucht, den er getrunken,
Den Irrtum schalt, in Traurigkeit versunken.

Dem sel'gen Geist Besänftigung zu geben,
Zum Teil Ersatz, das ist's, worauf er denkt,
Wenn er, der ihrem Leibe Tod gegeben,

Ein neues Leben dem Gedächtnis schenkt.
Indem er sinnt, wie dieses zu erstreben,
Wird auf das Kirchlein sein Gemüt gelenkt,
Das er bewohnt und wo er sie erschlagen;
Dies soll ihr Grabmal sein; wie? will ich sagen.

RODOMONTE,
ROLAND ALS VERRÜCKTER,
ANGELICA

Rodomonte ist ein Koloß mit empfindsamer Seele. Er fürchtet niemanden auf der Welt, seine Kraft und Anmaßung machen ihn unverwundbar, aber die Frauen spielen mit ihm, und seine Selbstkasteiung ist grenzenlos. Als Doralise sich gegen ihn für Mandricard entscheidet, fügt sie ihm eine unheilbare Wunde am Herzen zu, und Isabella, die ihn überlistet, um sich von ihm töten zu lassen, bringt seine Wertordnung so durcheinander, daß er sein restliches Leben einer absurden und zugleich erhabenen Aufgabe weiht: das Grab der törichterweise von ihm selbst Geköpften zu ehren.

Am Ufer eines tiefen Flusses errichtet er ihr ein hoch aufragendes Mausoleum, vor dem eine schmale Brücke über den Fluß führt. Auf dieser Brücke wird er von nun an mit jedem Ritter kämpfen, der sie überqueren will, wird ihn besiegen und seine Waffen als Trophäen an Isabellas Grabdenkmal hängen (XXIX, 32–39):

> Arbeiter schafft' er her aus allen Gauen,
> Gutwillig und gezwungen, wie es fiel.
> Und als sechstausend sich beisammen schauen,
> Raubt er dem nahen Berg der Steine viel
> Und läßt daraus ein großes Denkmal bauen,
> Vom Boden auf bis an des Gipfels Ziel
> Hoch neunzig Ellen; drin ist die Kapelle,
> In dieser ruhn Zerbin und Isabelle.

Er setzt dies Mal dem stolzen Bau zur Seite,
Den Hadrian errichten ließ in Rom.
Auch will er, daß man einen Turm bereite,
Denn wohnen will er jetzt bei diesem Dom.
Ein Brücklein noch, zwei Ellen in der Breite,
Erbaut er über einen nahen Strom.
Die Brück' ist lang, allein so schmal, um eben
Mit Müh' und Not zwei Rossen Platz zu geben;

Zwei Rossen nur, ob sie zusammen kommen,
Ob sie einander dort entgegengehn.
Auch kein Geländer dient zum Nutz und Frommen,
Von allen Seiten kann ein Fall geschehn.
Der Übergang, hat er sich vorgenommen,
Kommt Heiden sowie Christen hoch zu stehn;
Denn er verheißet Isabellens Grabe
Von ihrer Wehr die reichste Siegesgabe.

Die Arbeit ward so wenig aufgeschoben,
Daß in zehn Tagen schon die Brücke stand.
Zwar ward das Grabmal nicht so schnell erhoben,
Noch kam der Turm so rasch bis an den Rand;
Doch war auch dieser bald so weit, daß oben
Ein Knappe schon als Wächter sich befand.
Sooft nun Ritter seine Brück' erreichen,
Gibt er dem König mit dem Horn ein Zeichen.

Und dieser waffnet sich und eilt zum Streite
Vom rechten oder linken Bord heran;
Denn kommt der Krieger von des Turmes Seite,
So wird der König von der andern nahn.
Der Kampfplatz ist des Stegs geringe Breite,
Und weicht das Roß nur wenig aus der Bahn,

So stürzt es in des Flusses tiefe Wellen.
Nein, *der* Gefahr ist keine gleichzustellen.

Der Mohrenkönig schien den Wahn zu hegen,
Weil er sehr oft geriet in die Gefahr,
Vom Steg herab sich in den Fluß zu legen,
Wo er zum Wassertrunk genötigt war,
Werd' er den Fehl, den er des Weines wegen
Vorhin beging, abwaschen ganz und gar;
Als ob das Wasser fähig sei, Verbrechen,
Die Wein erzeugt, so wie den Wein zu schwächen.

Es nahten sich in wenig Tagen viele:
Die einen führt' ihr grader Weg vielleicht,
Weil, wer Italien, Spanien nimmt zum Ziele,
Auf keinem kürzern seinen Zweck erreicht;
Die andern lockte Mut zum Waffenspiele
Und Ruhmbegier, der selbst das Leben weicht.
Doch mancher, statt sich Lorbeer zu verschaffen,
Ließ dort das Leben, jedermann die Waffen.

Hat über Heiden er den Sieg empfangen,
So nimmt er ihnen nichts als Zeug und Wehr,
Läßt diese, gleich Trophä'n, am Marmor prangen
Und schreibt darauf, wem sie gehört vorher.
Allein die Christen nimmt er stets gefangen
Und schickt sie, mein' ich, nach Algier zu Meer.
Noch war das Werk nicht ganz und gar vollendet,
Als sich hieher der tolle Roland wendet.

Eines Tages erscheint auf der Brücke nicht ein berittener Krieger, sondern ein nackter Mann mit zerzaustem Haar und irrem Blick. Es ist Roland. Dieser Inbegriff aller Tugenden, der jetzt vom finstersten Wahnsinn geschüttelt wird, sieht sich auf einmal Aug' in Auge mit dem Inbegriff aller Anmaßung, der jetzt vom Verlangen nach dem Erhabenen erfüllt ist. Eine Eigenschaft ist bei beiden unverändert geblieben: ihre gewaltige Kraft. So raufen und prügeln sie sich auf der Brücke, bis sie beide ins Wasser fallen. Rodomonte, beschwert durch seine Rüstung, kann sich nur mit Mühe retten; der nackte Roland schwimmt ans Ufer und setzt seinen Weg fort, als ob nichts gewesen wäre (40–49):

Durch bloßen Zufall, wie sich oft begeben,
Ward Roland an den großen Fluß gebracht,
Wo Rodomont das Bauwerk ließ erheben,
Wie ich gesagt; allein noch nicht vollbracht
War Turm und Grabmal, nur der Steg soeben.
Der Heide war in voller Waffentracht
Um diese Zeit, den Helm nur ausgenommen,
Als er den Roland sah zur Brücke kommen.

Der Graf, gejagt von seiner Tollheit Sturme,
Springt übern Schlagbaum auf die Brücke los.
Doch Rodomont, der vor dem großen Turme
Zu Fuße stand, droht ihm mit Worten bloß
Und zorn'gem Blick; denn bei so schlechtem Wurme
Sein Schwert zu brauchen, dünkt er sich zu groß.
»Du Schlingel«, ruft er, »du vermaledeiter,
Tollkühner, frecher Tölpel, geh nicht weiter!

Die Brück' ist nur bestimmt den Herrn und Rittern,
Und nicht für dich, du ungeschlachtes Tier!«
Allein der Graf scheint nichts davon zu wittern,
Und vorwärts rennt er immer, starr und stier.
»Ich muß dem Narren doch die Lust verbittern«,

Spricht Rodomont und kommt heran, voll Gier,
Ihn gleich hinabzuwerfen in die Fluten,
Ohn' einen Widerstand nur zu vermuten.

Um übern Steg zu gehen, kommt indessen
Ein holdes Fräulein hier am Ufer an,
Schön von Gesicht, vorsichtig, abgemessen
In allem Tun, und zierlich angetan.
Die war es, Herr, wenn Ihr sie nicht vergessen,
Die lange schon auf jeder andern Bahn
Den teuern Brandimart zu suchen eilte,
Nur in Paris nicht, wo er eben weilte.

Als Fleurdelys nunmehr sich naht der Brücke
(Denn dieser holde Nam' ist ihr verliehn),
Kämpft Roland mit dem Heiden, der voll Tücke
Sich jetzt bemüht, ihn in den Fluß zu ziehn.
Das Fräulein hielt auf Roland große Stücke
Und kannt' ihn gleich, sobald er ihr erschien.
Sie blieb erstaunt ob seiner Tollheit Größe,
Die so umher ihn treibt in nackter Blöße.

Still hält sie, um zu sehn, wie sich entscheide
Der beiden so gewalt'gen Männer Wut.
Das größte Maß an Kraft gebrauchen beide,
Um ihren Feind zu stürzen in die Flut.
»Wie ist es möglich«, murrt der wilde Heide,
»Daß ein Verrückter solche Wunder tut?«
Und schiebt und dreht sich, ohn' ans Ziel zu kommen,
Von Bosheit, Stolz und heißem Zorn entglommen.

Wie's eben besser scheint, packt jetzt die eine,
Und jetzt die andre Faust ihn mit Gewalt.

Jetzt stellt sich vor, schiebt zwischen Rolands Beine
Bald sich der rechte Fuß, der linke bald.
Der Mohr, den Grafen rüttelnd, war, ich meine,
Dem Bären gleich, der einen Baum im Wald,
Von dem er fiel, anpackt mit seinen Krallen
Und so ihn haßt, als sei er schuld am Fallen.

Graf Roland nun, dem der Verstand entsprungen –
Weiß nicht, wohin –, gebraucht die Kraft allein,
Die ungeheure Kraft, noch nie bezwungen,
Der keine je sich rühmte, gleich zu sein;
Und mit dem Heiden, den er fest umschlungen,
Wirft er sich rücklings in den Fluß hinein.
Sie sinken in des Wassers tiefste Grüfte;
Auf spritzt die Flut, es dröhnen rings die Klüfte.

Das Wasser trennt alsbald die beiden Streiter.
Der Graf, ganz nackt, schwimmt wie ein Fisch so gut,
Regt Arm' und Füße, wohlgemut und heiter,
Und kommt ans Land. Kaum ist er aus der Flut,
So läuft er fort und kümmert sich nicht weiter,
Ob einer lobt, ob tadelt, was er tut.
Allein der Mohr, mit voller Wehr im Bade,
Kommt minder leicht und später ans Gestade.

Indes geht Fleurdelys ohn' allen Schrecken
Die Brück' hinüber bis zum andern Bord
Und späht das Grabmal durch an allen Ecken;
Vielleicht von Brandimart sind Zeichen dort.
Allein nicht Wehr noch Kleid ist zu entdecken;
Sie find' ihn, hofft sie, wohl an anderm Ort.
Doch laßt uns jetzt mit Roland uns befassen,
Der Turm und Fluß und Brücke längst verlassen.

Rolands Leben ist inzwischen nur noch eine lose Abfolge von Stimmungen und Gefühlen, die kein Faden mehr zusammenhält. Wäre er allein, würde er sich im Chaos der rohen Natur verirren. Aber seine Abwesenheit vom Lager Karls des Großen kann nicht unbemerkt bleiben. Rasch verbreitet sich die alarmierende Nachricht von seinem Verschwinden, und als erster hat sich sein treuer Freund Brandimart auf die Suche nach ihm gemacht. Treue zieht Treue nach sich: Auf die Suche nach Brandimart hat sich ihrerseits, wie von einer schlimmen Vorahnung erfaßt, seine geliebte Fleurdelys gemacht. Und sie ist die bangende Frauengestalt, die immer wieder im Gefolge des Verrückten auftaucht. Da sie mit angesehen hat, wie er verrückt wurde, ist sie die einzige, die garantieren kann, daß dieser nicht wiederzuerkennende, von Trieben beherrschte Körper derselbe ist, der einst Rolands Verstand beherbergte.

Der Irre läuft planlos umher zwischen Flüssen und Wäldern, von der Rhone bis zu den Pyrenäen, und wenn ihm ein Esel in die Hände fällt, wirft er ihn hoch in die Luft und wirbelt ihn an einem Bein herum, und wenn er einen Holzfäller erwischt, reißt er ihn mitten entzwei, als wäre er aus Papier. Als er an den Strand von Tarragona kommt, gräbt er sich zum Schutz vor der Sonne ein Loch in den Sand und steckt den Kopf hinein wie der Vogel Strauß.

Da kommt eine schöne und reichgekleidete Frau am Strand entlanggeritten. Ihr Pferd, eine junge Stute, stolpert beinahe über den grausigen nackten Mann, der wütend aufspringt. Das Pferd scheut. Die schöne Reiterin schreit auf. Die Begegnung, die wir seit Beginn dieser Dichtung erwartet haben, ist endlich gekommen: Roland steht Angelica gegenüber.

Es ist der schicksalhafte Moment, aber die beiden Protagonisten merken es nicht, denn sie erkennen einander nicht. Wie sollte Angelica auch in diesem nackten Irren mit schon fast schwarz gebrannter Haut, in diesem Totenschädelgesicht mit struppigem Bart und Haar voller Blätter und Algen den edlen Ritter in schimmernder Rüstung erkennen, der Roland stets für sie war? Und was Roland betrifft, so ist für ihn die Erscheinung Angelicas nur ein Aufleuchten von Farben in Bewegung, das zwar verführerisch sein mag, aber nur wie ein Sonnenreflex auf einem Bach oder wie das Aufgehen eines Pfauenrades.

Als Medoro, der Angelica folgt, den Wilden erblickt, der auf seine Frau zugelaufen kommt, gibt er seinem Pferd die Sporen, um ihn niederzureiten und mit Schwerthieben zu traktieren. Doch die Haut des rasenden Roland ist noch unverwundbarer als die des gesunden. Er fährt herum wie jemand, der sich von zwei Fingern am Rücken berührt fühlt, und schlägt die geballte Faust auf den Kopf von Medoros Pferd. Das Tier bricht zusammen, als wäre sein Schädel aus Glas gewesen.

Angelica flieht über den Strand, verfolgt von dem Irren, sie auf der Stute, er zu Fuß, aber schnell wie ein Rennpferd. Er macht einen Satz und greift nach dem Schwanz der Stute. Da fällt Angelica der Zauberring ein, den sie am Finger trägt: Rasch nimmt sie ihn in den Mund und wird unsichtbar.

Einen Moment bevor die Prinzessin von Cathay definitiv vor unseren Augen verschwindet, kommt die Stute, die am Schwanz gepackt wird, zu Fall. Angelica fliegt aus dem Sattel und landet kopfüber im Sand. Dies ist das letzte Bild, das uns von der unwiderstehlichen Verführerin bleibt.

Roland hat die Stute am Schwanz gepackt: ob Stute oder Prinzessin, ist für ihn jetzt dasselbe. Er schwingt sich auf ihren Rücken und galoppiert die Strände Spaniens hinunter; er jagt und hetzt das Tier so lange pausenlos über Stock und Stein, bis es tot zusammenbricht. Aber er verläßt es nicht: Er schleppt noch das tote Pferd am Zügel hinter sich her und schreit: »Los! Komm schon!« (50–73):

Euch jede Tollheit Rolands zu erzählen,
Verspräch' ich dies – toll wär' ich selber fast.
So viele sind's, daß, sie nur aufzuzählen,
Unmöglich fällt; doch will ich aus der Last
Ein' und die andre von den besten wählen,
Die zur Geschicht' und zum Gesange paßt.
Zuerst die Wundertollheit, so geschehen
Unweit Toulous', am Rand der Pyrenäen.

Seitdem die Wut in Roland angeglommen,
Hatt' er schon manchen Länderstrich durchrannt
Und war zuletzt in das Gebirg gekommen,
Das von dem Franken trennt des Spaniers Land,
Indem er stets den Weg dahin genommen,
Wo er den Untergang der Sonne fand.
Hier war's, wo sich ein enger Pfad ihm zeigte,
Der in ein tiefes Tal hinab sich neigte.

Am Eingang nun von diesen Bergespfaden
Begegnen ihm zwei Burschen aus dem Wald,
Samt einem Esel, schwer mit Holz beladen.
Die beiden merken gleich an der Gestalt,
Es sei sein Kopf gesunden Hirns entladen,
Und rufen laut und drohend alsobald,

Er soll zurück sich oder seitwärts kehren
Und aus des Weges Mitte fort sich scheren.

Zur Antwort gibt der Graf kein andres Zeichen,
Als daß er wütend einen Fuß bewegt
Und mit der Kraft, der alle Kräfte weichen,
Gerade vor die Brust den Esel schlägt.
Er wirft das Tier so hoch, daß es zu gleichen
Dem Vogel scheint, der sich in Lüften regt.
Ein halbes Stündchen weit fliegt's ohne Flügel
Und fällt zuletzt auf einen fernen Hügel.

Nun stürzt er wütend auf die zwei Gesellen.
Der eine hatte Glück mehr als Verstand:
Er sprang in eine Schlucht, die sechzig Ellen
An Tiefe mißt, vom Schrecken übermannt,
Und traf in seinem Fall auf weiche Stellen,
Wo ein Gebüsch von Dorn und Laubwerk stand.
Das ihn ein wenig im Gesicht beschädigt,
Doch alles weitren Unheils ihn entledigt.

Der andre packt, um sich hinauszuschwingen,
Ein Felsenstück, das aus dem Berge ragt,
Und hofft gewiß, wird ihm der Sprung gelingen,
Daß droben ihn der Narr nicht weiter plagt.
Doch der, erpicht, ums Leben ihn zu bringen,
Faßt beide Füß', als er die Schwingung wagt;
Und alsobald, mit weit gespreizten Armen,
Reißt er ihn in zwei Fetzen ohn' Erbarmen.

Solch einen Riß wie dieser Bursch' erleiden
Zuweilen wohl der Reiher und das Huhn,
Will man einmal mit warmen Eingeweiden
Dem Falken oder Sperber gütlich tun.

Gut, daß nicht auch der Erste muß verscheiden,
Der springend im Gebüsche kam zu ruhn;
Denn andern sagt' er dies Mirakel wieder,
So hört' es auch Turpin und schrieb es nieder.

Dies und manch andre Schauertat vollführte
Auf jenen Höh'n des Grafen Riesenhand.
Nachdem er lange das Gebirg durchspürte,
Stieg er gen Süd hinab ins span'sche Land,
Wo nun sein Pfad ihn längs des Meeres führte,
Das wogend spielt um Tarragonas Strand.
Hier, angereizt von seiner Wut Gelüste,
Will er nun Wohnung machen an der Küste,

Um vor der Sonn' ein wenig sich zu schatten,
Und gräbt sich in den dürren Sand am Meer.
So lag er dort, da kam mit ihrem Gatten,
Zufällig bloß, Angelica hieher,
Die vom Gebirg zu Spaniens Ufermatten
Hinabgeklommen, wie ich sagt' vorher.
Bis auf zwei Fuß war sie ihm nah gekommen,
Weil sie nicht eher dort ihn wahrgenommen.

Daß *er* es sei, kann sie nicht wohl vermuten,
Weil er so fern dem vor'gen Wesen steht
Und jetzt, seit ihn gepeitscht des Wahnsinns Ruten,
In Sonn' und Schatten immer nackend geht.
Wär' er geboren auch in Syenes Gluten,
Da, wo der Garamant zum Ammon fleht,
Am Berge, wo der Nil sich stürzt hernieder,
Man fände nicht verbrannter seine Glieder.

Das Haar ist wild und struppig; wie verkrochen
Im Kopf das Auge, fürchterlich der Blick;

Das Antlitz dürr und mager wie ein Knochen;
Der Bart verworren, greulich lang und dick.
Die Schöne fühlt ihr Herz vor Angst erpochen,
Da sie ihn schaut; sie flieht im Augenblick.
Laut schreit sie auf zum Himmel, bebend, bangend
Und vom Begleiter Hilf' und Schutz verlangend.

Sobald der tolle Graf sie wahrgenommen,
Will er sie halten und erhebt sich jach;
So sehr war ihm das schöne Weib willkommen,
So plötzlich ward ihm die Begierde wach.
Daß er für sie von Liebe war entglommen,
Davon blieb längst ihm kein Gedächtnis nach.
Rasch folgt er ihr, und zwar auf solche Weise,
Wie wohl ein Hund verfolgt des Wildes Gleise.

Der Jüngling sieht den tollen Kerl mit Grauen,
Der die Geliebte jagt, spornt rasch sein Pferd
Und rennt ihn an, um ihn zugleich zu hauen,
Als Roland eben ihm den Rücken kehrt.
Er denkt, den Kopf vom Rumpf getrennt zu schauen;
Allein die Haut, vom Eisen unversehrt,
Läßt minder sich als Bein und Stahl durchbohren;
Denn Roland ist gefeit und fest geboren.

Als Roland sich im Rücken fühlt geschlagen,
Dreht er sich um, und schlägt, die Faust geballt,
Auf jenes Roß, das den Medor getragen,
Mit der kein Maß erkennenden Gewalt.
Er trifft das Haupt, und dieses wird zerschlagen,
Als wär's von Glas; das Pferd stirbt alsobald.
Drauf kehrt er sich, ohn' irgend zu verweilen,
Zu ihr, die sich bemüht, ihm zu enteilen.

Angelica treibt ihren Gaul zur Eile
Und spornt und peitscht ihn ohne Ruh und Rast;
Denn flög' er auch, wie von dem Bogen Pfeile,
Doch dünkt' ihr träge jetzt die größte Hast.
Da fällt der Ring ihr ein, zu ihrem Heile;
Schnell hat sie mit den Lippen ihn gefaßt,
Und dieser, nicht entwöhnt vom alten Brauche,
Macht sie verschwinden wie ein Licht vorm Hauche.

Sei's nun die Furcht, in Wahrheit nicht geringe,
Die Hast, als sie den Ring vom Finger wand,
Sei's, daß ihr Roß vielleicht ein wenig springe
(Denn nicht gewiß ist mir der Grund bekannt):
Genug, im Augenblick, da sie dem Ringe
Im Munde Platz gab und dem Aug' entschwand,
Hob sie die Bein' empor, vom Sattel fliegend,
Und fand sich rücklings auf dem Sande liegend.

Und fiel sie nur zwei Finger breit daneben,
So stürzte Roland sicher auf sie hin
Und hätt' ihr mit dem Stoß den Tod gegeben;
Doch gutes Glück war diesmal ihr Gewinn.
Sie mag indes sich immer nur bestreben,
Ein andres Pferd zu stehlen, wie vorhin;
Denn dieses, das, vor Roland her, im Traben
Den Sand zerstampft, wird sie nicht wiederhaben.

Und zweifelt nicht, sie kommt damit zustande,
Sich zu versehn. Doch jetzt dem Grafen nach,
Der nicht erlahmt im ungestümen Brande,
Verschwand ihm gleich Angelica so jach.
Dem Tiere folgt er rasch im kahlen Sande
Und kommt ihm nah und näher allgemach.

Jetzt, jetzt berührt er's, wirft ins Haar die Hände,
Dann in den Zaum, und hält es fest am Ende.

So freudig, wie der Graf es packt beim Zügel,
Hält wohl ein andrer kaum ein Mädchen auf.
Er ordnet ihm Gebiß und Zaum und Bügel,
Tut einen Sprung und schwingt sich rasch hinauf.
Dann jagt er schnell es über Tal und Hügel,
Viel Meilen weit, in ruhelosem Lauf,
Nimmt ihm nicht Zaum noch Sattel ab indessen
Und gibt ihm niemals Gras noch Heu zu fressen.

Jetzt über einen Graben soll es springen
Und stürzt hinein, weil er's zu arg gehetzt.
Ihm schadet nicht des großen Sprungs Mißlingen,
Allein das Pferd hat sich den Bug verletzt.
Kein Mittel sieht der Graf, es fortzubringen,
Und nimmt auf seine Schulter es zuletzt,
Steigt aus dem Loch herauf und trägt, ganz heiter,
Die schwere Last drei Bogenschüsse weiter.

Doch da er merkt, daß sie zu sehr beschwere,
Setzt er sie ab und will sie nach sich ziehn.
Langsamen Schritts und hinkend folgt die Mähre;
Er spricht: »Geh zu!« obwohl es fruchtlos schien;
Und wenn sie im Galopp gelaufen wäre,
Doch gnügt' es nicht dem tollen Paladin.
Die Halfter nimmt er ihr vom Kopf am Ende
Und bindet sie um ihre rechte Lende.

Er schleppt sie fort und sucht ihr Trost zu wecken,
Sie könne jetzt ihm doch bequemer nach;
Und mancher Stein auf diesen bösen Strecken
Beraubt des Haars und Fells sie allgemach.

Das schlechtgeführte Tier muß bald verrecken,
Es stirbt vor Hunger, Schmerz und Ungemach.
Er denkt nicht dran, und ohn' es anzusehen
Verfolgt er seinen Weg und bleibt nicht stehen.

Auch tot noch schleppt er's mit auf allen Wegen
Und setzt den raschen Lauf gen Westen fort.
Fühlt er den Hunger wohl einmal sich regen,
So plündert er manch Haus und manchen Ort.
Fleisch raubt er, Früchte, Brot, wie's ihm gelegen,
Und tut Gewalt den Leuten da und dort,
Macht diesen tot, verstümmelt jenen andern
Und weilt nicht lang, um weiter stets zu wandern.

Selbst seiner Schönen hätt' er, ohne Wollen,
So mitgespielt, wenn sie nicht schnell verschwand.
Denn weiß und schwarz sind Gleiches für den Tollen;
Er helfe schadend, glaubt sein Unverstand.
O wohl mit Recht muß man dem Ringe grollen,
Dem Ritter auch, der ihn ihr zugewandt!
Denn Roland würd', ohn' ihres Ringes Gaben,
Gerächt sich selbst und tausend andre haben.

In Rolands blinder Raserei glimmt etwas wie ein unstillbares Verlangen nach Rache an der Frau, die ihn in diesen Zustand gebracht hat. Oder ist es ein Aufflackern von Ariosts Groll gegen das schöne Geschlecht? Dem Dichter wird es sofort bewußt, und er entschuldigt sich dafür bei seinen Freundinnen; seine Anflüge von Misogynie sind immer nur kurz. Als Angelica verschwunden ist und die Qualen der als Sündenbock dienenden Stute zu Ende sind, zwingt Roland einen Hirten, ihm seinen Gaul im Tausch gegen das tote Tier zu geben, reitet bis

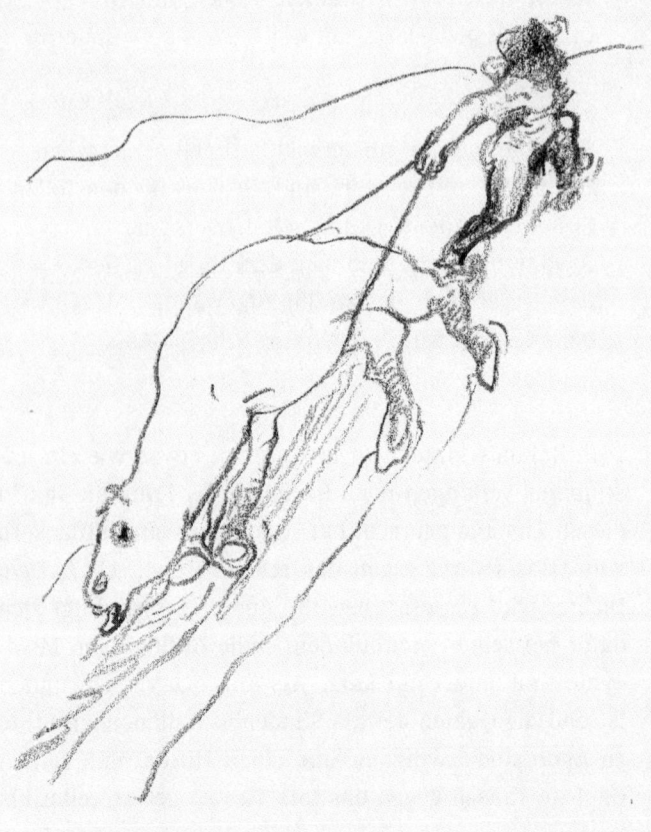

nach Malaga und richtet dort weitere Gemetzel an. Dann stürzt er sich im Galopp in die Meerenge von Gibraltar und erreicht schwimmend die Küste von Marokko (XXX, 4–15):

Ich bin so gut wie Roland vom Verstande,
Und mich entschuld'gen müßt ihr, so wie ihn,
Der nimmer ruht, Marsils gesamte Lande,
Die Höhen wie die Flächen, zu durchziehn.
Er schleppt die Stute mit sich fort am Bande,
Tot wie sie ist, und nirgends hemmt man ihn.
An einem Strom, der seine Wellenmassen
Ins Meer ergießt, muß er sie endlich lassen.

Er selber schwimmt nun, ohne viel Beschwerde,
Fischottern gleich, bis an den andern Strand.
Da, siehe! kommt ein Hirt auf einem Pferde,
Um dies zu tränken, an des Flusses Rand.
Der, Roland sehend, fürchtet nicht Gefährde
Und bleibt, da er allein und nackt ihn fand.
»Ich möchte«, sagt der Graf in tollem Mute,
»Mit deinem Gaul vertauschen meine Stute.

Du kannst sie sehn, wenn dir daran gelegen;
Da drüben liegt sie tot, auf jenem Feld.
Du brauchst sie nur zu heilen und zu pflegen;
Denn sonst ist nichts, was mir an ihr mißfällt.
Gib mir dein Pferd, und etwas mehr, dagegen,
Und steig jetzt ab, weil mir das Tier gefällt.«
Der Hirt antwortet nichts, er lacht nur munter
Und zieht, vom Tollen weg, zur Furt hinunter.

»Ich will dein Pferd; he! hast du nicht vernommen?«
Ruft Roland, und voll Grimm verfolgt er ihn.

Der Hirt, der einen Knüttel mitgenommen
Voll derber Knoten, schlägt den Paladin.
Doch Roland, von der höchsten Wut entglommen,
Wird schrecklicher, als er noch je erschien;
Er ballt die Faust, schlägt ihm mit *einem* Streiche
Den Schädel ein und wirft ihn hin als Leiche.

Er springt aufs Roß, durchstreift gar weite Strecken
Und plündert überall in seinem Lauf.
Das Tier bekommt nie Heu noch Korn zu schmecken,
Und in gar wenig Tagen geht es drauf.
Doch will er nicht den Weg zu Fuß vollstrecken,
Will immer Pferde haben, und vollauf.
Ein jedes, das er findet, muß ihn tragen;
Er nimmt es weg, wenn er den Herrn erschlagen.

So kam er auch nach Malaga und machte
Dort mehr des Unheils als an andrem Ort.
Denn nicht allein sein wildes Plündern brachte
Die Leute so ins Elend, daß man dort
Nach Jahren kaum sich zu erholen dachte:
Der tolle Graf verübt' auch so viel Mord,
So manches Haus zerstört' er und verbrannte,
Daß man des Landes Drittel nicht mehr kannte.

Im Weiterziehn kam er auf seinen Wegen
Zur Stadt Zizera, die am engen Sund
Gibraltars (Zibelterras) ist gelegen,
Denn einer wie der andre Nam' ist kund.
Er sah ein Boot vom Lande sich bewegen
Mit Leuten, die aus keinem andern Grund,
Als um die kühle Frühluft zu genießen,
Durchs friedlich stille Meer sich rudern ließen.

Auf einmal ruft der Tolle laut: »Verweile!«
Weil ihn die Lust, zu Schiff zu gehn, durchfährt;
Doch seinem Ruf wird kein Erfolg zuteile,
Denn solche Ladung ist nicht sehr begehrt.
Das Schifflein teilt die Flut mit jener Eile,
Womit die Schwalbe durch die Lüfte fährt.
Der Tolle sucht sein Roß mit Stoßen, Zwingen
Und Hau'n und Prügeln in das Meer zu bringen.

Das Pferd muß endlich sich ins Wasser drücken,
Vergebens hoppt es, haut, bäumt sich empor.
Es netzt die Knie, alsdann auch Kreuz und Rücken,
Zuletzt den Kopf; nur wenig ragt hervor.
Auch hoff' es nicht, die Rückkehr werd' ihm glücken,
Denn immer noch schwippt ihm die Gert' ums Ohr.
Das arme Tier muß unterwegs ertrinken,
Erreicht es Afrika nicht vor dem Sinken.

Das Schifflein, das ihn in die Flut gezogen
Vom trocknen Strand, nimmt Roland nicht mehr wahr;
Es ist zu fern, dem niedern Blick entzogen
Durchs hohe Meer und völlig unsichtbar.
Er treibt den Gaul stets weiter in die Wogen,
Denn übers Meer will er nun ganz und gar.
Das Pferd, luftleer und wasservoll soeben,
Hört endlich auf zu schwimmen und zu leben.

Es sinkt und zöge seine Last zu Grunde,
Wenn Roland nicht sich mit den Armen trägt.
Er schnauft und hält das Wasser ab vom Munde,
Indem er Bein' und Hände schnell bewegt.
Still ruhen Wind und Meer zu dieser Stunde,
Und nötig ist's, daß sich kein Lüftchen regt;

Denn falls ein wenig nur die Wogen schwellen,
Muß er sein Leben lassen in den Wellen.

Allein für Narren pflegt das Glück zu sorgen;
Es zieht ihn aus dem Meer an Settas Bord,
Und Roland sieht am Ufer sich geborgen,
Zwei Bogenschüsse weit von diesem Ort.
Auf gutes Glück und immer gegen Morgen
Rennt er viel Tage längs der Küste fort,
Bis er gelangt zu einem großen Heere
Von schwarzem Volk, gelagert dicht am Meere.

ASTOLFO AUF DEM MOND

Im Herzen Afrikas, nicht weit von den unerreichbaren Quellen des Nils, liegt eine goldene Stadt namens Nubia, Hauptstadt des legendären christlichen Reiches Äthiopien, in welches kein Reisender je den Fuß setzen kann, da es von wilden heidnischen Stämmen umgeben ist. König von Äthiopien ist Senap, in Europa Priester Johannes genannt, der reichste Herrscher der Welt und zugleich der unglücklichste. Infolge eines von Gott über ihn verhängten Fluches, weil er es gewagt hatte, mit seinem Heer auf Kamelen und Elefanten zur Eroberung des Irdischen Paradieses zu schreiten, ist Senap seines Augenlichtes beraubt und wird von Harpyien verfolgt. Er kann keine Speise zum Mund führen, ohne daß diese scheußlichen Vögel vom Himmel herabstürzen, sie mit ihren Klauen und Zähnen packen und zerreißen und den Rest mit stinkendem Unrat besudeln. Der Fluch wird so lange andauern – sagt eine Prophezeiung –, bis ein Ritter auf einem geflügelten Pferd in Nubia eintrifft.

Kein Wunder also, daß an dem Tag, als am Himmel Äthiopiens der Hippogryph mit Astolfo im Sattel erscheint, ihn die Leute wie einen gottgesandten Engel begrüßen. »Ich bin weder ein Engel noch ein Heiliger«, sagt Astolfo, »aber ich werde tun, was ich kann.«

Man weiß, daß niemand sich zwangloser als Astolfo magische Gegenstände und übernatürliche Wesen zunutze macht. Und es ist unvermeidlich, daß jedes Ding, wenn es lange genug von Hand zu Hand geht, irgendwann die Person findet, die am besten geeignet ist, es zu behalten. So waren der Hippogryph und das Zauberhorn in Astolfos Besitz gelangt, der sich ihrer bediente, um unversehrt durch das unwegsame und verzauberte Afrika zu reisen, auf der Suche nach Verbündeten für die heilige Sache Karls des Großen.

Überzeugt, daß die Harpyien nach der Ankunft des fliegenden Pferdes nicht mehr erscheinen würden, läßt König Senap ein großes Bankett zu Ehren seines Gastes ausrichten. Die Eingeladenen haben noch nicht den ersten Löffel Suppe zum Munde geführt, da hören sie ein »Korax, Korax«. Sie heben die Köpfe. Auf jeder Stuhllehne hockt ein häßlicher großer Vogel mit Harpyiengesicht. Laut krächzend öffnen alle auf einmal die Flügel und stürzen sich auf die Speisen, um sie zu zerreißen und zu besudeln.

Astolfo läuft hinaus, den Hippogryphen loszubinden, und erhebt sich mit ihm in die Lüfte. Bald ist der Himmel ein einziges Gewirbel von Federn, von den fettigen schwarzen Federn der häßlichen Raubvögel und von den schlanken weißen des Flügelpferdes. Astolfo schlägt mit dem Schwert in Richtung jener geblähten Bäuche und jener gebogenen Krallen, die sich noch um Schinken und Käse krümmen. Aber der Luftstrom, den seine Hiebe auslösen, ermöglicht es den Harpyien, allen Schlägen auszuweichen. Unten am Boden sieht man König Senap sehr klein, wie er sich die vom Vogeldreck verklebten Haare ausreißt: Auch das geflügelte Pferd vermag nichts gegen seinen Fluch.

Da fällt Astolfo ein, daß er ja noch immer sein Zauberhorn um den Hals trägt. Er führt es zum Mund und stößt hinein: Sofort machen die Harpyien kehrt und fliegen Hals über Kopf davon. Astolfo fliegt hinterher, aus Leibeskräften blasend.

Am Horizont erhebt sich ein gewaltiger Berg. Auf seinem wolkenverhangenen Gipfel sind die Quellen des Nils und das Irdische Paradies von Adam und Eva. Zu seinen Füßen öffnet sich eine Höhle ins Innere der Erde. Das ist der Eingang zur Hölle. Dort hinein fliehen die Harpyien.

Astolfo folgt ihnen mitten in einen pechschwarzen Rauch, und sogleich stößt er an zwei weibliche Füße, die in der Luft baumeln. Im Eingang zur Hölle hängt die Larve einer Gehenkten, die sich ihm als Lydia, Tochter des Königs von Lydien vorstellt und erklärt, daß sie verdammt sei wegen Undankbarkeit gegenüber dem, der sie liebte.

Unter allen Pilgern, die jemals lebend ins Jenseits gelangt sind, ist Astolfo der mit dem geringsten Hang zu vertieften Untersuchungen. Solange es nur um die Feststellung geht, daß im Eingang zur Hölle die undankbaren, unaufmerksamen und betrügerischen Liebenden schmachten, fällt die Sache noch in seine Kompetenz: Er hört sich die Beichte Lydias, der Tochter des Königs von Lydien an, aber er geht nicht weiter, sondern beeilt sich, wieder hinauszugelangen und den Eingang zur Hölle mit Steinen und Baumstämmen zu verschließen – damit die Harpyien darin eingeschlossen bleiben, aber vielleicht auch in der geheimen Absicht, niemanden mehr hineinzulassen.

Nachdem er sich die höllische Rußschwärze abgewaschen hat, steigt Astolfo wieder in den Sattel. Der Hippogryph fliegt über die Wolken hinauf, verläßt die irdische Sphäre und erreicht den Gipfel des Berges, der in den Himmel des Mondes hineinragt. Auf der Schwelle des Irdischen Paradieses wird Astolfo von einem heiligen Dichter empfangen, dem Evangelisten Johannes. Mit wohlgesetzten Worten, aber ohne Umschweife erklärt ihm der würdige Greis, wenn er glaube, wegen eines besonderen Verdienstes dorthin gelangt zu sein, täusche er sich gewaltig: Er sei nur ein Werkzeug in Gottes Plan, dazu ausersehen, Hilfe für Kaiser Karl und sein Heer zu holen. Die Lage sei folgende: Roland, dem Gott übermenschliche Kraft und Unverwundbarkeit verliehen habe, damit er sie zur Verteidigung des heiligen Glaubens benutze, habe gefehlt, indem er sich in eine frivole Heidin verliebte. Gott habe ihn dafür bestraft, indem er ihm den Verstand genommen habe wie einst dem Nebukadnezar, allerdings nur für drei Monate. Diese seien nun abgelaufen, und so sei Astolfo dorthin gerufen worden, um Rolands Verstand zurückzuholen.

Im Universum geht nichts verloren. Wo landen die Dinge, die auf der Erde verloren werden? Auf dem Mond. In seinen weißen Tälern findet sich alles wieder – der vergängliche Ruhm, die ungläubigen Gebete, die Tränen und Seufzer der Liebenden, die beim Spiel vergeudete Zeit. Und dort wird auch in versiegelten Flaschen der Verstand derer aufbewahrt, die den Verstand verloren haben, ob teilweise oder ganz.

In jener Nacht kommt der Mond sehr nahe an dem Berg vorbei. Astolfo und der Evangelist Johannes, die auf den Wagen des Propheten Elias gestiegen sind, sehen die Mondsichel größer und größer werden und die Erde unter sich immer kleiner, bis sie nur noch ein Bällchen ist. Astolfo muß sehr scharf hinsehen, um die Kontinente und Ozeane zu unterscheiden.

Sie passieren die Sphäre des Feuers, ohne zu verbrennen, und treten in die des Mondes ein, der ihnen glatt wie fleckenloser Stahl vorkommt. Der Mond ist eine Welt, so groß wie die unsere, einschließlich der Meere. Es gibt dort Flüsse, Seen, Ebenen, Städte und Schlösser wie bei uns, und doch sind sie *anders* als bei uns. So wie Erde und Mond ihre Dimensionen vertauschen, so verkehren sie auch ihre Funktionen: Von dort oben gesehen kann die Erde der Mond genannt werden, und wenn die Vernunft der Menschen dort oben aufbewahrt wird, heißt das, daß auf der Erde nur Torheit übriggeblieben ist (XXXIV, 48–89):

> Er steigt aufs Flügelroß, um solcherweise
> Bis auf den Gipfel dieses Bergs zu gehn,
> Wo man den höchsten Höh'n vom Mondeskreise
> Nur noch um wenig scheint entfernt zu stehn.
> Verächtlich dünken ihn die Erdengleise,
> Gen Himmel treibt ihn die Begier, zu sehn.
> Stets höher schwingt er sich zum Himmelsbogen,
> Bis er des Berges Spitze hat erflogen.
>
> Der Blumen Schar, auf diesen frohen Auen
> Erzeugt vom Zephyr, ist wie Perlen schier,
> Wie Gold, Rubin und Chrysolith zu schauen,
> Wie Demant, Hyazinth, Topas, Saphir.
> Des Grases Grün, wär's *hier* nur anzubauen,
> Besiegte sicher der Smaragden Zier.
> Nicht minder lieblich ist das Laub an Zweigen,
> Die immer Frucht und immer Blüte zeigen.
>
> Die Vöglein singen in belaubter Halle,
> Weiß schimmernd, rot, grün, gelb und himmelblau.
> An reiner Klarheit weichen die Kristalle
> Dem stillen See, dem Murmelbach der Au.
> Ein sanfter Wind, von welchem scheint, er walle
> In immer gleichem Zeitmaß, mild und lau,
> Erregt die Luft mit leisem Flügelschlage,
> Und nie beschwerlich wird die Glut der Tage.

Er raubt den Wohlgeruch von allen Seiten,
Den Blüte, Frucht und Grün so reich gewährt,
Um eine duft'ge Mischung zu bereiten,
Die stets mit holdem Süß die Seele nährt.
Ein Schloß erhebt sich in den ebnen Weiten,
Von hell lebend'gen Flammen wie verklärt;
Ein glänzend Licht scheint von ihm auszustrahlen,
Wie nimmer glänzt in unsern Erdentalen.

Der Herzog lenkt sein Roß, doch sonder Eilen
Und mit bequemen Schritten, zum Palast,
Der mehr im Umkreis hat als sieben Meilen,
Und freut der Gegend sich, die ihn umfaßt.
Er urteilt, jene Welt, wo wir verweilen,
Sei der Natur, dem Himmel selbst verhaßt
Und, gegen diese, häßlich, bös und stinkend,
So mild ist sie, so hell und freudeblinkend.

Dem Lichtpalaste nähert sich der Schauer
Und hemmt, betäubt von Staunen, seinen Pfad.
Aus *einem* Edelstein besteht die Mauer,
Von röterm Glanz, als der Karfunkel hat.
O Wunderwerk! Dädalischer Erbauer!
Wo ist bei uns ein Werk, das *diesem* naht?
Nun schweige nur ein jeder, der die sieben
Weltwunder rühmt so laut und übertrieben.

Um im beglückten Haus ihn zu empfangen,
Naht sich ein würd'ger Greis dem Paladin.
Rot ist des Mantels, weiß des Kleides Prangen,
Dies gleich der Milch und jenes dem Karmin.
Weiß sind die Locken, weiß sind ihm die Wangen
Von Haaren, die bis auf die Brust sich ziehn.

Ehrwürdig ist sein Antlitz anzuschauen,
Den Auserwählten gleich in Edens Auen.

Er sprach zu ihm, der ehrerbiet'gerweise
Vom Rosse stieg, mit heitrem Angesicht:
»O Held, den Gott geführt auf seltnem Gleise
Zu dieses Ird'schen Paradieses Licht,
Verstehst du gleich die Absicht deiner Reise,
Den wahren Endzweck deiner Sehnsucht nicht;
Doch glaube nur, dir ist die Bahn vom Norden
Nicht ohn' ein tief Geheimnis frei geworden.

Zu lernen, wie dem Kaiser beizustehen,
Der Glaub' aus der Gefahr zu retten sei,
Kamst du, um hier mit Rat dich zu versehen,
Auf langem Weg ohn' allen Rat herbei.
Doch leg, o Sohn, das Heil, das dir geschehen,
Nicht deiner Klugheit, deinem Mute bei;
Denn nicht dein Horn und nicht dein Roß mit Schwingen
Half dir dazu, gab Gott nicht das Gelingen.

Es ist noch Zeit, dies weiter auszuführen,
Und alles, was du tun sollst, sag' ich dir.
Du mußt Beschwer vom langen Fasten spüren,
Drum komm und letze dich zuvor mit mir.«
Der Greis hört nicht zu reden auf im Führen
Und setzt den Herzog in Erstaunen schier,
Ihm sagend, er sei's, der, von Gott getrieben,
Das Evangelium des Herrn geschrieben;

Johannes, den der Herr geliebt vor allen,
Von dem die Rede bei den Brüdern scholl,
Er werde nie anheim dem Tode fallen;
Von welchem Gottes Sohn so gnadenvoll

Zu Petrus sprach: »Weshalb kann dir mißfallen,
Daß er mein Kommen *so* erwarten soll?«
Sagt' er auch nicht: »Er soll den Tod nicht tragen«,
So sieht man doch, er wollte dieses sagen.

Er kam hieher und fand Gesellschaft oben;
Denn früher kam Erzvater Henoch an,
Prophet Elias ward hieher erhoben,
Die beide nicht den letzten Abend sahn;
Und sie, der bösen Pestluft überhoben,
Genießen hier den ew'gen Lenz fortan.
Bis die Posaun' ankündigt allem Volke,
Christ kehre wieder auf der weißen Wolke.

Sehr freundlich ward dem Paladin indessen
Von diesen Heil'gen Wohnung hier verliehn;
Und auch sein Flügelroß ward nicht vergessen,
Man reicht' ihm Korn, soviel genügend schien.
Ihm selber gab man Edens Frucht zu essen,
Von solchem Wohlschmack, daß der Paladin
Das erste Paar sich fast entschuldigt dachte,
Wenn solches Obst es ungehorsam machte.

Nachdem Astolf, erschöpft von weiter Reise,
Der menschlichen Natur den Zoll gebracht,
Der ihr gebührt, sowohl an Ruh' als Speise
(Denn alles Nöt'ge ward hier wohl bedacht),
Und nun Aurora scheidet von dem Greise,
Den ihr sein Alter nie verhaßt gemacht;
So sah er schon, dem Lager kaum entnommen,
Den gottgeliebten Jünger zu sich kommen.

Der Heil'ge, da er ihm die Hand gegeben,
Sprach erst von manch geheimem Gegenstand.

Dann sagt' er: »Sohn, du kommst aus Frankreich eben.
Doch ist, was dort geschah, dir unbekannt.
Wiss', euern Roland, der auf falsches Streben
Die Gaben, die ihm anvertraut, gewandt,
Ihn strafte Gott, der, wen er liebt am mehrsten,
Wenn dieser sich empört, auch straft am schwersten.

Eu'r Roland, welchem Gott, als er geboren,
Die höchste Kraft, den höchsten Mut verliehn
Und daß kein Stahl vermag ihn zu durchbohren,
Was menschlicher Natur zuwider schien;
Dieweil er zu dem Amt ihn auserkoren,
Den heil'gen Glauben aus Gefahr zu ziehn,
So wie er den Philistern einst zum Trutze
Den Simson schickte zu der Juden Schutze.

Eu'r Roland hat für die so reich gewährte
Wohltat des Herrn ihm schlechten Dank gebracht.
Denn als sein Volk am meisten ihn entbehrte,
Hatt' er, ihm beizustehn, am mindsten acht;
Weil frevlerische Liebe ihn verzehrte
Zu einer Heidin, so, daß er gedacht,
Zweimal und mehr, mit mörderischen Waffen
Den treuen Vetter aus der Welt zu schaffen.

Drum machte Gott, daß er mit nackten Lenden
Und Bauch und Brust als Toller rennt umher,
Und ließ ihm den Verstand entziehn und blenden;
Nun kennt er andre, kennt sich selbst nicht mehr.
So, lesen wir, erlitt von Gottes Händen
Nebukadnezar einst die Strafe schwer;
Denn sieben Jahre lang, von Wut besessen,
Hatt' er, gleich Ochsen, Gras und Heu zu fressen.

Doch weil der Graf in viel geringrem Grade
Als jener Fürst der Sünde schuldig ist:
So setzt, zur Büßung seiner Schuld, die Gnade
Des Höchsten ihm drei Monde nur zur Frist.
Und wisse nun, daß du auf solchem Pfade
Hieher gelangt nur zu dem Zwecke bist,
Um zu empfahn von uns die sichre Kunde,
Wie Roland von der Raserei gesunde.

Wahr ist's, noch andre Reise muß geschehen,
Und ganz verlassen mußt du diese Welt.
Du sollst mit mir zum Mond hinübergehen,
Der von Planeten uns zunächst sich hält;
Denn dort nur ist die Arzenei zu sehen,
Die Rolands Geister wiederum erhellt.
Wenn in der nächsten Nacht der Mond uns über
Dem Haupte steht, so reisen wir hinüber.«

So über dies, wie andres mehr, verbreitet
Der Jünger sich am Tage gegen ihn.
Doch als ins Meer hinab die Sonne gleitet
Und oben nun des Mondes Horn erschien,
Ward alsobald ein Wagen zubereitet,
Den man gebraucht, die Himmel zu durchziehn,
Der in Judäas Bergen, wie wir wissen,
Elias einst dem ird'schen Blick entrissen.

Vier Rosse, die der Flammen Rot besiegen,
Spannt an die Deichsel nun der heil'ge Mann,
Und als er mit Astolfen eingestiegen,
Nimmt er den Zaum und treibt sie himmelan.
Der Wagen eilt, die Lüfte zu durchfliegen,
Und langt gar bald im ew'gen Feuer an;

Wobei jedoch, solang' er es durchrannte,
Der Greis das Wunder tat, daß es nicht brannte.

Dem Feuerkreis entronnen, führt zum Reiche
Des Mondes sie nunmehr ihr kühner Pfad.
Sie sehn, daß dieser fast dem Stahle gleiche,
Der, gut geglättet, keinen Flecken hat,
Und daß er unsre Kugel wohl erreiche
An Größ' und Umfang, oder bald ihr naht;
Die Erdenkugel, sag' ich, samt dem Meere,
Das rings umgibt und einengt ihre Sphäre.

Zweifach erstaunt den Herzog, zu erfahren,
Daß dieses Land so groß ist nahebei,
Das, angeschaut von Erdbewohnerscharen,
Aussieht, als ob's ein kleiner Teller sei;
Und daß er, um die Erde zu gewahren
Mitsamt dem Meer, die Augen alle zwei
Sehr schärfen muß; denn leer an eignem Lichte,
Erhebt ihr Bild sich wenig zum Gesichte.

Ganz anders als auf unserm Erdenkreise
Sind oben dort die Felder, Flüsse, Seen;
Die Ebnen, Täler, Höh'n von andrer Weise,
Mit Städten und mit Schlössern wohl versehn,
Mit Häusern, die Astolf auf keiner Reise,
Vorher noch nachher, je so groß gesehn.
Auch weite Wälder gibt's im Mondgefilde,
Wo stets die Nymphen jagen nach dem Wilde.

Der Herzog will nicht alles dies erkunden,
Denn nicht deswegen kam er ja hieher;
Und in ein Tal, von Bergen rings umwunden,
Geleitet der Apostel ihn nunmehr,

Wo wunderbarlich alles wird gefunden,
Was man verliert, es sei durch Ungefähr,
Durch Zeit, durch Schicksal, durch Versehn: dort oben
Wird, was man hier verloren, aufgehoben.

Nicht Reiche nur und Schätze, will ich sagen,
Die oft das unbeständ'ge Rad versehrt;
Auch jenes alles wird dorthin getragen,
Was uns das Glück nicht nimmt und nicht gewährt.
Dort oben ist viel Ruhm, den mit dem Nagen
Des Holzwurms hier die läng're Zeit verzehrt,
Gelübde sind alldort, Gebet' ohn' Ende,
Die von uns Sündern gehn in Gottes Hände.

Dort finden sich der Liebe Seufzer, Tränen,
Die leere Zeit, die man beim Spiel verbringt,
Die Muße, die Unwissende vergähnen,
Die eiteln Pläne, die man nie vollbringt.
In solcher Meng' ist das vergebne Sehnen,
Daß es des Raumes größten Teil verschlingt.
Was du verloren hier, mit einem Worte,
Das alles findest du an jenem Orte.

Der Ritter fragt, indem er manche Gänge
Durch diese Haufen macht, gar vielerlei.
Geschwollner Blasen sieht er eine Menge,
Und drinnen schallt's wie Aufruhr und Geschrei.
Er hört, daß dies das alte Staatsgepränge
Der Lydier, Perser und Assyrer sei,
Der Griechen auch, so hochberühmt vor Jahren,
Und deren Namen wir noch kaum bewahren.

Nicht weit davon sind Gold- und Silber-Angeln
In großer Zahl; und dies sind insgemein

Geschenke, die, um Gnaden zu erangeln,
Man Kön'gen, Fürsten, Gönnern pflegt zu weihn.
Auch Schlingen gibt's, die nicht der Blumen mangeln
Zur Hüll' und Zier; dies sind die Schmeichelei'n.
Auch sieht man in Gestalt geplatzter Heimchen
Die manchen Herrn gesungnen Ehrenreimchen.

Goldketten, steingeschmückte Fesseln deuten
Liebschaften an, die schlecht zu Ende gehn.
Die Adlerklau'n sind Macht, die ihren Leuten
Oft unvorsicht'ge Fürsten zugestehn.
Die Blasebälge mit gespannten Häuten
Sind Fürstenrauch und Gunst, die leicht verwehn,
Den Ganymeden erst erzeigte Güte,
Die bald entweicht mit ihrer Jahre Blüte.

Von Stadt und Schloß sind Trümmer hier zu schauen,
Die man mit großen Schätzen zugedeckt;
Traktate sind's, erfährt er im Vertrauen,
Und die Verschwörung, die sich schlecht versteckt.
Auch Schlangen gibt's mit dem Gesicht von Frauen:
Das Werk, das Dieb' und Münzer ausgeheckt;
Zerbrochne Flaschen auch von mehrern Sorten:
So zeigt elender Höfe Dienst sich dorten.

Auch Suppen sieht er stehn in großen Tassen,
Und fragt den Lehrer, was denn diese sei'n.
Almosen sind's, die einer hinterlassen,
Um nach dem Tod der Armut sie zu weihn.
Er geht vorbei an großen Blumenmassen,
Wohlriechend einst, jetzt stinkend ungemein:
Und das Geschenk war dieses (darf man's sagen),
Das Konstantin Sylvestern übertragen.

Leimruten sieht er dort in großer Menge,
Und dies ist euer Reiz, ihr schönen Frau'n.
Zu lange währt's, wenn ich das alles sänge,
Was man dem Herzog wies in jenen Au'n.
Ich glaube nicht, daß ich das End' erzwänge,
Denn was hier vorkommt, das ist dort zu schau'n.
Nur Torheit gab's nicht viel noch wenig oben:
Denn die bleibt hier, wird nie vom Fleck gehoben.

Auf ein'ge Werk' und Tage von den seinen
Stößt nun Astolf, die er verloren hat.
Er kennt sie nicht, so wie sie hier erscheinen,
Wenn kein Erklärer jetzt ins Mittel trat.
Nun kommt, was alle so zu haben meinen,
Daß keiner je den Höchsten darum bat:
Das heißt, Verstand; und dessen Haufen machen
Allein mehr aus als all die andern Sachen.

Als feiner Liquor war er hier zu sehen,
Der, nicht sehr fest verschlossen, leicht verraucht.
Man sah in Flaschen aller Art ihn stehen,
Groß oder klein, wie man sie nun gebraucht.
Die ließ sich als die größte leicht erspähen,
Die den Verstand des Grafen eingebaucht.
Man kannte sie aus allen, die hier blieben:
»Rolands Verstand« war draußen angeschrieben;

Wie auf den andern auch Inschriften standen,
Wodurch man, wes Verstand es sei, erfährt.
Auch von Astolfs Verstand war viel vorhanden;
Doch schien ihm *dies* weit größern Staunens wert,
Daß Namen von so vielen hier sich fanden,
Die, glaubt' er, niemals einen Gran entbehrt.

Und nun entdeckt sich's, daß sie wenig haben,
Denn er befand sich hier in großen Gaben.

Der kam durch Liebe drum, und der durch Ehre;
Durch Hoffnung der, die er auf Fürsten setzt;
Der, da er Reichtum sucht' auf falschem Meere;
Der, durch Gemäld' und Edelstein' ergetzt;
Und dieser durch der Zauberkunst Chimäre,
Und der durch andres, was er höher schätzt.
Auch den Sophisten und den Astrologen,
Den Dichtern auch, war viel davon entzogen.

Der Herzog nahm, da dies ihm zugegeben
Von dem Apostel ward, sein Fläschchen fort.
Bloß an die Nase braucht' er es zu heben,
So zog denn der Verstand an seinen Ort.
Daß er gar lange Zeit ein weises Leben
Seitdem geführt, gibt uns Turpin sein Wort;
Bis ihn hernach ein Fehler, den er machte,
Um sein Gehirn zum zweiten Male brachte.

Die größte Flasche nahm er aus dem Kreise,
Mit dem Verstand des Ritters von Anglant.
Ihm schien, daß jetzt sie minder leicht sich weise,
Als er gedacht, da sie bei andern stand.
Eh nun der Paladin begann die Reise
Aus dieser Lichtsphär' in das untre Land,
Ward er vom Jünger in ein Schloß geleitet,
An dessen Seit' ein Fluß vorübergleitet.

Von Flocken voll sind dieses Schlosses Hallen;
Baumwolle, Wolle, Seid' und Flachs sind hier,
Buntfarbig, schön und häßlich, wie's gefallen.

Ein greises Weib im vordersten Revier
Weift emsiglich aus diesen Flocken allen
Die Fäden aus; so sehn im Sommer wir
Die Fäden ziehn aus dem benetzten Kleide
Des Seidenwurms, beim Sammeln neuer Seide.

Man bringt hernach hinweg die vollen Weifen
Und neue her, so daß es nie gebricht.
Ein andres Weib trennt von den garst'gen Streifen
Die schönen ab, denn jene scheidet nicht.
»Welch Werk ist dies? Ich kann es nicht begreifen«;
So sagt Astolf, und der Apostel spricht:
»Die Alten sind die Parzen, die das Leben
Euch Sterblichen aus solchen Fäden weben.«

BRADAMANTE UND MARFISA

Daß Rüdiger und Bradamante sich lieben, steht außer Frage, daß sie vom Schicksal füreinander bestimmt sind, ist sicher. Aber unbestreitbar ist auch, daß sie bisher nicht viel Zeit miteinander verbringen konnten. Jedesmal, wenn sie sich wiederfinden, nach Überwindung von hundert Widrigkeiten, passiert etwas, das sie zwingt, sich wieder zu trennen: Entweder es erscheint ein klagendes Edelfräulein, das um Hilfe für einen Unschuldigen bittet, oder sie erhalten eine Herausforderung, die man nicht ablehnen kann, oder der bedrängte König Agramante ruft seine in alle Welt zerstreuten Ritter ins bedrohte Lager zurück. Was wird Rüdiger tun, der seiner Bradamante versprochen hat, so schnell wie möglich zu ihr zu kommen, um sich zum Christen taufen zu lassen und bei ihrem Vater, Herzog Haimon von Montalban, um ihre Hand anzuhalten?

Rüdiger kann es gar nicht erwarten, zum Christentum überzutreten und sich zu vermählen, aber vorher will er sein Gewissen als mohammedanischer Offizier ins reine bringen, da es sonst so aussehen könnte, als wechsle er die Religion, um sich seiner Pflicht zu entziehen. So schreibt er einen Brief an Bradamante, um ihr die Sache zu erklären, und begibt sich ins sarazenische Lager. Dort muß er entdecken, daß die Zwietracht seine edelsten Waffengefährten entzweit hat, und auch er selbst wird in Zwistigkeiten hineingezogen; mit Mandricard kommt es zu einem so erbitterten Zweikampf, daß es scheint, als würden ihn beide nicht überleben. Doch dann muß nur der Tatarenkönig sterben; Rüdiger kommt mit dem Leben davon, bleibt aber eine Weile schwer angeschlagen. Derweil sitzt Bradamante wartend in Schloß Montalban.

Folgt man Rüdiger Schritt für Schritt, so könnte man meinen, er litte unter einer dauernden Unschlüssigkeit, aber der Eindruck täuscht. Als loyaler Vasall, umherziehender Ritter, Verlobter, von den Sternen Auserwählter und künftiger Stammvater des Hauses Este ist Rüdiger vor allem einer, der viel zu tun hat: Seine Verpflichtungen häufen sich, und seine Programme sind stets überladen.

Bradamante kennt die Unvorhersehbarkeiten des Soldatenlebens, und obwohl sie vor Ungeduld brennt, würde sie auch wegen einer noch längeren Verzögerung niemals ihr Vertrauen in Rüdiger verlieren. Das Dumme ist nur, daß die Nachrichten, die sie ab und zu von vorbeikommenden Rittern erhält, immer auf die Gegenwart einer anderen Kriegerin, der Sarazenin Marfisa, an Rüdigers Seite verweisen. Mit Marfisa ist Rüdiger ins Lager geritten, mit ihr zusammen hat er gekämpft, sie war es, die ihn von den schweren Verletzungen nach dem Kampf mit Mandricard gesundgepflegt hat. Der Lagerklatsch verbreitet sich rasch durch ganz Frankreich und braucht nicht lange, um sich als stechender Pfeil in Bradamantes Herz festzusetzen, so daß sie vor Wut und Eifersucht beinahe platzt. Sie zu betrügen, noch dazu mit einer Kriegerin ihres Schlages, mit ihrer direktesten Konkurrentin und Gegnerin! Ihre Wut schlägt in Verzweiflung um, und schon will Bradamante das Schwert gegen sich selbst richten, aber ihr Schutzengel bewahrt sie davor und fordert sie auf, ihrem Zorn im Kampf Luft zu machen, sprich: den treulosen Rüdiger und die Rivalin Marfisa herauszufordern.

Bradamante macht sich auf den Weg ins Lager Agramantes. Bei Paris sind die Sarazenen vernichtend geschlagen worden, und nun haben sie sich nach Arles in der Provence zurückgezogen. Auf dem Wege dorthin hat Bradamante wie üblich Gelegenheit, kühne Taten und großherzige Unternehmungen zu vollbringen, aber sie vollbringt sie trübselig und mechanisch, in Gedanken woanders.

Dabei ist eine dieser Unternehmungen nichts Geringeres als der rituelle Zweikampf, den Rodomonte allen Rittern aufzwingt, die seine schmale Brücke überqueren wollen. Die gramgebeugte Fleurdelys hat Bradamante gebeten, dorthin zu kommen und ihren geliebten Brandimart zu befreien, der im Kampf mit Rodomonte unterlegen war und von ihm gefangengenommen worden ist. Der König von Algier hat noch nie Glück bei den Frauen gehabt: Bradamante besiegt ihn, und darüber gerät er so in Rage, daß er sich die Rüstung vom Leibe reißt, sie mit Füßen tritt und davonläuft, um sich für immer in einer Höhle zu verkriechen.

Bradamante findet zwar Rüdigers Pferd Frontin wieder, aber Brandimart kann sie nicht befreien, da Rodomonte seine Gefangenen schon nach Algerien geschickt hat. Die verzweifelte Fleurdelys will sich in Arles auf ein Schiff begeben, um dem Geliebten übers Meer zu folgen. Bradamante bittet sie, vorher in Arles kurz bei Rüdiger vorbeizuschauen, um ihm sein Pferd zurück- und eine anonyme Herausforderung zum Zweikampf zu überbringen.

Fleurdelys geht ins Lager von Arles, Bradamante bleibt draußen. Rüdiger, der wieder genesen ist, nimmt Pferd und Herausforderung in Empfang – eine Artigkeit, gepaart mit einer Beleidigung, wer mag der unbekannte Herausforderer sein? Neugier kommt unter den sarazenischen Rittern auf, einer von ihnen, Serpentin, bittet den König und erhält die Erlaubnis, als erster die Herausforderung anzunehmen. Bradamante wirft ihn mühelos aus dem Sattel. Dann gibt sie ihm sein Pferd zurück und läßt ihm im Lager ausrichten, man solle ihr einen besseren Gegner schicken. Nicht anders ergeht es dem zweiten, Grandonio von Volterra. Als dritter kommt Ferragu. »Du bist ein würdiger Gegner«, sagt Bradamante, »aber ich will einen anderen.«

»Und wen?«

»Rüdiger«, sagt Bradamante heftig errötend. Dann prescht sie mit eingelegter Lanze vor. Ferragu hat sie erkannt. Er hält sich keine Minute im Sattel. Jetzt muß Rüdiger in den Kampf, es gibt keinen Ausweg mehr.

Rüdiger legt die Rüstung an. Der besiegte Ferragu kommt zu ihm gelaufen. »Sag, weißt du eigentlich, gegen wen du kämpfen wirst? Gegen Bradamante!«

Jetzt ist es an Rüdiger, heftig zu erröten.

In diesem Moment sprengt Marfisa an Rüdiger vorbei auf den Kampfplatz, um gegen Bradamante anzutreten. Die beiden rivalisierenden Kriegerinnen stehen sich Aug' in Auge gegenüber, Marfisa mit einem Phönix auf dem Helm, Bradamante mit ihrem weißen Helmbusch. Sie gehen wie Raubtiere aufeinander los. Bradamante, stark durch ihre Zauberlanze, wirft Marfisa aus dem Sattel, aber die Sarazenin kämpft zu Fuß weiter. Die anderen Sarazenen strömen auf den Kampfplatz; Rüdiger ist unter ihnen, aber sein Herz ist schon gespalten. Kaum hat Bradamante ihn erblickt, hat sie nur noch Augen für ihn; mitten im Kampfgetümmel finden sie Gelegenheit, sich Worte der Eifersucht und der Liebe zuzuraunen. Doch Bradamante hält es nicht aus, sich mit ihrem Geliebten zu schlagen; sie flieht in einen Zypressenhain, in dem sich ein marmornes Grabmal befindet. Marfisa folgt ihr, und sie nehmen den Kampf wieder auf. Da erscheint Rüdiger, der ihnen ebenfalls gefolgt ist, und greift ein, um die beiden zu trennen. Marfisa fühlt sich von ihm beleidigt und kehrt das Schwert gegen ihn. Er holt zu einem furchtbaren Schlag aus, der sich zum Glück in einer Zypresse verfängt. Die Erde erbebt, und aus dem Grab ertönt eine Stimme: »Kein Streit sei zwischen euch! Wisset, Rüdiger und Marfisa, ihr beiden seid Bruder und Schwester, ja mehr noch: Zwillinge!« (XXXVI, 12–59):

> Held Rüd'ger, der die Fordrung froh gewährte,
> Verlangte gleich, die Waffen zu empfahn.
> Jetzt, da er vor dem König sich bewehrte,
> Fing das Gespräch der Herren wieder an.
> Wer dieser Ritter sei von solchem Werte,
> Der solche Wunder mit dem Speer getan.
> Man fragte Ferragu, der vor dem Rennen
> Mit jenem sprach, ob er ihn mocht' erkennen.
>
> »'s ist keiner«, sagte Ferragu, »von denen,
> Die ihr genannt, das glaubt mit Zuversicht.
> Ich mußt' ihn fast Rinaldos Bruder wähnen,
> Als ich enthüllt erblickte sein Gesicht:
> Doch ich empfand die Stärke seiner Sehnen,
> Und Richardett, ich weiß, hat diese nicht.
> Vielleicht ist's seine Schwester, Bradamante,
> Die man mir oft als jenem ähnlich nannte.
>
> Wohl sagt der Ruf, daß sie den Paladinen,
> Und selber dem Rinald, an Stärke gleicht;

Doch glaub' ich nun, wie sie mir heut erschienen,
Daß ihr der Bruder, ja, der Vetter weicht.«
Dies hörend, ändert Rüd'ger schnell die Mienen;
Ein Rot, wie das des Morgens, überschleicht
Hellglühend sein Gesicht; er fühlt, daß innen
Sein Herz erbebt, und weiß nicht, was beginnen.

Er fühlt sein Herz, wie er die Kund' empfangen,
Von Liebespfeil verletzt, im hellen Brand
Und fühlt zu gleicher Zeit, von Furcht befangen,
Wie Eiseskält' ihm alle Glieder spannt;
Von Furcht, es sei in neuem Groll vergangen
Die Liebesglut, die sie für ihn empfand.
So zweifelt er, verwirrt und ganz beklommen,
Ob er zurück soll bleiben oder kommen.

Um diese Zeit befand sich dort Marfise,
Voll von Begier, hinauszugehn zur Schlacht.
Sie war in ganzer Wehr; denn wann auch wiese
Die Heldin anders sich bei Tag und Nacht?
Als Rüd'ger nun sich rüstet, denket diese,
Sie werde hier um einen Sieg gebracht,
Läßt sie den Rüd'ger erst zum Kampfe schreiten;
Drum will sie hin und selbst den Preis erstreiten.

Sie springt aufs Roß und eilt mit raschem Streben
Hinaus, wo Haimons Tochter auf dem Plan
Jetzt Rüd'gers harrt mit mächt'gem Herzensbeben,
Begierig, ihn zu werfen auf die Bahn,
Und nur bedacht, die Lanze so zu heben,
Daß er den Stoß nicht mag zu hart empfahn.
Nun kommt Marfisa, durch die Pforte jagend
Und einen Phönix auf dem Helme tragend;

Sei's nun aus bloßem Hochmut, um zu weisen,
Daß es im Kampf nicht ihresgleichen gibt,
Sei's, um den keuschen Vorsatz anzupreisen,
Daß sie sich nimmer einem Mann ergibt.
Die andre läßt auf ihr die Blicke kreisen;
Doch die Gestalt nicht sehend, die sie liebt,
Fragt sie, wie sie sich nennt, und muß nun wissen,
Die sei's, die den Geliebten ihr entrissen;

Vielmehr, von der sie glaubt, in ihrem Wähnen,
Daß sie's getan, die sie so herzlich haßt,
Daß, wenn sie jetzt an dieser ihre Tränen
Nicht rächen kann, sie sicher gleich erblaßt.
Sie schwenkt ihr Roß und kommt mit wildem Sehnen,
Nicht, um sie hinzuwerfen; um der Last
Des Argwohns sich auf immer zu entschlagen,
Wünscht sie, den Speer ihr durch die Brust zu jagen.

Marfisa muß bei diesem Stoß sich legen
Und spürt, ob hart der Boden ist, ob weich.
Fast muß der Ärger Wahnsinn ihr erregen,
So ungewohnt ist ihr ein solcher Streich.
Kaum Fuß gefaßt, entblößt sie schnell den Degen,
Um ihren Fall zu rächen alsogleich.
Doch jene ruft, von gleichem Stolz befangen:
»Was willst du tun? Ich nehme dich gefangen.

Behandelt' ich die andern auch mit Güte,
Verfahr' ich so mit dir, Marfisa, nicht;
Denn allen Hochmut trägst du im Gemüte,
Und Schlechtheit jeder Gattung, wie man spricht.«
Marfisa, dies vernehmend, knirscht' und sprühte,
Wie wenn der Seewind sich an Klippen bricht.

Sie schreit; doch ganz verwirrt von Wut und Grimme,
Versagt sich ihr zur Antwort Red' und Stimme.

Sie schwingt den Stahl, ohn' eben zu bedenken,
Ob sie die Feindin, ob das Roß verletzt;
Doch Haimons Tochter dreht mit leichtem Schwenken
Des Pferdes Zaum, das schnell zur Seite setzt.
Sie eilt zu gleicher Zeit, den Speer zu senken,
Von Haß und Zorn im Innern angehetzt;
Und kaum berührt der Speer Marfisa wieder,
So liegt sie rücklings auf dem Sande nieder.

Sie zaudert nicht, sich wieder zu erheben,
Und haut von neuem auf die Feindin los;
Doch Bradamante regt den Speer nur eben,
Und wieder fällt Marfisa bei dem Stoß.
War Bradamanten auch viel Kraft gegeben,
Doch war die Überstärke nicht so groß,
Daß sie mit jedem Ruck sie niederstreckte,
Wenn solche Kraft nicht in der Lanze steckte.

Indessen kamen von der Franken Seite
Verschiedne Ritter her auf diesen Plan,
Der beide Lager schied und dessen Weite
Kaum eine Viertelmeile mocht' umfahn,
Wo sie mit Lust in diesem seltnen Streite
Die große Tapferkeit des Ihren sahn;
Des Ihren, doch von dem sie mehr nicht wußten,
Als daß sie ihn für fränkisch halten mußten.

Kaum mag Trojans hochherz'ger Sohn gewahren,
Daß diese dort so nah den Mauern stehn,
So scheint ihm gut, auf mögliche Gefahren
In jedem Fall sich weislich vorzusehn.

Drum heißt er schnell sich rüsten ein'ge Scharen,
Die als Bedeckung aus den Schanzen gehn;
Mit diesen Rüd'ger, dem Marfisens Eile
Den Kampf geraubt, der ihm gebührt zum Teile.

Dort stand der Jüngling nun, von Lieb' entglommen,
Den Zweikampf schauend, und verlor den Mut,
Von Sorgen für die teure Braut beklommen;
Marfisens Stärke kannt' er nur zu gut.
Von Sorgen, sag' ich, anfangs eingenommen,
Als jene zwei losbrachen voller Wut;
Doch als er nachmals den Erfolg gesehen,
Blieb er mit Staunen und Verwundrung stehen.

Dann sehend, daß ihr Streit sich nicht entscheide,
Mit *einem* Stoß, wie's bei den andern war,
Fühlt er sein Herz gepreßt von bittrem Leide,
Aus Furcht, ein Unfall treffe dieses Paar.
Er wünschet Wohl und Sicherheit für beide;
Denn beide liebt er, ob verschieden zwar.
Für diese fühlt er wilde, heiße Triebe,
Für jene mehr Gewogenheit als Liebe.

Den Kampf zu trennen fühlt er groß Verlangen,
Wenn's mit der Ehre nur verträglich sei.
Die andern aber, die mit ihm gegangen,
Befürchtend schon, es siege Karls Partei,
Die fast die Oberhand scheint zu erlangen,
Ziehn, um den Kampf zu stören, rasch herbei.
Die Christenritter auch nahn dem Gedränge
Von jenseits, und es kommt zum Handgemenge.

Schnell zu den Waffen rufen beide Teile,
Wie hier fast täglich pflegte zu geschehn.

»Auf! Steigt zu Roß! Bewaffnet euch in Eile!
Ein jeder muß bei seinem Banner stehn!«
So rufen die Trompeten sonder Weile,
Die kriegrisch hallend durch das Lager gehn:
Und so wie *sie* den Schlachtenmut der Reiter,
Weckt Pauk' und Becken den der andern Streiter.

Das Kampfgewühl im Augenblick entbrannte,
Wie sich's nur denken läßt, so wild und toll.
Die heldenmüt'ge Jungfrau, Bradamante,
Von heftigem Verdruß und Ärger voll,
Daß das, worauf sie all ihr Sehnen wandte,
Marfisens Tod, ihr nicht gelingen soll,
Sprengt auf dem Felde wild umher und trachtet
Nur Rüd'ger zu erschau'n, nach dem sie schmachtet.

Am Silberadler, den auf blauem Schilde
Der Jüngling trägt, wird er von ihr erkannt.
Sie hält und richtet nach dem teuren Bilde
Gedank' und Blick, betrachtet unverwandt
Die Brust und Schultern, der Bewegung Milde,
Den schlanken Bau; doch dann, von Zorn entbrannt,
Daß einer andern der Genuß geblieben,
Spricht sie dies Wort, von heißer Wut getrieben:

»Ein andres Weib soll diese Lippen küssen,
Ach! denen ich nicht Küsse darf verleihn?
Nein! werd' ich selber dich entbehren müssen,
So sollst du mindstens keiner andern sein!
Mit mir hinab komm zu den dunklen Flüssen,
Eh mich die Wut hinunterreißt allein.
Die Hölle soll, verlor ich dich im Leben,
Auf ewig dich mir zum Begleiter geben.

Du tötest mich, drum darfst du nicht vermeiden,
Der Rache Trost zu bieten meiner Not;
Denn alle Rechtssprüch' und Gesetz' entscheiden:
Wer andre tötet, leide selbst den Tod!
Doch wirst du wen'ger noch als ich erleiden;
Du stirbst mit Recht, ich wider Rechts Gebot.
Ich töte den, der meinen Tod begehrte,
Doch du, Barbar, die, so dich liebt' und ehrte.

Warum, o Hand, warum noch länger zagen,
Des Feindes Herz zu öffnen mit dem Stahl?
In Sicherheit der Lieb', in Friedenstagen,
Verletzt' er tödlich mich so manches Mal,
Kann selber jetzt noch mich zu töten wagen
Und schenkt kein Mitleid meiner bittren Qual.
Kühn, starker Mut, kühn wider diesen Frechen!
Sein Tod soll mich für tausend Tode rächen!«

So sprengt sie auf ihn los mit heißem Grollen,
Doch ruft sie: »Nimm, Treuloser, dich in acht!
Du wirst nicht prunken mit der Beute sollen
Des Mädchenherzens, bleibt mir irgend Macht.«
Er dachte wohl, als diese Stimm' erschollen,
Es sei die Braut, und hatte recht gedacht;
Denn diesen Klang, tief im Gedächtnis hausend,
Ihn kennt er augenblicklich unter tausend.

Leicht sah er ein, sie woll' an ihm sich rächen
Und klag' ihn an mit diesen Worten hier,
Daß er es wagte, den Vertrag zu brechen,
Den sie gemacht; deshalb nun winkt er ihr,
Er wolle zur Entschuld'gung mit ihr sprechen;
Sie aber, mit geschloßnem Helmvisier,

Sprengt ihm, gespornt von Schmerz und Wut, entgegen,
Um, wo vielleicht kein Sand, ihn hinzulegen.

Da Rüd'ger sie so heftig sieht entglommen,
Macht er sich wehrhaft und schließt fester an;
Doch der gefällte Speer wird so genommen,
Daß er die Schöne nicht verletzen kann.
Die Jungfrau, die erbarmungslos gekommen,
Um zu durchbohren den gehaßten Mann,
Vermag, indem sie naht, sich nicht zu zwingen,
Ihn hinzuwerfen, ihn in Schmach zu bringen.

So blieben denn, ohn' etwas zu entscheiden,
Die Lanzen leer; auch war es wohl genug,
Daß Amor schon ein Stechen hielt mit beiden
Und in ihr Herz die Liebeslanze schlug.
Die Jungfrau nun, die Rüd'gers Schmach zu leiden
Nicht fähig ist, lenkt ihres Zornes Flug
Nach anderm Ort, um Taten zu vollführen,
Die ihren Ruhm ans Ziel der Tage führen.

So viele wirft sie mit dem goldnen Speere,
Daß an dreihundert wenig wohl gebricht,
Sie schlägt allein in Flucht der Mohren Heere,
Sie ist's allein, die heut den Sieg erficht.
So lang' irrt Rüd'ger in die Läng' und Quere,
Bis er ihr naht und ruft: »Hörst du mich nicht,
So ist's mein Tod. Was tat ich dir, o wehe!
Daß du mich fliehst? O höre mich, ich flehe!«

Wie vor dem Wind, von Mittag hergetragen,
Der übers Meer mit lindem Hauche wallt,
Der Schnee, der Strom sich löst in wenig Tagen,
Das Eis, noch eben von so festem Halt:

So auch erweicht bei diesen kurzen Klagen,
Bei diesem Flehn die Schwester des Rinald
Ihr Herz zum Mitleid, das, dieweil sie grollte,
Der strenge Zorn zu Marmor härten wollte.

Sie will, sie kann nicht Antwort ihm erteilen;
Doch querfeldein spornt sie den Rabican,
Um weit vom Schlachtgefilde fortzueilen,
Und winket Rüd'ger mit der Hand heran.
Fern vom Getümmel lenkt sie ohne Weilen
Nach einem kleinen, bergumschloßnen Plan.
Zypressen standen auf des Platzes Mitte,
Sie schienen alle wie von *einem* Schnitte.

Ein hohes Grabmal stand im Haine dorten,
Von weißem Marmor, kürzlich erst gemacht.
Wer drinnen liege, war mit kurzen Worten
Zur Kunde des, der's wissen will, gebracht;
Doch als die Jungfrau nahte diesen Orten,
Gab sie, vermut' ich, auf die Schrift nicht acht.
Der Ritter folgt' ihr nach und spornt' und rannte,
Bis er den Busch erreicht' und Bradamante.

Doch daß ich wieder zu Marfisen kehre,
Die unterdes aufs Roß gestiegen war
Und jene sucht', die sie mit ihrem Speere
Auf *einen* Stoß hinwarf so wunderbar.
Sie sah die Heldin scheiden von dem Heere,
Sah Rüd'gern, der ihr nachfolgt' aus der Schar,
Und dachte nicht, daß er aus Liebe ginge,
Vielmehr, den Kampf zu enden mit der Klinge.

Sie spornt ihr Roß, um diesen nachzujagen,
Und kommt mit ihnen fast zugleich dort an.

Wer je geliebt, dem brauch' ich nicht zu sagen,
Wie ungern beide jetzt ihr Kommen sahn.
Am mindsten konnt' es Bradamant' ertragen,
Die hier zu sehn, die ihr solch Leid getan.
Denn wer bewirkt, daß ihr nicht glaublich bliebe,
Es sporne sie zu Rüd'gern her die Liebe?

Von neuem muß sie Rüd'gern untreu nennen:
»Treuloser«, ruft sie, »nicht genügt' es dir,
Daß ich durch Ruf soll deine Falschheit kennen,
Auch zeigen noch willst du sie selber mir?
Du willst, ich seh' es wohl, von mir dich trennen;
Sie sei erfüllt, die schmähliche Begier!
Ja, sterben will ich; aber mit mir sterben
Soll diese, die mich fortreißt ins Verderben.«

Erbost wie eine Viper fährt die Wilde
Mit diesen Worten auf Marfisen los
Und stößt mit ihrem Goldspeer nach dem Schilde
Und wirft so stark sie auf der Erde Schoß,
Daß halb ihr Helm sich eingräbt ins Gefilde.
Doch kam ihr nicht unvorgesehn der Stoß;
Vielmehr sie tat, was möglich war, dagegen
Und mußte doch ihr Haupt zur Erde legen.

Die Tochter Haimons, die den Tod will leiden,
Wenn nicht Marfisa stirbt, ist so entbrannt,
Daß sie den Speer verschmäht, der, nie zu meiden,
Bei jedem Stoß den Gegner wirft aufs Land.
Sie denkt vielmehr vom Rumpf das Haupt zu scheiden,
Das ja noch halb begraben ist im Sand.
Den goldnen Speer wirft sie aufs Feld hinunter,
Ergreift den Stahl und springt vom Roß herunter.

Allein sie kommt zu spät; denn wieder stehen
Sieht sie Marfisen schon, und so in Wut
(Weil sie so leicht sich mußte fallen sehen
Zum drittenmal, trotz aller ihrer Hut),
Daß des besorgten Rüd'ger Schrein und Flehen
Nicht stillen kann die zu gewalt'ge Glut.
So blenden Haß und Zorn die Kriegerinnen,
Daß sie wie Rasende den Kampf beginnen.

Sie kommen gleich bis auf die halben Klingen
Und eilen nun, von großem Zorn durchfacht,
So nah einander auf den Leib zu dringen,
Daß nur die Faust noch übrigbleibt zur Schlacht.
Die Schwerter jetzt, die keinen Nutzen bringen,
Wirft man hinweg, auf neuen Kampf bedacht;
Und Rüd'ger bittet, fleht voll heißen Strebens,
Doch alle seine Worte sind vergebens.

Um also mit Gewalt den Kampf zu enden
(Denn alles Flehn bringt nimmermehr Gewinn),
Eilt er, die Dolche beiden zu entwenden,
Wirft sie zu eines Baumes Füßen hin
Und sucht, ist nun kein Stahl in ihren Händen,
Durch Flehn und Drohn zu beugen ihren Sinn.
Allein umsonst; denn Faust und Ferse schaffen
Zum Kampfe Rat, beim Mangel andrer Waffen.

Doch Rüd'ger läßt nicht ab; bald die, bald diese
Zieht er zurück beim Arm und bei der Hand
Und treibt's so lange fort, bis nun Marfise
Sich gegen ihn entflammt von Zornesbrand.
Was hat die Welt, das *ihrer* wert sich wiese?
Auch Rüd'gers Freundschaft wird nicht mehr erkannt.

Sie reißt sich los von jener, faßt den Degen
Und wendet rasch sich Rüdigern entgegen:

»Schlecht ist es, Rüd'ger, fremdem Kampf zu wehren;
Du handelst frech und ohne Recht und Fug.
Doch diese Hand soll dich's bereuen lehren,
Euch beide zu besiegen ist sie g'nug.«
Er suchte noch zum Frieden sie zu kehren
Durch freundlich sanftes Wort; doch sie betrug
Sich gegen ihn als Übermüt'ge, Wilde,
Und Zeitverlust war jedes Wort der Milde.

Am Ende, selbst von Zorn gerötet, schickte
Sich Rüdiger zum Kampf und zog das Schwert.
Nicht Rom, Athen noch sonst ein Ort erblickte
Jemals ein Schauspiel, so des Sehens wert
Und das die Schauer so ergötzt', erquickte,
Wie *dieses* Freud' und Herzenslust gewährt
Der eifersuchtentglommnen Bradamante,
Indem es jeden Argwohn ihr verbannte.

Sie hatt' ihr Schwert vom Boden aufgenommen
Und stand, den Kampf betrachtend, still beiseit.
Dem Kriegesgott schien Rüd'ger gleichzukommen
An Kraft des Arms und an Geschicklichkeit;
Doch einer Furie, die, von Wut entglommen,
Der Höll' entstiegen, glich Marfis' im Streit.
Zu Anfang will der junge Held indessen
Sich nicht mit ihr in ganzer Stärke messen.

Er kennt die Kraft des Schwertes sondergleichen,
Womit er manche Probe schon gemacht.
Wohin es kommt, muß jeder Zauber weichen,
Verliert zum mindsten seine vor'ge Macht.

Drum läßt er immer flach die Klinge streichen
Und nimmt mit Schneid' und Spitze sich in acht.
So fährt er lange fort, sich vorzusehen,
Doch endlich mußt' ihm die Geduld entgehen.

Marfisa hebt, um ihm den Kopf zu spalten,
Zu einem fürchterlichen Hieb ihr Schwert.
Der Ritter eilt, den Schild emporzuhalten,
So daß der Streich auf seinen Adler fährt.
Ihn zu durchhau'n verbot des Zaubers Walten,
Doch wird des Arms Betäubung nicht verwehrt,
Und hatt' er andre jetzt als Hektors Waffen,
Konnt' ihm der wilde Hieb den Arm entraffen;

Und konnte dann ihm leicht das Haupt zerschlagen,
Wie es Marfisa wollt' in ihrer Wut.
Kaum kann er noch den schönen Adler tragen,
Kaum sich zu regen ist die Linke gut.
Drum will er allem Mitleid nun entsagen;
Aus seinen Augen sprüht's wie Fackelglut,
Und mächt'gen Stoß vollführt er im Erbos'n.
Weh dir, Marfisa, hätt' er *dich* gestoßen!

Das Eisen fuhr in eine der Zypressen;
Zu sagen, wie's geschah, vermag ich nicht.
Mit Spannen war die Wund' im Baum zu messen,
So sehr war dieser Ort von Bäumen dicht.
Erschüttert wurden Berg und Plan indessen;
Die Erde bebt und eine Stimme bricht
Aus jenem Grabmal im Zypressenhaine
Zugleich hervor; ihr glich auf Erden keine.

Die Schreckenstimme ruft: »Der Hader ende
Sich zwischen euch! Wild ist's und unerlaubt,

Wenn eine Schwester fällt durch Bruderhände,
Wenn Schwesterarm des Bruders Leben raubt.
Nicht eitel ist das Wort, das ich euch spende;
Marfisa, Rüd'ger, was ich sage, glaubt!
Ein Same hat das Dasein euch erkoren
In *einem* Schoß; ihr seid zugleich geboren.«

Die Stimme aus dem Grab ist die des Zauberers Atlas, der dort begraben liegt. Der alte Mann war am Schmerz darüber gestorben, daß er sein Mündel nicht länger zurückhalten konnte. Aus seiner Gruft enthüllt er nun Rüdigers und Marfisas Herkunft: wie ihr Vater, König Ruggiero von Risa (d. i. Reggio di Calabria), von seinen verräterischen Schwagern, die zur sarazenischen Seite übergelaufen waren, ermordet worden sei und wie ihre Mutter, nachdem sie in einem kleinen Boot übers Meer geflohen war, sie an einem einsamen Strand der Syrten (also irgendwo an der Küste Libyens) zur Welt gebracht habe und dabei gestorben sei. Er selbst, der Zauberer Atlas, habe die Zwillinge dann gefunden und aufgezogen, bis Marfisa von einer arabischen Räuberbande entführt worden sei.

Bradamantes Eifersucht, die zu der prächtigen Keilerei zwischen den beiden Amazonen geführt hatte, hat keine Daseinsberechtigung mehr. Marfisa wird ihre Schwägerin sein; sie hat schon beschlossen, unverzüglich zum Christentum überzutreten und auf seiten der Paladine zu kämpfen, um den Mord an ihrem Vater zu rächen. Bradamante erwartet, daß Rüdiger desgleichen tut. Aber Rüdiger bleibt den Prioritäten treu, die er sich gesetzt hat: Bevor er König Agramante bittet, ihn aus seinem Dienst zu entlassen, will er noch eine große Tat auf dem Schlachtfeld für ihn vollbringen, um seine Vasallenpflicht zu erfüllen. Der törichte Streit mit Mandricard und die dabei empfangenen Verletzungen hatten ihn bisher daran gehindert. Bradamante und das Schicksal müssen sich noch gedulden.

DER ZWEIKAMPF
ZWISCHEN RINALDO UND RÜDIGER

Es ist ein übler Moment, als Rüdiger ins Lager Agramantes nach Arles kommt. Als würden die Verluste in den sarazenischen Reihen noch nicht genügen, treffen auch noch schlechte Nachrichten aus Afrika ein, die niemand erwartet hatte: Astolfo hat ein Heer von Nubiern durch die Wüste geführt und Agramantes Hauptstadt Biserta eingenommen. Agramante ruft seine Leute zu einem Kriegsrat zusammen: Soll die sarazenische Armee Frankreich verlassen, um Afrika zu retten, oder soll sie noch bleiben und versuchen, von Rolands Abwesenheit profitierend, Karl den Großen auf seinem Gebiet zu schlagen? König Marsilio von Spanien rät zu letzterem, aber der weise alte Sobrino fürchtet, daß die Mauren in offener Feldschlacht den kürzeren ziehen, und macht einen anderen Vorschlag: den Krieg durch einen Zweikampf zwischen zwei Einzelkämpfern entscheiden zu lassen und sich mit Karl darauf zu einigen, daß der König des unterlegenen Kämpfers dem anderen tributpflichtig bleibt. Rüdigers Tüchtigkeit ist es, der Agramante sein Los anvertrauen kann. Karl ist einverstanden und wählt seinerseits Rinaldo als Kämpfer.

Dahin also hat die Geschichte nun Rüdiger und Bradamante gebracht: von Helden des Ritter- und Abenteuerromans, die sie waren, sind sie Schritt für Schritt in den Rang von Helden der klassischen Tragödie erhoben worden, die von einem inneren Konflikt zerrissen werden. Rüdiger muß, um sich der Ehre würdig zu erweisen, die ihm sein König durch die Wahl zum Kämpfer bezeigt hat, den Bruder der Frau, die er liebt, zu töten versuchen; er kann sich weder den Sieg wünschen noch sich der Feigheit ergeben. Bradamante muß stumm und tatenlos einem tödlichen Zweikampf zwischen ihrem Verlobten und ihrem Bruder zusehen, einem Zweikampf, der, wie immer er ausgeht, mit einem grausamen Leid enden und ihre Hochzeit unmöglich machen muß (XXXVIII, 71–72):

> Was für ein End' auch mag der Kampf erwerben,
> Für *sie* kann nichts als Leid daraus entstehn.
> Nicht denken will sie, Rüd'ger könne sterben
> In diesem Streit; sonst müßte sie vergehn.
> Und ließe Gott des Frankenreichs Verderben
> Zur Strafe mancher Missetat geschehn,
> So würde nicht nur ihr Rinald verscheiden,
> Noch Schlimmres, Härtres müßte sie erleiden;
>
> Weil, ohne sich auf immer zu entehren,
> Ohn' ihres Hauses Feindschaft, sie alsdann
> Nie mehr zurück zu ihrem Gatten kehren
> Und öffentlich sein Weib sich nennen kann.
> Und doch war dies ihr einziges Begehren,
> Worauf sie alle Tag' und Nächte sann;
> Auch gaben sie einander solch Versprechen,
> Daß keine Reu' es mehr vermag zu brechen.

Zum Glück steht ihr die Zauberin Melissa bei, die ihr verspricht, sich etwas auszudenken, um die Tragödie abzuwenden (77–81):

> Bald ward nun auch das Heer der Sarazenen,
> Die Stadt verlassend, Schar auf Schar, entdeckt;

Auch König Agramant, umringt von jenen,
Bewaffnet, mit barbar'scher Pracht bedeckt.
Er ritt auf einem Braunen, schwarz von Mähnen,
Die Stirne weiß, zwei Füße weiß gefleckt.
Dicht neben ihm war Rüd'ger, dem zu dienen
Marsilen selbst nicht zu gering erschienen.

Den Helm, den er im wilden Kampfesdrange
Dem Tatarkönig nahm, den er erschlug;
Den Helm, gerühmt in herrlicherm Gesange,
Den Hektor schon vor tausend Jahren trug,
Trägt neben ihm Marsil mit stolzem Gange.
Der andern Fürsten und Barone Zug
Belud sich mit den andern Waffenstücken,
Die reichlich Gold und Edelsteine schmücken.

Auch König Karl mit seinen Kriegsgenossen
Kommt aus des Lagers hohem Wall daher.
Die Scharen sind in Reih' und Glied geschlossen,
Als führt' er in die Schlacht sein tapfres Heer.
Er wird von seinen edlen Pairs umschlossen,
Und bei ihm ist Rinald, in voller Wehr.
Bis auf den Helm, Mambrins in vor'gen Tagen;
Der wird vom Dänen Ogier ihm getragen.

Die eine Streitaxt trägt ihm Naims, die zweite
Der König von Bretagne, Salomon.
Karl stellt sein Kriegsvolk auf die eine Seite;
Ihm gegenüber stehn die Heiden schon.
Frei bleibt dazwischen eine große Weite,
Wo niemand steht, von keiner Nation;
Wer sie betritt, die Kämpfer ausgenommen,
Soll, nach gemeinem Spruch, ums Leben kommen.

> Nachdem man erst dem Kämpfer für die Heiden
> Die zweite Wahl der Waffen zuerkannt,
> So traten nun zwei Priester, von den beiden
> Parteien, vor, mit Büchern in der Hand,
> In deren einem Christi Tun und Leiden,
> Und in dem andern Mahoms Lehre stand.
> Mit jenem sah man Kaiser Karl erscheinen,
> So wie den Herrn der Mohren mit dem seinen.

Auf Wunsch Rinaldos kämpfen die beiden zu Fuß und nicht mit Schwertern, sondern mit Streitäxten und Dolchen. Rüdiger, terrorisiert von dem Gedanken, sich mit dem Blut des künftigen Schwagers zu beflecken, achtet nur darauf, sich zu verteidigen, während Rinaldo, der nichts von der Verliebtheit seiner Schwester weiß, erbittert angreift. Die Sarazenen sehen die Unterlegenheit ihres Kämpfers und wollen schon verzweifeln, da kommt ein hünenhafter Krieger zu Agramantes Tribüne gepprescht. Es ist Rodomonte, der aus seinem Schmollwinkel zurückgekehrt ist und den König auffordert, die Absprache mit den Franken zu brechen und seine Truppen auf das Kampffeld zu schicken; es gebe keine andere Rettung für sie, und er, Rodomonte, sei bereit, die Verantwortung für den Wortbruch zu übernehmen. »Wenn Rodomonte bei uns ist, ändern sich die Kräfteverhältnisse zu unseren Gunsten«, denkt Agramante und stürmt das Feld mit breit ausschwärmendem Heer. Eine nicht nur unkorrekte, sondern auch übereilte Entscheidung, denn was ihm da als Rodomonte in Fleisch und Blut erschienen ist, war nichts anderes als ein Trugbild, das die Zauberin Melissa ihm vorgegaukelt hatte, um ihn irrezuführen und Rüdiger und Bradamante aus ihrem Loyalitätskonflikt zu erlösen.

Im Kampfgetümmel, zu dem es nun kommt, schlagen die Christen ihrerseits wütend auf die wortbrüchigen Feinde ein, und wo die Schlacht am heftigsten tobt, blitzen paarweise die Waffen der beiden männermordenden Schwägerinnen Bradamante und Marfisa auf (XXXIX, 1–15):

> Wohl ist der Schmerz, den Rüd'ger muß ertragen,
> Hart, bitter, schwer vor jeder andern Pein.
> Viel muß der Leib, noch mehr der Geist sich plagen,
> Denn sicher ist *ein* Tod ihm unter zwei'n:
> Sei's von Rinald, wird er im Kampf erschlagen,
> Sei's von der Gattin, sollt' er Sieger sein.
> Er weiß, ihn trifft, schlägt er den Bruder nieder,
> Ihr ganzer Haß, ihm mehr als Tod zuwider.
>
> Rinaldo strebt nur nach des Sieges Preise,
> Von ähnlichen Gedanken unbeschwert,
> Indem er mit der Axt, furchtbarerweise,
> Bald nach dem Arm, bald nach dem Haupte fährt.
> Der gute Rüd'ger windet sich im Kreise,
> Indes er mit dem Schaft den Streichen wehrt;
> Und trifft er auch einmal, so ist's an Plätzen,
> Wo er Rinald nur wenig kann verletzen.
>
> Für gar zu ungleich hält die größere Menge
> Der heidnischen Barone diesen Streit.
> Rinaldo treibt den Feind zu sehr ins Enge,
> Und Rüd'ger kämpft mit zu viel Lässigkeit.
> Voll Furcht sieht Agramant das Kampfgedränge
> Und schnaubt vor Zorn und ächzt vor Angst und Leid,
> Und schilt Sobrin, der ihn und seine Staaten
> Gefährdet hat, weil er so schlecht geraten.

Indessen nahm Melissa, sie, die Quelle
Von allem, was ein Zaubrer wissen kann,
An ihres weiblichen Gesichtes Stelle
Des Königs von Algier Gestaltung an.
Sie schien gepanzert mit dem Drachenfelle;
Gebärd' und Antlitz glich dem kühnen Mann.
Sie kam mit solchem Schild und solchem Schwerte,
Kurz, so bewehrt, wie jener sich bewehrte.

Sie spornte zu Trojans betrübtem Sohne,
Den Dämon, der als Roß gestaltet war,
Und sprach mit wildem Blick und rauhem Tone:
»Ein groß Versehn, o Herr, ist dies fürwahr,
Daß Ihr in einem Kampf, wo Ehr' und Krone
Von Afrika sich finden in Gefahr,
Den zarten Jüngling stelltet in die Schranken
Mit dem so tapfren und berühmten Franken.

Laßt länger nicht im Kampfe dort die beiden,
Zu großer Nachteil würd' daraus entstehn.
Der Vorwurf fall' auf mich, daß Euern Eiden
Und dem Vertrage nicht genuggeschehn.
Zeigt alle, wie Eu'r Schwert vermag zu schneiden;
Da *ich* hier bin, gilt jeder zehnmal zehn.«
So wirkt dies Wort auf Agramant erregend,
Daß er hervorsprengt, nichts mehr überlegend.

Er glaubt den Rodomont sich jetzt zur Seite
Und kümmert sich um den Vertrag nicht mehr;
Ja, kämen tausend Ritter zum Geleite
Herangejagt, er schätzt' es nicht so sehr.
Schon fällt man rings die Lanzen, spornt zum Streite
Die Rosse schon, von da und dorten her.

Melissa nun, die mit dem Truggebilde
Die Schlacht erregt, schwand plötzlich vom Gefilde.

Der Kämpfer Paar, das jetzt, dem Schwur entgegen
Und dem Vertrag, sich unterbrochen fand,
Setzt gleich ein End' den Hieben und den Schlägen,
Und einer gibt dem andern Wort und Hand,
Sich weder da noch dort dareinzulegen,
Bevor man deutlich und genau erkannt,
Wer sich zuerst erkühnt zum Eisenschwunge,
Ob Karl der Greis, ob Agramant der junge.

Und sie geloben jetzt mit neuen Schwüren
Dem Feindschaft, der den Treubruch angestellt.
Man sieht die Reihn sich durcheinander rühren,
Die dringen vor, *die* fliehn zurück im Feld;
Und an derselben Handlung ist zu spüren,
Wer eine Memme sei und wer ein Held.
Im Laufen rasch zeigt jeder sich der Haufen,
Doch *der* im Vor- und *der* im Rückwärtslaufen.

Wie wohl ein Windhund, der mit gier'gem Blicke
Sieht, wie das Wild im Forste flieht und rennt,
Und doch nicht folgen kann, weil ihn am Stricke
Der Jäger hält, von heft'gem Zorn entbrennt,
Sich härmt und quält ob seinem Mißgeschicke
Und bellt und zerrt und doch nicht los sich trennt:
So war Marfisa heut bis diese Stunde,
So Bradamant' erzürnt aus gleichem Grunde.

Gesehen hatten sie an diesem Tage
So reiche Beut' auf freiem, ebnem Plan
Und sich umsonst beschwert mit stiller Klage,
Und manch vergebnen Seufzer drum getan,

Daß sie, zurückgehalten vom Vertrage,
Sie nicht verfolgen durften noch sie fahn.
Jetzt, da Vertrag und Schwur vernichtet worden,
Sprang jede freudig auf die Mohrenhorden.

Dem ersten, den Marfisas Speer durchrannte,
Drang er zum Rücken ellenweit hinaus.
Dann hieb ihr Schwert, und schneller als ich's nannte,
Vier Helme wie das dünnste Glas zu Graus.
Nicht wen'ger auch als sie tat Bradamante,
Doch anders nahm der goldne Speer sich aus.
Wen er berührt, der kommt sogleich zu Falle;
Zweimal so viele sind's, doch leben alle.

So nah beisammen taten dies die beiden,
Daß eine des der andern Zeugnis schenkt;
Doch jede nun sprengt in das Heer der Heiden
Für sich allein, so wie der Zorn sie lenkt.
Wer kann der Krieger jeden unterscheiden,
Den jetzt der goldne Speer in Staub gesenkt?
Und jeden Kopf, den, in des Zornes Walten,
Marfisens Schwert vom Rumpf getrennt, gespalten?

Wie, aufgeregt von mildern Frühlingslüften,
Wenn grüne Schultern zeigt der Apennin,
Zwei wilde Bäch' entspringen aus den Schlüften,
Doch abwärts auf verschiednen Wegen fliehn
Und Stein' abreißen von den Felsenklüften,
Ins Tal hinab die höchsten Bäume ziehn
Und junge Saat und Feld, und auf dem Pfade
Wetteifern gleichsam, wer am meisten schade:

So, auf verschiedne Bahn gewandt, durchstreichen
Die beiden tapfern Frau'n das Feld umher

Und wüten in der Feindschar ohnegleichen,
Die mit dem Schwert und *jene* mit dem Speer;
Mühsam hält Agramant bei seinen Zeichen
Von rascher Flucht zurück sein banges Heer:
Er späht umsonst, er fragt umsonst die Scharen,
Doch kann er nichts von Rodomont erfahren.

Was die übrigen Sarazenen angeht, so wollen jetzt die Spanierkönige Marsil und Sobrin nichts mehr mit einem wortbrüchigen König zu tun haben und lassen Agramante im Stich. Er ist allein in der Niederlage, verfolgt von den beiden ebenso schnellen wie grausamen Tigerinnen Marfisa und Bradamante. Es gibt für ihn nur noch eine Rettung: die Flotte. Der geschlagene König lichtet die Anker, um sich nach Afrika abzusetzen (66–73):

In dieses Krieges äußersten Gefahren
Sah sich fast ganz verlassen Agramant.
Es hatten sich mit vielen Heidenscharen
Marsil sowie Sobrin zur Stadt gewandt
Und schifften schnell sich ein, um abzufahren,
Weil man zu Lande keine Rettung fand;
Und viele Herrn und Ritter von den Heiden
Befolgten rasch das Beispiel dieser beiden.

Nur Agramant kämpft dennoch eine Weile;
Doch als er endlich gar nichts mehr vermag,
Da kehrt er um und wendet sich in Eile
Dem Tore zu, das nicht zu ferne lag.
Ihm nach schießt Rabican gleich einem Pfeile,
Gehetzt durch Bradamantes Sporn und Schlag.
Ihn zu erlegen war sie sehr beflissen,
Weil er so oft ihr Rüdigern entrissen.

Der gleichen Gier muß auch Marfisa frönen,
Den Vater will sie rächen, wenn auch spat;
Und wohl empfindet jetzt ihr Roß mit Stöhnen,
Durch häuf'gen Sporn, wie sehr sie Eile hat.
Doch weder die noch jene dieser Schönen
Kommt früh genug noch hemmt ihm so den Pfad,
Daß Agramant die Festung nicht erreiche
Und dann von dort auf seine Flott' entweiche.

So wie zwei schöne Pardel, mutentglommen,
Die man zugleich gelöst vom Koppelband,
Gewährend nun, daß sie ohn' alles Frommen
Den Hirschen oder Ziegen nachgerannt,
Voll von Verdruß und Unmut wiederkommen,
Beschämt, daß man zu träge sie erfand:
So wenden seufzend sich die beiden Frauen,
Da sie in Sicherheit den Heiden schauen.

Doch halten sie nicht ein, vielmehr sie jagen
Den Flücht'gen nach, die sich zu retten spähn,
Wovon sie viele so zu Boden schlagen,
Bald da, bald dort, daß sie nie mehr erstehn.
Wohl war das Heidenvolk in üblen Lagen,
Denn auch im Fliehen war kein Heil zu sehn,
Weil Agramant, um sich in Schutz zu bringen,
Die Pforten sperrte, die aufs Schlachtfeld gingen,

Und auch der Rhone Brücken ließ verderben.
O armes Volk, wie groß ist deine Not!
Denn wo er Vorteil kann für sich erwerben,
Zählt dich als Schaf' und Ziegen dein Despot.
Der muß im Meer und *der* im Flusse sterben,
Der färbt mit seinem Blut die Erde rot.

Viel tötet man, fängt wenig von den Haufen,
Denn wen'ge sind so reich, sich loszukaufen.

Welch eine Zahl von jenen Völkern beiden
In dieser letzten Schlacht ihr Ende fand
(Obwohl sie ungleich den Verlust erleiden,
Weil Bradamantens und Marfisens Hand
Bei weitem größre Meng' erschlägt den Heiden),
Davon zeigt noch die Spuren dieses Land.
Denn dort, wo sich der Rhone Fluten stauen,
Bei Arles, sind von Gräbern voll die Auen.

Die schweren Schiffe stoßen ab vom Lande,
Denn Agramant befiehlt, in See zu gehn;
Doch manches leichtre läßt er noch am Strande,
Die aufzunehmen, die nach Rettung spähn.
Zwei Tage harrt er auf die flücht'ge Bande,
Auch weil die Winde schlimm und widrig wehn.
Am dritten läßt er dann die Anker lichten
Und denkt den Lauf nach Afrika zu richten.

Drei Tage segelt er übers Meer, dann versperrt ihm ein großes Geschwader christlicher Galeeren den Weg. Eine Wolke von Pfeilen deckt Agramantes Schiff ein, danach ein Hagel von Steinen aus Katapulten, und Brandgeschosse besorgen den Rest (83–85):

Steinklumpen fliegen ohne Maß und Ende
Vom Wurfgeschütz, von Kriegsmaschinen her,
Zerschmettern an dem Heck und Bug die Wände
Und öffnen Pforten, weit und groß, dem Meer.
Am ärgsten droht die Wut geworfner Brände;
Leicht zünden sie, zu tilgen sind sie schwer.

Das unglücksel'ge Volk will sich verhängter
Gefahr entziehn, und sieht sich stets bedrängter.

Der, um dem Feind, dem Schwerte zu entrinnen,
Wirft sich ins Meer und findet da den Tod.
Ein andrer schwimmt, mit glücklicherm Beginnen,
Und sucht zur Rettung irgendwo ein Boot;
Doch dieses, schon zu voll, treibt ihn von hinnen,
Und jene Hand, die ihm den Umsturz droht,
Bleibt, abgehau'n vom Arme, fest am Nachen;
Der Körper muß die Wogen blutig machen.

Der will im Meer sich retten vom Verderben,
Wo nicht, doch leichter sterben in der Flut;
Doch schwimmend kann er Rettung nicht erwerben
Und fühlt bereits, ihm schwinden Kraft und Mut.
Nun treibt die Furcht, den Wassertod zu sterben,
Ihn wieder rückwärts zur geflohnen Glut.
Er faßt in Angst ein brennend Schiff der Heiden,
Und will zwei Tode fliehn und stirbt in beiden.

Woher ist diese christliche Flotte so plötzlich gekommen, von deren Existenz niemand wußte? Astolfo hatte sie durch einen Zauber auftauchen lassen, indem er eine Handvoll Laub ins Meer warf...

ROLANDS HEILUNG

Wie hatte Astolfo es angestellt, allein ganz Afrika zu erobern? Astolfo glaubt an die Analogien, die die Wörter zwischen den Dingen herstellen, und sein Beschützer, der Evangelist Johannes, weiß – wenn er es ist, der die Apokalypse geschrieben hat –, daß die ganze Welt aus Metaphern besteht.

Welche Hindernisse stellen sich einem in den Weg, der ein Heer von Äthiopien an die libysch-algerische Küste führen will? Vor allem der Wind, der Sandstürme in der Wüste erzeugt. Aber sagen wir nicht, daß der Wind *sich erhebt?* Also brauchen wir nur dorthin zu gehen, wo der Wind *liegt* und schläft. Und sagen wir nicht, daß der Wind *bläst?* Wenn ein Luftstrom einen Schlauch aufbläst, bleibt er darin gefangen.

Astolfo geht zu der Höhle, in welcher der Südwind Notos schläft, und spannt einen Ziegenschlauch vor den Eingang. Als Notos am Morgen erwacht und hinauswill, bleibt er in dem Schlauch hängen. Astolfo kehrt mit dem gefangenen Südwind zurück und setzt seine Truppen in Marsch. Lange Reihen von Soldaten und Kamelen und Elefanten durchqueren die Wüste, ohne daß sich ein einziges Sandkorn erhebt.

Nächste Schwierigkeit: In Nubien gibt es keine Pferde. Solange man durch die Wüste zieht, sind Kamele und Elefanten das, was man braucht, aber wenn man ins Atlasgebirge kommt und zum Sturm auf die Küstenstädte ansetzen muß, dann bräuchte man eine Reiterarmee, die sich wie eine Lawine über Biserta ergießt... Wie eine Lawine?... Astolfo steigt auf eine Bergeshöhe und fängt an, mit den Füßen Steine loszutreten, die den Hang hinunterrollen. Jeder rollende Stein bringt weitere Steine ins Rollen, und so kollern sie polternd den Hang hinunter, hüpfen und springen wie Fersen, buckeln und bocken wie Kruppen, tänzeln und karakolieren wie Hufe, schon bilden sich Beine und Schwänze und Hälse, schon erheben sich Mäuler und Mähnen und helles Gewieher... (XXXVIII, 29–34):

> Eh nun die Scharen ausziehn, um zu kriegen,
> Ward, als die Nacht schon auf der Erde weilt,
> Der Hippogryph vom Paladin bestiegen
> Und mittagwärts die Richtung ihm erteilt,
> Bis er den Berg erreichte, wo zu liegen
> Der Südwind pflegt, der nach den Bären eilt.
> Er fand die Höhl', aus deren engem Rachen
> Der Wütende hervorbricht beim Erwachen.
>
> Mit einem Schlauche war Astolf versehen,
> Den er mit leiser und geschickter Hand,
> Wie ihm vom Meister das Gebot geschehen,
> Vor jene dunkle Felsengrotte spannt,
> Wo Notos schlummert, matt vom langen Wehen.
> Dem Wind ist diese List so unbekannt,
> Daß, wie er morgens nun nach altem Brauche
> Ausfliegen will, er selbst sich fängt im Schlauche.
>
> Der Ritter kehrt, erfreut ob solcher Beute,
> Nach Nubien schnell zurück und macht nunmehr
> Sich mit den Schwarzen auf den Weg noch heute;
> Die Lebensmittel bringt man hinterher.
> Der edle Held führt glücklich seine Leute

Dem Atlas zu, ohn' jegliche Beschwer
Auf dem mit feinem Sand bedeckten Pfade,
Und fürchtet nicht, daß ihm der Südwind schade.

Diesseits des Jochs, wo man die ebnen Lande
Von Afrika mitsamt dem Meere sieht,
Erwählt Astolf den besten Teil der Bande,
Der leichter sich der Kriegszucht unterzieht;
Und rechts und links, an eines Hügels Rande,
Stellt er die Scharen auf in Reih' und Glied.
Er selbst ersteigt, allein, des Hügels Zinne,
Gleich einem Mann, der etwas Großes sinne.

Demütig säumt er nicht, das Knie zu biegen,
Indem er betend seinen Herrn beschwört.
Dann läßt er viele Stein' hinunterfliegen,
Voll Zuversicht, sein Flehen sei erhört.
Worüber nicht kann wahrer Glaube siegen?
Zuwider der Natur und unerhört
Sah man im Laufe wachsen diese Steine
Und Hals und Schnauze bilden, Leib und Beine.

Mit hellem Wiehern sprang die ganze Herde
Den Berg hinab, und, angelangt im Tal,
Die Kroppe schüttelnd, sind sie sämtlich Pferde,
Grau dieses, jenes braun, das dritte fahl.
Im Tale stand mit lauernder Gebärde
Die Schar Astolfs und fing sie allzumal;
Und jeder hatte bald sein Roß erkoren,
Denn Zaum und Sattel waren mit geboren.

Astolfo hat jetzt eine riesige Pferdeherde, genug, um exakt achtzigtausendeinhundertundzwei nubische Reiter aufsitzen zu lassen und Biserta zu stürmen. Aber was nützt ihm die Eroberung von Biserta, wenn er dann keine Schiffe hat, um nach Frankreich überzusetzen und Karl dem Großen Hilfe zu bringen? Das nubische Heer ist ein Landheer, es hat keinerlei Wasserfahrzeuge, nicht mal einen Einbaum, nicht mal eine Nußschale... Baum?... Schale?... Astolfo steht am Strand und fängt an herumzuspielen wie ein kleiner Junge, wirft Rindenstückchen und Zweige und Blätter ins Meer und sieht zu, wie sie auf dem Wasser treiben... Eine Welle hebt sie empor, taucht sie unter, dann tauchen sie wieder auf und verwandeln sich vor seinen Augen zu einer Flotte von Galeeren, Galeonen und Brigantinen (XXXIX, 25–28):

Hinreichend war Astolfens Heeresbande,
Um sieben Afrikas zu überziehn.
Und nun, bedenkend, daß im Mondeslande
Der heil'ge Greis ihm das Geschäft verliehn,
Den Heiden die Provence samt dem Strande
Von Aiguesmortes baldigst zu entziehn,
Erlas der Herzog viel' aus seinem Heere,
Die tüchtig schienen für den Dienst zu Meere.

Und da er beide Hände mit dem Raube
Zahlloser Blätter mancher Art belud,
Mit Lorbeer-, Zedern-, Palm-, Oliven-Laube,
Ging er ans Meer und warf es in die Flut.
O Gnade, selten nur erzeigt dem Staube!
Beglückte Seelen, in des Himmels Hut!
O staunenswertes Wunder, das man spürte,
Als dieses Laub die Fluten kaum berührte!

Das Laub wuchs an mit wunderbarer Schnelle;
Krumm, dick und lang und schwer ward's allzumal,
Und an der Adern, an der Fasern Stelle

Sah man der Sparren und der Balken Zahl.
Spitz blieb das Vorderteil; kurz, auf der Welle
Ward jedes Blatt zum Meerschiff auf einmal,
Wovon so viel' und mancherlei sich fanden
Wie jenes Laub, aus welchem sie entstanden.

Ein Wunder war's, die Blätter anzuschauen,
Wie Mastschiff' und Galeeren draus entstehn;
Und wunderbar sind sie mit Segeln, Tauen
Und Rudern gleich, wie sich's gehört, versehn.
Auch konnt' Astolf sie Leuten anvertrauen,
Die sie beim Sturm zu führen wohl verstehn;
Die nahen Korsen und Sardinier boten
Ihm Steuermänner, Schiffer und Piloten.

Das sarazenische Schiff, das die Gefangenen Rodomontes aus Frankreich übers Meer bringt, fährt in den Hafen von Biserta ein, ohne zu ahnen, daß er mittlerweile in christlicher Hand ist. Brandimarte, Olivier und Sansonett finden sich unter Freunden wieder. Während sie ihre Befreiung mit Astolfo und dem dänischen Paladin Dudo feiern, der schon länger in Biserta gefangen saß und nun gleichfalls befreit worden ist, hören sie plötzlich einen gewaltigen Lärm: Ein nackter Irrer, bewaffnet mit einem dicken Prügel, zieht tobend die Küste entlang und schlägt alles kurz und klein.

Niemand weiß, wer er ist, niemand wagt ihn aufzuhalten. Da kommt eine junge Frau herangaloppiert. Es ist die immer atemlos bangende Fleurdelys, die ihrem geliebten Brandimart von Frankreich bis nach Afrika gefolgt ist und dabei mehrmals den Weg dieses Nackten gekreuzt hat. Jetzt ist sie endlich ans Ziel ihrer Reise gelangt, das fraglos darin besteht, dem Geliebten in die

Arme zu sinken, aber auch, den tobenden Irren als Roland zu identifizieren, indem sie mit dem Finger auf ihn zeigt und ausruft: »Voilà, der Graf!«

Nun bleibt nur noch, ihm seinen verlorenen Verstand wiederzugeben. Es würde genügen, ihm das Fläschchen an die Nase zu halten, das Astolfo vom Mond geholt hat, und ihn den Inhalt inhalieren zu lassen. Aber das ist leichter gesagt als getan bei diesem Wüterich. Es bedarf der vereinten Kräfte aller fünf anwesenden Paladine, um ihn – buchstäblich – zur Vernunft zu bringen (36–61):

Der Prinz Astolf und seine Tischgenossen,
Obwohl vertieft noch im Gespräche dort,
Sind augenblicks bewehrt und auf den Rossen
Und sprengen eiligst nach dem Lärmen fort.
Sie fragen nach, wo der Tumult entsprossen,
Was ihn bewirkt, und kommen so zum Ort,
Wo ein ergrimmter Mann, allein und nackend,
Sich ihnen zeigt, ihr ganzes Lager plackend.

Er schwenkt ein derbes Prügelholz im Kreise,
So übermäßig stark und fest und schwer,
Daß stets auf jeden Schlag ein Mann nicht leise
Zur Erde fällt, krank oder wohl noch mehr.
An hundert bracht' er um auf diese Weise,
Und nicht Verteid'gung gibt's noch Gegenwehr.
Mit Pfeilen nur wagt man von fern zu schießen,
Denn ihm zu nahn kann keiner sich entschließen.

Astolf und Brandimart und Dudo waren
Mit Olivier geschwind herbeigerannt
Und ob der großen Kraft, der wunderbaren
Gewalt des Manns vor Staunen festgebannt:

Als sie ein Fräulein, das sich naht, gewahren,
Auf einem Roß, in schwarzem Reitgewand,
Die, wie ihr Auge Brandimarten findet,
Sogleich um seinen Hals die Arme windet.

Es war dies Fleurdelys, die das Verlangen
Nach ihrem Freund durchglüht so wundersam,
Daß sie vor Schmerz, als sie ihn ließ gefangen
An jener Brücke, fast von Sinnen kam.
Nicht säumend, war sie übers Meer gegangen,
Sobald sie dort von Rodomont vernahm,
Daß er mit vielen von dem Ritterorden
Gefangen nach Algier gesendet worden.

Nun traf sie zu Marseille, wo sie dachte
Zur See zu gehn, ein Schiff aus Morgenland,
Das einen alten Ritter mit sich brachte
Vom fernen Hof des Königs Monodant,
Der weiten Weg durch viel' Provinzen machte
Und bald zu Wasser ging und bald zu Land.
Um Brandimart zu suchen; denn man teilte
Die Kund' ihm mit, daß er in Frankreich weilte.

Und da sie den Bardin in ihm erkannte,
Den Rachsucht gegen Monodant bewog,
Daß er ihm Brandimart als Kind entwandte
Und dann im Schlosse Waldburg ihn erzog;
Und da er ihr des Weges Absicht nannte,
So machte sie, daß dieser mit ihr zog,
Nachdem Bardin von ihr die Art vernommen,
Wie Brandimart nach Afrika gekommen.

Astolf belagre jetzt Bisertas Wälle,
Erfuhr, kaum angelandet, dieses Paar;

Auch dies, daß Brandimart sich ihm geselle,
Vernahmen sie, doch nicht als sicher wahr.
Zu ihm eilt Fleurdelys mit größter Schnelle,
Da sie ihn sieht, und macht die Freude klar,
Die durch des überstandnen Grames Wunden
Zur größten wird, die sie noch je empfunden.

Nicht mindre Wonne wird dem Freund beschieden,
Da er erblickt der Gattin holdes Bild,
Weit teurer ihm als alles sonst hienieden;
Und er empfängt, umarmt sie, zärtlich mild.
Mit einem, zwei, drei Küssen nicht zufrieden,
Hätt' er die Lust noch lange nicht gestillt,
Wenn seine Blicke nicht auf den Gefährten
Der Fleurdelys, auf den Bardin sich kehrten.

Die Arme streckt' er aus, ihn zu umfassen,
Und wollte fragen, was ihn hergebracht;
Allein es hindern ihn des Heeres Massen,
Die eiligst fliehn vor jenes Prügels Macht,
Womit der Nackte, toll und ausgelassen,
Im Kreise schlägt und freie Bahn sich macht.
Als diesen nun des Fräuleins Blicke trafen,
Rief sie dem Freunde zu: »Sieh da den Grafen!«

Und jetzt erkannt' Astolf auf gleiche Weise,
Dies sei gewiß der Ritter von Anglant,
An Zeichen sah er's, die die heil'gen Greise
Ihm dort im ird'schen Paradies genannt.
Wär' dieses nicht, so hätt' im ganzen Kreise
Nicht *einer* wohl den edlen Herrn erkannt;
Denn lange Tollheit macht' ihn einem Wilde
Weit ähnlicher als einem Menschenbilde.

Astolf, den Schmerz und Mitleid fast verzehrten,
Kehrt sich mit bittren Tränen von ihm fort
Und spricht zu Dudo, seinem Kampfgefährten,
Und dann zu Olivier: »Seht Roland dort!«
Und diese, die auf ihn die Blicke kehrten
Mit Achtsamkeit, erkannten ihn sofort;
Und hier in solchem Elend ihn zu schauen
Erfüllte sie mit Mitleid und mit Grauen.

Es weint' um ihn die Mehrzahl der Genossen
Und stand mit Schmerz und Unmut um ihn her.
»Zeit ist es jetzt«, so rief Astolf entschlossen,
»Ihn herzustellen, nicht zum Weinen mehr!«
Er, Brandimart, sind gleich von ihren Rossen,
Auch Dudo, Sansonett und Olivier;
Und alle nahen sich zugleich dem tollen
Verwandten Karls, weil sie ihn fangen wollen.

Kaum sieht der Graf, daß hier ein Kreis sich bilde,
Als er den Stock ganz wild und wütend schwenkt
Und Dudo'n zeigt, da dieser mit dem Schilde
Das Haupt verwahrt und anzulaufen denkt,
Sein Prügel sei von nicht zu großer Milde;
Und hätt' ihn Olivier nicht abgelenkt
Mit seinem Schwert, so schlug der böse Knacken
Ihm Schild und Helm entzwei, und Kopf und Nacken.

Den Schild nur bricht er, doch mit solcher Tücke
Packt er den Helm, daß Dudo stürzt aufs Land.
Das Schwert führt Sansonett mit beßrem Glücke;
Er trifft den Stock zwei Ellen weit vom Rand
Und haut mit aller Macht ihn in zwei Stücke.
Von hinten nun kommt Brandimart gerannt

Und schlingt um Rolands Hüften im Vereine
Die beiden Arm'; Astolf packt ihm die Beine.

Doch Roland schüttelt sich, da stürzt der Brite
Rücklings dahin; zehn Schritte fliegt der Wicht.
Nur Brandimart, der besser in der Mitte
Und kräft'ger ihn gepackt, verläßt ihn nicht.
Den Olivier, der mit zu kühnem Schritte
Sich ihm genaht, schlägt er ins Angesicht.
Gleich liegt der Ritter bleich und blaß im Grase,
Und Blut entströmt den Augen und der Nase.

Und wär am Helm *ein* Fehler nur vorhanden,
So gäb' der Faustschlag Oliviern den Tod;
Doch stürzt' er hin, als ob er schon den Landen
Des Paradieses seine Seele bot.
Astolf und Dudo, die indes erstanden
(War gleich des letztren Antlitz dick und rot),
Und Sansonett, dem jener Hieb gelungen,
Sind alle nun auf Roland eingedrungen.

Der Dudo eilt, von hinten ihn zu packen,
Und sucht ein Bein ihm unten wegzuziehn,
Indes die andern ihm die Arme zwacken:
Doch alle sind zu schwach noch gegen ihn.
Wer je den Stier gesehn, gehetzt von Bracken,
Die mit dem Zahn ihn an den Ohren ziehn,
Indes er brüllend rennt und fort im Rennen
Die Hunde schleift, die nicht von ihm sich trennen:

Der denke sich, so war der starke Wilde,
Der alle diese mit von hinnen trug.
Indes ersteht der Markgraf vom Gefilde,
Wohin des Grafen Faust ihn niederschlug;

Und da er sieht, nie komme, was im Schilde
Der Herzog führt, auf *die* Art zum Vollzug,
So sinnt er drauf, Roland zu Fall zu bringen,
Vollführt den Plan und sieht ihn wohl gelingen.

Er läßt sogleich die stärksten Stricke holen
Und macht zu seiner Absicht Schlingen dran;
Und diese windet man, wie er befohlen,
Um Rolands Arme, Bein' und Leib sodann.
Festhalten wird nun allen wohl empfohlen,
Und jeder faßt der Enden eines an.
Wie Schmiede Pferd' und Ochsen niederreißen,
Gelingt es so, den Grafen umzuschmeißen.

Sie alle nun, sobald er hingeschlagen,
Umwinden ihm noch stärker Arm und Bein;
Und mag er noch so sehr sich mühn und plagen,
Gelingt's ihm dennoch nicht, sich zu befrei'n.
Astolf befiehlt, von hier ihn wegzutragen,
Und spricht, er wolle Heilung ihm verleihn.
Dudo, der groß ist, eilt, ihn aufzupacken,
Und trägt ihn bis ans Meer auf seinem Nacken.

Nun läßt Astolf erst siebenmal ihn baden
Und siebenmal ihn tauchen in die Flut,
Und ihm den Leib und das Gesicht entladen
Vom Schmutz und Rost, der auf den Gliedern ruht.
Dann wird der Mund mit Kräutern vollgeladen,
Wie sehr auch Roland bläst und schnaubt vor Wut,
Damit der Atem nicht auf andrem Gange,
Als durch die Nas' allein, zu ihm gelange.

Drauf ließ der Herzog das Gefäß sich geben,
In welchem der Verstand des Grafen war,

Und wußt's ihm an die Nase so zu heben,
Daß, Atem schöpfend, er es ganz und gar
Auf einmal leert'. O wundervoll Begeben!
Man ward an ihm den vor'gen Geist gewahr,
Und sein Verstand, in allen Äußerungen,
Schien mehr denn je von hellem Licht durchdrungen.

Wie einer, der aus schwerem Schlaf erwachte,
Worin er glaubt', ein Ungeheu'r zu sehn,
Das niemals war noch sein kann, oder dachte,
Entsetzlich grause Taten zu begehn,
Noch immer staunt, wenn man ihn zu sich brachte
Und alle Sinn' ihm zu Gebote stehn:
So blieb, war gleich der Wahnsinn ihm entnommen,
Auch Roland noch verwundert und beklommen.

Mit Staunen gafft er, ohn' ein Wort zu sagen,
Den Brandimart, den Bruder Aldas an,
Auch den, der den Verstand ihm zugetragen,
Und sinnt, wie er hieher kam, oder wann.
Er läßt die Blick' umher im Kreise jagen
Und weiß nicht, wo er sich befinden kann.
Es wundert ihn, ganz nackt sich zu erblicken,
Vom Nacken bis zum Fuß umschnürt mit Stricken.

Dann sagt' er, wie Silen zu jenen sagte,
Die einst ihn banden in dem Felsenschacht:
»*Solvite me*«, und solche Klarheit tagte
In seinem Blick, fern aller Wahnsinnsnacht,
Daß man ihn zu befrei'n nicht länger zagte.
Man gab ihm Kleider, die man mitgebracht;
Und alle suchten diesen Schmerz zu stillen,
Den er empfand um der Verirrung willen.

Kaum war nun Roland zu sich selbst gekommen,
Zu weiser Männlichkeit zurückgekehrt,
So war ihm auch die Liebe ganz entnommen;
Und jene, die er einst so hoch verehrt,
Die ihm so hold, so reizend vorgekommen,
Schien jetzt ihm nicht der kleinsten Achtung wert.
Sein ganzes Streben war, sein ganzes Sinnen,
Was Lieb' ihm raubte wiederzugewinnen.

»*Solvite me*« ist der erste Satz, den er murmelt, kaum daß er ein Wort über die Lippen bringen kann.

»Fängt er jetzt an Lateinisch zu reden?« fragen sich die Paladine. »Er ist noch immer verrückt!«

»Nein, das ist ein Zitat von Vergil«, sagt Olivier, der als einziger von ihnen ernsthaft studiert hat, und beruhigt sie: »Er hat sein Gedächtnis wiedergefunden. Er ist gerettet.«

DER DREIFACHE ZWEIKAMPF
AUF LAMPEDUSA

Vor dem brennenden Biserta landet König Agramante, von Dudos Flotte auch auf dem Meer besiegt, mit dem getreuen Sobrin auf einer unbewohnten Insel (XL, 45):

> Kein Haus ist auf dem Inselchen zu sehen,
> Und nichts als Myrten und Wacholder schier.
> Den Böcken, Hasen, Hirschen auch und Rehen
> Ist dies ein einsam lustiges Revier.
> Fast niemand kennt es; nur die Fischer gehen
> Zu mancher Zeit ans Land und trocknen hier
> Die feuchten Netz' auf dem Gesträuch am Hafen,
> Indes im Meer die Fische ruhig schlafen.

Er findet Gradasso dort, der sich während eines Sturms auf diese Insel gerettet hatte und ihm nun anbietet, Roland zum Zweikampf herauszufordern, als letzten Versuch einer Revanche. Doch Agramante will Gradasso nicht allein kämpfen lassen, und der alte, aber noch rüstige Sobrino will auch mitmachen. So werden sie Roland und zwei seiner Gefährten zu einem ungewöhnlichen Turnier einladen: drei gegen drei auf der nahen Insel Lampedusa. Roland nimmt die Herausforderung bereitwillig an, denn Gradasso hat sein Schwert Durindana und Agramante seinen Hengst Brigliadoro. Er kann es kaum erwarten – jetzt, da er seinen Verstand wieder hat –, sich auch alle anderen Teile seiner selbst zurückzuerobern, die er während seiner Raserei verloren hatte.

Die Wege unserer Helden, die sich bisher über die Karte der Kontinente erstreckten, beginnen jetzt, wo die Geschichte dem Ende zugeht, wie Kompaßnadeln auf den Seekarten zu kreisen, um sich auf die kleinen Inseln im Mittelmeer einzupendeln. Auch Rüdiger, der noch nicht recht entschieden hat, ob er sich als befreit von seinen Vasallenpflichten gegenüber dem afrikanischen Heer betrachten darf, fährt übers Meer, um Agramant zu folgen, gerät jedoch in einen heftigen Sturm, erleidet Schiffbruch und überzeugt sich in höchster Seenot von der Dringlichkeit seiner Bekehrung (XLI, 47–50):

> Mit Hand und Fuß die Wogen zu durchbrechen
> Bestrebt der Jüngling sich mit kühnem Mut;
> Doch quält ihn mehr noch des Gewissens Stechen
> Als selbst des Sturmes und der Winde Wut.
> Wohl fürchtet er, Christ mög' an ihm sich rächen
> Und jetzt ihn taufen in der salz'gen Flut,
> Weil er vorhin so wenig trug Verlangen,
> Die Tauf' in reinem Wasser zu empfangen.

> Denn was er seinem Fräulein oft versprochen,
> Schwebt ihm in diesen Nöten wieder vor;
> Auch jener Eid, so bald von ihm gebrochen,
> Den er Rinalden vor dem Kampfe schwor.
> Viermal und zehn, mit bangem Herzenspochen,
> Fleht er zu Gott um Straferlaß empor;
> Und er gelobt mit Herzen und mit Sinne,
> Ein Christ zu werden, falls er Land gewinne;

> Auch nimmermehr mit Lanz' und Schwert den Heeren
> Der Mohren wider Gläub'ge beizustehn,
> Vielmehr nach Frankreich gleich zurückzukehren
> Und, seiner Pflicht gemäß, zu Karl zu gehn;

Ein redlich Ziel der Liebe zu gewähren
Und nicht sein Fräulein mehr zu hintergehn.
Kaum hat er dies gelobt, schon kann er merken,
Wie sich im Schwimmen seine Kräfte stärken.

Und mit den Kräften wird der Mut gehoben;
Er schlägt die Flut und treibt die Wogen fort,
Die, eine von der andern weggeschoben,
Ihn heben bald, bald weiterziehn vom Ort.
So, steigend, sinkend durch der Wellen Toben,
Erreicht er endlich mühevoll den Bord;
Und wo zum Meer sich neigt das Felsgestade,
Kommt er heraus, durchnäßt, wie aus dem Bade.

Und sieh da, auch für ihn gibt es eine kleine Insel mit einem greisen Eremiten, der bereit ist, ihm die langersehnte Taufe zu erteilen.

Die Welt ist ein Archipel: Auf der einsamen Insel Lampedusa landen Roland, sein treuer Freund Brandimart und sein Schwager Olivier, um sich mit den Sarazenen Gradass, Agramant und Sobrin zu duellieren. Es ist ein äußerst komplexes Duell, auch weil die Kämpfer einander mit Helmen, Schwertern und Pferden bekämpfen, die immer irgendeinem anderen gehören und über deren erstaunliche Qualitäten sie sich als erste wundern. Die kleine Insel Lampedusa ist gleichsam zum Sammelplatz für die wunderbarsten Waffen und berühmtesten Pferde geworden, derart, daß schließlich auch Rinaldo dort eintrifft, um seinen Bajard wiederzufinden. Er kommt allerdings zu spät: Das Turnier ist zu Ende, auf dem Kampfplatz liegen die Leichen Agramants und Gradassos, aber die Paladine haben ihren Sieg mit einem grausamen Preis bezahlt: mit dem Tod Brandimarts.

Das Schicksal wollte, daß Rolands liebster und treuester Freund mit gespaltenem Schädel durch genau diejenige Waffe stirbt, die einst Roland gehörte: die berühmte Durindana, mit der Gradasso bis zu diesem Moment das Duell beherrscht und sogar ihren unverwundbaren rechtmäßigen Besitzer zeitweilig neutralisiert hatte (91–102):

> Auf Agramant sprengt Brandimart zum Streite
> Und wettert auf ihn los mit flinkem Schwert.
> Bald vor ihm ist Frontin, und bald zur Seite,
> Denn wie ein Kreisel springt das rasche Pferd.
> Allein, welch gutes Roß der Krieger reite,
> Des Königs Roß ist nicht von minderm Wert;
> Denn dies ist Brigliador, den er bekommen,
> Als Rüd'ger ihn dem Tatar abgenommen.
>
> Mehr Vorteil bringt dem Agramant die feine,
> Vollkommne Wehr, zu allen Proben gut.
> Nach Zufall nur nahm Brandimart die seine,
> So gut wie möglich, nicht wie's nötig tut.
> Doch daß er bald in beßrer Wehr erscheine,
> Hofft er gewiß, vertrauend seinem Mut;
> Obwohl ein Hieb, den Agramant vollbrachte,
> Ihm blutig schon die rechte Schulter machte.
>
> Auch trug er eine Wunde von Gradassen,
> Nicht eben nur zum Scherze so genannt;
> Doch wußt' er so dem Gegner aufzupassen,
> Daß er den rechten Platz zum Hauen fand.
> Der Schild zerbricht; den linken Arm zu fassen
> Versteht der Hieb und streift die rechte Hand.
> Doch dies sind Späße nur und Kleinigkeiten
> Bei Rolands und Gradassens wildem Streiten.

Fast halb entwehrt ward Roland von dem Mohren,
Schon hat sein Helm zwei Löcher, oder drei;
Auch hat der Paladin den Schild verloren,
Und Kettenhemd und Panzer sind entzwei;
Doch war die feste Haut nicht zu durchbohren.
Der Heide stand viel schlimmer sich dabei;
Denn außer dem, was ihr bereits erkundet,
War ihm Gesicht und Kehl' und Brust verwundet.

Der Heide, voll Verzweiflung, sich vom Regen
Des eignen Blutes überströmt zu schau'n,
Zu sehn, daß von dem Feind, nach so viel Schlägen,
Kein Tropfen noch herabfloß auf die Au'n,
Hebt nun mit beiden Fäusten hoch den Degen
Und will ihm Kopf und Brust und Leib durchhau'n.
Auch trifft sein Hieb ganz so, wie er's begehrte,
Des mächt'gen Grafen Stirn mit halbem Schwerte.

Bei jedem sonst, als Roland, wär's gelungen,
Bis auf den Sattel hätt' er ihn zerspellt;
Allein das Schwert, als wär' es flach geschwungen,
Kehrt rein zurück, vom Blute nicht entstellt.
Doch Roland, von des Schlags Gewalt durchdrungen,
Sieht manche Sterne schimmern auf dem Feld.
Der Zügel kam, das Schwert auch kam abhanden,
Wenn nicht die Ketten an den Arm es banden.

Der Schall des Hiebes, den der Graf bekommen,
Erschreckte seinen armen Gaul so sehr,
Daß er bewies, er sei im Lauf vollkommen,
So flüchtig rannt' er am Gestade her.
Der Paladin, vom Schlage ganz benommen,
Hat, ihn zu halten, kein Vermögen mehr.

Ihm folgt Gradass und hätt' ihn nicht verloren,
Gäb' er Bajarden etwas mehr die Sporen.

Allein er sieht in größten Kümmernissen,
Da er zur Seite schaut, den Agramant,
Dem Brandimart, der kühnsten Tat beflissen,
Den Helm gepackt in seiner linken Hand
Und schon ihm vorn die Riemen losgerissen
Und schon auf seinen Hals den Dolch gewandt.
Nur wenig noch kann Agramant sich wehren,
Denn auch des Schwertes mußt' er schon entbehren.

Schnell eilt Gradass, nach ihm sich umzulenken,
Und folgt deshalb nicht mehr dem Paladin.
Der rasche Brandimart kann sich nicht denken,
Daß Roland so ihn lasse von sich ziehn,
Sucht in des Feindes Hals den Dolch zu senken
Und sieht Gradassen nicht, noch denkt an ihn.
Doch dieser kommt, das Schwert zweifäustig packend
Und auf den Helm aus allen Kräften hackend.

O Himmelsherr, zu deiner Sel'gen Kreise
Geleite jetzt des treuen Martyrs Pfad!
Er ist am Ziel der stürmevollen Reise
Und zieht die Segel ein, dem Port genaht.
Ha, Durindana, übst du solcherweise
An Roland, deinem Herrn, grausame Tat,
Daß du den liebsten, treusten Freund von allen
Vor seinen Augen wagst zu überfallen?

Ein Reif von Eisen hielt den Helm umfangen,
Zwei Finger dick; er ward sogleich zerschellt
Vom mächt'gen Hieb, den Brandimart empfangen,
Und dann die Stahlhaub' unter ihm zerspellt.

Und Brandimart, mit todesbleichen Wangen,
Sank gleich vom Rosse rücklings auf das Feld
Und ließ vom Haupt mit reichlichem Ergießen
Zum Sand hinab des Blutes Ströme fließen.

Der Graf, den die Betäubung jetzt verlassen,
Sieht seinen Freund im Sande, bleich, entseelt,
Und über ihn so hingebeugt Gradassen,
Daß er als Mörder keinem sich verhehlt.
Wer weiß, ob Schmerz, ob Zorn ihn stärker fassen?
Für jetzt, da ihm die Zeit zum Weinen fehlt,
Senkt sich der Schmerz, aus bricht der Zorn in Eile. –
Vergönnt, daß ich dem Sang ein End' erteile.

Rolands Rache kommt blitzartig über Agramant und Gradass, und wenn nicht auch Sobrin getötet wird, dann nur, um ihm noch Zeit zu lassen, mehr tot als lebendig, wie er ist, sich zum Christentum zu bekehren. Doch um Brandimart ist es geschehen: Der Name seiner geliebten Fleurdelys hat sich noch nicht ganz von seinen Lippen gelöst, da tut er seinen letzten Atemzug (XLII, 12–14):

Nicht sehr erfreut ob diesen leichten Siegen,
Springt Roland schnell vom Sattel auf die Au'n
Und eilt, zu seinem Brandimart zu fliegen,
Im Angesicht voll Tränen, Schmerz und Graun.
Er sieht den Helm so um den Kopf ihm liegen,
Als ob ein Beil ihn eben aufgehau'n;
Und wär' er nur aus dünnem Bast geschmeidigt,
Er hätt' ihn nicht mit wen'ger Kraft verteidigt.

Graf Roland eilt, den Helm ihm loszubinden,
Und muß den Schädel bis zur Nas' heran
Inmitten beider Brau'n zerschmettert finden;

Doch soviel Atem bleibt dem armen Mann,
Daß er zum Höchsten, vor der Seel' Entschwinden,
Um seiner Schuld Erlassung beten kann
Und selbst den Grafen, der mit Tränenfluten
Die Wange netzt, noch zur Geduld ermuten;

Und zu ihm sagen, wenn auch mit Beschwerde:
»O Roland, im Gebet gedenke mein!
Dir auch empfehl' ich innigst meine Fleurde –«
Lys sagen kann er nicht; hier hält er ein.
Und als der Geist emporsteigt von der Erde,
Empfangen tönend ihn der Engel Reihn,
Die den vom irdischen Gewand Befreiten
Mit holden Melodien gen Himmel leiten.

Wer wird Fleurdelys die Nachricht bringen? Sie wartet in Biserta, und schon in der Nacht zuvor hatte sie einen ahnungsvoll schlimmen Traum. Man braucht ihr nichts mehr zu sagen. Sie weiß, daß die Christen gesiegt haben, und es genügt ihr ein Blick in die Gesichter Astolfos und Sansonetts: Sie sind traurig wie über eine Niederlage. Fleurdelys versteht sofort (XLIII, 154–159):

Der große Sieg, den Fürst Anglant erworben,
Erfreut Astolfs und Sansonettens Herz;
Doch minder jetzt, weil Brandimart gestorben,
Denn nun wird ihre Wonne bald zum Schmerz.
Durch seinen Tod wird alle Lust verdorben,
Von ihrem Antlitz fliehen Freud' und Scherz.
Und wer nun wagt es von den beiden Helden,
Der Fleurdelys den Trauerfall zu melden?

Die Nacht, die diesem Tag vorhergegangen,
Ward ein unsel'ger Traum ihr zugeschickt:

Das Kleid, das Brandimart von ihr empfangen
Und das sie selbst verfertigt und gestickt,
Ward, wie wenn Hagel drüber weggegangen,
Mit roten Tropfen übersät erblickt.
So stickten, träumt sie, es die eignen Hände;
Doch war's, als ob sie Schmerz deshalb empfände.

»War doch« – sprach sie im Traum – »des Gatten Meinung,
Schwarz sollte sein die ganze Waffentracht;
Weswegen denn, entgegen der Vereinung,
Hab' ich die Stickerei so bunt gemacht?«
Ihr ahnte Schlimmes aus der Traumerscheinung,
Und abends kommt die Botschaft von der Schlacht.
Doch will Astolf, man soll sie ihr verschweigen,
Bis er und Sansonett sich selbst ihr zeigen.

Kaum sieht sie ihr Gesicht, da beide kommen,
Nach solchem Sieg so gänzlich freudenleer:
Und ohne Kund' und Meldung zu bekommen,
Weiß sie sogleich, ihr Gatte lebt nicht mehr.
Darüber wird ihr Herz so sehr beklommen,
Ihr Auge flieht des Tages Licht so sehr,
Von allen Sinnen wird sie so verlassen,
Daß sie zur Erde sinkt mit Toderblassen.

Doch endlich kehrt ihr die Besinnung wieder;
Ins Haar, ins Angesicht wirft sie die Hand,
Mißhandelt und beschimpft die schönen Glieder
Und ruft umsonst den teuren Gegenstand,
Zerrauft die Locken, heult und wirft sich nieder,
So wie ein Weib, vom Bösen übermannt,
Und wie man hört, daß einst beim Hörnerklange
Tobt' die Mänade, rast' im wilden Drange.

Bald flehet sie, ein Messer ihr zu reichen,
Und will verströmen ihres Herzens Blut;
Bald will sie an das Schiff, das mit den Leichen
Der beiden Fürsten am Gestade ruht,
Und lindern will sie dort mit wilden Streichen
An Toten noch der Rachsucht heiße Glut;
Bald will sie eilen über Meeresweite
Und sterben dann an ihres Gatten Seite.

Dieses Poem hat uns Leiden und Qualen zu betrachten gelehrt, indem es sie so dosierte, daß sie sich gleichsam zwanglos in die bunten Geschehnisse des Lebens einfügen. Ist nun der Moment gekommen, auch der Trauer nachzugeben? Gewiß, auch die Trauer hat ihren Part im Schauspiel der Welt-als-Archipel. Der Leichenzug Brandimarts erfolgt erst per Schiff, aus dem Golf von Biserta dem in der Ferne leuchtenden Ätna entgegen zum Golf von Agrigent, und dann im Fackelschein vom Hafen den Hang hinauf in den Dom (176–183):

Man hob den Sarg; ihn trug die ganze Strecke
Der Grafen und der Ritter edle Schar.
Von purpurroter Seide war die Decke,
Gestickt mit Gold und Perlen ganz und gar;
So auch die Kissen, wo an jeder Ecke
Ein großer Quast von Edelsteinen war.
Und hier lag Brandimart, in einem Kleide
Von gleicher Farb' und ähnlichem Geschmeide.

Dreihundert öffneten den Zug der Scharen,
Und zwar die Ärmsten, die die Stadt umschloß,
Die all' in gleicher Art bekleidet waren
Mit schwarzem Tuch, das bis zur Erde floß.

Dann ließen hundert Pagen sich gewahren,
Und jeder saß auf hohem Kriegesroß;
Und wie sie zogen, streiften die Gewande
Der Ross' und Pagen immer auf dem Lande.

Voran dem Sarg und hinter diesem zogen
Der Banner viel, die mit der bunten Pracht
Vielfacher Wappen hoch im Winde flogen.
Es hatte sie die jetzt erloschne Macht
Manch überwundnem Heer im Kampf entzogen
Und Cäsarn sie und Petrus dargebracht.
Auch waren dort viel Schilde würd'ger Krieger,
In mancher Schlacht erkämpft vom tapfern Sieger.

Und hundert noch, und hundert andre schlossen
An diese sich, und eines jeden Hand
Trug eine Fackel. Jeder war umflossen
Mehr, als bekleidet nur, vom Trauerg'wand.
Dann kam der Graf; und heiße Tränen flossen
Noch oft und oft von seiner Augen Rand.
Nicht minder traurig war Rinald zugegen;
Der Markgraf blieb zurück, des Fußes wegen.

Weitläufig wär's, hielt' ich mit dem bekannten
Gepräng' euch auf, und zählt' euch ganz genau
Die Fackeln vor, die sie dabei verbrannten,
Die vielen Mäntel, schwarz und dunkelblau.
Indem sie sich zur Kathedrale wandten,
Blieb unbenetzt kein Auge bei der Schau.
Reiz, Güte, Jugend rührt in solchem Falle
Die Ständ' und Alter und Geschlechter alle.

Nachdem im Dom die Frauen dem Erblaßten
Genug bezahlt unnützer Klagen Sold,

Und auch die Priester ihm, zu gutem Rasten,
Manch Kyrie und Requiem gezollt,
Legt man auf Säulen ihn in einen Kasten;
Und Roland läßt mit reichem Stoff von Gold
Den teuren Sarg bedecken auf so lange,
Bis ihn ein prächt'ger Ehrenmal umfange.

Der Graf, vor Antritt seiner Reise, schichtet
Porphyr und Alabaster auf zum Mal,
Läßt sich den Grundriß zeigen und verpflichtet
Durch reichen Lohn der größten Künstler Zahl.
Und Fleurdelys, nach ihrer Ankunft, richtet
Die Quader auf, die Säulen allzumal;
Denn diese kam, als Roland aus dem Lande
Sich schon entfernt, hieher von Libyens Strande.

Und da sie sieht, daß nimmermehr die Quelle
Der Tränen und der Seufzer ihr versiegt
Und daß, wie viel' der Messen sie bestelle,
Kein Hochamt ihren Gram in Ruhe wiegt,
Will sie nicht mehr verlassen diese Stelle,
Bevor ihr Geist der morschen Hüll' entfliegt.
Sie läßt im Grabmal eine Zell' erheben,
Verschließt sich dort und führt darin ihr Leben.

RODOMONTES ENDE

Wir müssen uns beeilen, um alle Knoten zu lösen: Roland ist wieder zur Besinnung gekommen, Karl hat den Krieg gewonnen, bleibt nur noch die Hochzeit von Rüdiger und Bradamante zu feiern. Er hat sich bereits zum Christentum bekehrt, Rinaldo hat ihm bereits die Hand seiner Schwester versprochen, was für andere Komplikationen können jetzt noch kommen? Es kommen durchaus noch welche, und zwar so große, daß sie fast den Raum eines neuen Epos im zu Ende gehenden Epos eröffnen. Herzog Haimon, der nichts von Rüdiger wußte, hat die Hand seiner Tochter keinem Geringeren als Prinz Leo, dem Sohn des Griechenkaisers Konstantin versprochen. Kann Herzog Haimon wortbrüchig werden? Rüdiger erreicht lediglich, daß die Entscheidung um ein Jahr verschoben wird, und reist in den Balkan mit dem Plan, Konstantin und Leo vom byzantinischen Thron zu stürzen.

Zu jener Zeit lagen die Griechen im Krieg mit den Bulgaren. Rüdiger kämpft inkognito auf seiten der Bulgaren, schlägt die Griechen und legt so überzeugende Proben seiner Tapferkeit ab, daß ihm die Krone Bulgariens angeboten wird. Als Prinz Leo diesen so außergewöhnlichen Feind in der Schlacht sieht, wird er von einer Verehrung für den unbekannten Helden erfaßt, die an Vergötterung grenzt.

Kaiser Konstantin gelingt es jedoch, Rüdiger durch Verrat in seine Gewalt zu bringen, und er läßt ihn als den gefährlichen Feind, der er ist, in den Kerker werfen und foltern. Doch sein Sohn Leo, der den unbekannten Helden weiter abgöttisch verehrt, befreit ihn heimlich und erwirbt sich dadurch seine ewige Dankbarkeit.

Es ist Rüdigers Schicksal, immer von seinen Feinden geliebt zu werden und sich in Situationen zu bringen, in denen er nicht mehr weiß, auf welche Seite er sich stellen soll. Schon wieder sehen wir ihn in einem tragischen Dilemma: Die Pflicht zur Dankbarkeit gegenüber seinem Rivalen stürzt ihn in höchste Gewissensnot.

Unterdessen hat Bradamante, um sich der Bedrängnis zu entziehen, Karl den Großen überredet, ein Turnier anzusagen. Die Kriegerin wird ihre Hand nur demjenigen Ritter geben, dem es gelingt, ihr von Sonnenauf- bis -untergang zu widerstehen. Sie ist sicher, daß es ihr ein leichtes sein wird, Leo aus dem Sattel zu werfen, so daß Rüdiger gewinnt und sie heiraten kann. Die Ärmste weiß nicht, daß Rüdiger mit Leo einen Treuepakt geschlossen hat und daß Leo, anstatt selbst zum Turnier zu kommen, sich von dem unbekannten Ritter vertreten lassen wird, in der Rüstung und mit den Insignien des Griechenprinzen. Also muß Rüdiger nun aus Treue zu Leo gegen die eigene Geliebte kämpfen und ihr standhalten, damit sie dann schließlich seinen Rivalen heiratet.

So geschieht es: Leo wird zum Sieger erklärt. Aber Marfisa, die nicht begreifen kann, warum ihr Bruder sich nicht blicken läßt, verlangt, daß noch eine weitere Probe abgelegt werden muß: Da Rüdiger schon vorher um die Hand Bradamantes angehalten und – so behauptet Marfisa – sich mit ihr verlobt habe, müsse man auf seine Rückkehr warten, um dann Leo gegen ihn kämpfen zu lassen. Leo ist einverstanden, da er daran denkt, an seiner Statt wieder den unbekannten Ritter zu schicken.

Jetzt muß Rüdigers Loyalitätskonflikt irgendwie zu einer Lösung gelangen, denn er kann ja schlecht gegen sich selber zum Kampf antreten.

Doch wir haben es hier mit so großmütigen Personen zu tun, daß es, sobald die verborgenen Dramen offen zu lodern beginnen, unweigerlich zu einer Explosion allgemeiner Großmut kommt: Leo verzichtet auf Bradamante, und Rüdiger – inzwischen zum König von Bulgarien gewählt – wird als rechtmäßiger Sieger im Kampf um die Hand Bradamantes anerkannt.

Ich erzähle hier so gedrängt und eilig, weil mich inmitten all dieser so ernsten Geschehnisse eine große Sehnsucht nach einem Protagonisten erfaßt, der eine komische Würde verkörperte, die stärker als alle tragischen Würden war. Das Poem geht dem Ende entgegen, sollte Ariost ihn vergessen haben? Nein, sieh da, am Ende der Hochzeitsfeier, nach neun Tagen voller Festlichkeiten, erscheint vor Karl dem Großen, aus den Tiefen des verschlungenen Epos hervorspringend, ein ganz in Schwarz gekleideter Ritter: Er ist's, Rodomonte, der kühnste, der maßloseste, der empfindlichste, der unglücklichste, der pathetischste aller unserer Helden. Aus Scham über die Demütigung, von Bradamante besiegt worden zu sein, hatte er sich für ein Jahr, einen Monat und einen Tag in einer einsamen Höhle verkrochen, und nun kommt er, um Rüdiger zum Zweikampf zu fordern und zu verhindern, daß die Geschichte ein glückliches Ende nimmt.

Noch einmal zersplittern die Lanzen, daß es zum Himmel stiebt, noch einmal werden die einzigartigen Kraftproben der Helden mit den alltäglichen Mühen der Menschen verglichen: mit den gigantischen Arbeiten zur Eindämmung des Po oder mit den Bergwerksunglücken in den Goldminen Ungarns und Spaniens. Rodomonte, der den facettenreichen Geist dieses Poems in sich vereint, seine volltönende Kühnheit, seine Melancholie, seine unerschöpfliche Kraftreserve, verabschiedet sich wutschnaubend mit einem letzten Fluch in den dunklen Acheron des Schweigens (XLVI, 101–140):

Am letzten Tag, den man den Festen weihte,
Als schon das Prachtmahl auf den Tischen stand,
Wo Rüd'ger an des Kaisers linker Seite,
Zur rechten Bradamante sich befand,
Kam an die Tafel, durch des Feldes Weite,
Ein Ritter, wohlbewehrt, herbeigerannt,
In Schwarz gehüllt, er selbst samt seinem Pferde,
Groß von Gestalt, von trotziger Gebärde.

Dies war Fürst Rodomont. Weil's ihn verdrossen,
Daß er dem Fräulein auf der Brück' erlag,
Sagt' er den Waffen ab zusamt den Rossen,
Mit hohem Schwur, er tue keinen Schlag
Und halt' in einer Zelle sich verschlossen
Ein Jahr lang, einen Mond und einen Tag.
So pflegten damals für ein solch Verbrechen
Die Ritter oft sich an sich selbst zu rächen.

Zwar hatt' er unterdes wohl Kund' empfangen,
Was Kaiser Karl mit seinem Herrn begann;
Doch blieb er stets, weil Wort und Schwur ihn zwangen
So waffenlos, als ging's ihn gar nichts an.
Allein da nun das ganze Jahr vergangen
Und auch der Mond und auch der Tag sodann,
Da eilt er nach Paris in neuem Glanze,
Mit neuen Waffen, Roß und Schwert und Lanze.

Ohn' abzuspringen noch das Haupt zu neigen,
Ohn' einen Gruß der Höflichkeit sogar,
Schien er durch jede Regung anzuzeigen,
Wie Karl ihm und sein Hof verächtlich war.
So große Frechheit, diesem Ritter eigen,
Bewundert und bestaunt die ganze Schar;
Und Speis' und Rede wird im Stich gelassen,
Um, was er sagt, begierig aufzufassen.

Kaum hat er Karl und Rüd'ger ausgefunden,
Als er mit lauter, stolzer Stimme schreit:
»Ihr sollt in mir den Rodomont erkunden,
Und dich, o Rüd'ger, ruf ich auf zum Streit.
Beweisen will ich, eh die Sonn' entschwunden,
Daß du die Treu' an deinem Herrn entweiht
Und nicht verdienst, ob des Verrates Schwere,
Daß unter diesen Rittern man dich ehre.

Zwar liegt dein Meineid offenbar zu Tage,
Denn nicht mehr leugnen kannst du ihn, als Christ;
Doch will ich noch beweisen, was ich sage,
Und jedem soll erhellen, was du bist.
Und hast du jemand, der für dich sich schlage,
Ich nehm ihn willig an, zu jeder Frist.
Gnügt *einer* nicht: Vier, sechs will ich befehden
Und dies mein Wort verteid'gen wider *jeden*.«

Rüd'ger stand auf, und da, auf sein Befragen,
Karl ihm das Wort vergönnt, sprach er sodann,
Wer des Verrates wag' ihn anzuklagen,
Der lüge, Rodomont und jedermann.
Mit seinem Herrn hab' er sich so betragen,
Daß keiner drob mit Recht ihn tadeln kann;

Und jedem woll' er dartun, ohne Bangen,
Daß er sich nie an seiner Pflicht vergangen.

Er sei geschickt, sich selber zu beraten,
Und fremde Hilfe brauch' er nicht dabei;
Auch hoff' er, bald ihm darzutun durch Taten,
Daß *einer* gnug, vielleicht zuviel ihm sei. –
Rinald und Roland und der Markgraf nahten,
Es eilten Gryph und Aquilant herbei,
Marfisa, Dudo auch, um vor dem Wüten
Des stolzen Heiden Rüd'gern zu behüten.

Man stellt' ihm vor, er dürf' in keinem Falle
Der Hochzeit Störer sein, als Bräutigam.
Doch Rüd'ger sprach: »Seid ruhig nur, ihr alle;
Denn solcher Vorwand diente mir zur Scham.«
Man brachte schnell die Waffen aus der Halle,
Die er dem mächt'gen Tatarfürsten nahm.
Die Sporen eilt' ihm Roland anzulegen,
Und Kaiser Karl umgürtet' ihm den Degen.

Marfisa nun und Bradamante schnallten
Den Panzer fest, mitsamt der andern Wehr.
Das gute Roß ward von Astolf gehalten,
Des Dänen Sohn hielt ihm den Bügel her.
Um freien Platz zum Kampfe zu erhalten
Bemühn sich Naims, Rinald und Olivier,
Indem sie alles aus den Schranken treiben,
Die stets bereit zu solchem Zwecke bleiben.

Erbleichend stehn die Mädchen und die Frauen,
Verzagt wie Tauben, die der Stürme Wut
Heimjagt ins Nest von körnerreichen Auen,
Verfolgt vom Donner und der Blitze Glut;

Indes die schwarze Luft Unheil und Grauen
Den Feldern droht mit Hagel, Regenflut.
Für Rüd'ger zittern alle, denn sie wähnen,
Er sei nicht gleich dem furchtbarn Sarazenen.

So schien's dem Volk; auch von den Herrn und Rittern
Gedachte wohl die größre Menge dies.
Denn alle noch erinnern sich mit Zittern,
Wie dieser Mohr gewütet in Paris,
Das er mit Schwert und Brand, gleich Ungewittern,
Zum Teil verheert; und seine Spuren wies
Die Stadt noch jetzt und wird sie lange tragen,
Denn keiner hat das Reich so hart geschlagen.

Doch mehr als alle bebt beim nahen Streite
Die junge Gattin jetzt; nicht, weil sie denkt,
Daß Rodomont den Rüd'ger überschreite
An Mut und Stärke, wie das Herz sie schenkt;
Noch daß das Recht sei auf des Mohren Seite,
Das oft den Sieg zu seinem Kämpfer lenkt.
Doch kann sie nicht der Sorge widerstreben;
Denn da sie liebt, so hat sie Grund zu beben.

Wie hätte sie so gern es übernommen,
In diesen zweifelhaften Kampf zu gehn;
Und hätte sie Gewißheit auch bekommen,
Des Lebens End' in dieser Schlacht zu sehn.
Sie wäre lieber zehnmal umgekommen
(Läßt mehr als einmal sich der Tod bestehn),
Als daß sie möchte dem geliebten Gatten
Den Wagekampf auf Todsgefahr gestatten.

Doch so zu flehn, daß Rüd'ger sich entscheide,
Ihr Platz zu machen, glückt ihr nimmermehr.

Mit trübem Blick und bangem Herzensleide
Tritt sie zum Schauen an die Schranken her.
Von hier sprengt Rüd'ger an, von dort der Heide;
Sie treffen sich mit dem gesenkten Speer.
Die Lanzen schienen Eis beim Stoß der Ritter
Und Vögel, die gen Himmel fliehn, die Splitter.

Die Lanze, die der Mohr im Laufe senket,
Trifft Rüd'gers Schild, doch läßt ihn unversehrt;
Denn jener Stahl, dem Hektor einst geschenket
Vom Gott Vulkan, ist von vollkommnem Wert.
Auch Rüd'gers Lanze, gleicherweise, lenket
Sich auf des Feindes Schild, den sie durchfährt.
Zwar spannendick, inwendig ganz von Knochen,
Mit Stahl umgeben, wird er doch durchbrochen.

Und wäre nicht die Lanze gleich zerstoben,
Die den gewalt'gen Anprall nicht ertrug
Und, wie beschwingt, in Splittern und in Kloben
Die Luft durchfuhr mit ungestümem Flug:
Riß sie den Panzer auf im wilden Toben,
War er von Demant auch, und nur *ein* Zug
Entschied den Kampf. Allein sie brach, unkräftig;
Der Rosse Kreuz stieß auf den Boden heftig.

Doch werden bald, durch Sporn und Zügelregen,
Die Rosse vom Gefild' emporgerafft.
Man wirft die Lanze fort, ergreift den Degen
Und kehrt zurück mit wilder Leidenschaft.
Dahin und dort-, mit großer Kunst, bewegen
Sie beid' ihr leichtes Roß voll Mut und Kraft
Und suchen nun mit scharfen Schwerterspitzen,
Wo an dem Stahl die dünnsten Stellen sitzen.

Des Mohren Brust war heute gegen Wunden
Nicht mit der harten Schlangenhaut bewehrt,
Nicht mit dem alten Helm sein Haupt umwunden,
Noch trug er heut des Nimrod scharfes Schwert.
Denn als er dort, vom Fräulein überwunden,
Den Sattel auf dem engen Steg geleert,
Ließ er die alte Wehr am heil'gen Steine,
Wie ich euch längst gesagt zu haben meine.

Er hatte sich mit andrer Wehr versehen,
Nicht so vollkommner, wie er vormals trug;
Doch Balisardens Macht zu widerstehen
Sind beide, selbst noch härtre, nicht genug.
Kein Zauber hilft und keine Kunst der Feen,
Nicht feiner Stahl noch Härtung, wo sie schlug.
Held Rüd'ger, tapfer hauend, da und dorten,
Durchbohrt des Heiden Wehr an manchen Orten.

Kaum sieht der Mohr an schon so vielen Stellen
Die Waffen rot, und alles, was er tut,
Verhindre nicht, daß in den meisten Fällen
Eindringe bis ins Fleisch der Hiebe Wut:
Da scheint er ganz von Zorn und Grimm zu schwellen,
Mehr als im Sturm die aufgeregte Flut.
Er wirft den Schild weg, um mit beiden Händen
Den stärksten Schlag auf Rüd'gers Haupt zu senden.

Mit solcher Kraft, wie jener Rammelkloben,
Der, dort im Po auf Schiffen aufgestellt,
Durch Menschen und durch Räderwerk gehoben,
Auf spitze Pfähle donnernd niederfällt,
Stürzt der gewalt'gen Fäuste Paar mit Toben
Auf Rüd'ger, schwer wie kein Gewicht der Welt.

Hier rettet nur des Zauberhelmes Walten,
Sonst hätt *ein* Hieb ihn und das Roß gespalten.

Zweimal beugt Rüd'ger mit dem Haupt sich nieder
Und öffnet Arm' und Beine schon zum Fall.
Sogleich nun haut der Sarazene wieder,
Eh jener sich erholt vom ersten Prall.
Er haut zum drittenmal; allein nicht wider
Solch Hämmern hält des feinen Schwerts Metall.
In Stücken fliegt es fort und läßt die Rechte
Des grimmen Heiden wehrlos im Gefechte.

Doch dieses hemmt nicht Rodomonts Beginnen;
Er naht dem Feind, und Rüd'ger merkt es nicht.
So ist sein Kopf betäubt, sind alle Sinnen
Ihm noch umnebelt durch des Schlags Gewicht.
Allein der Mohr treibt ihm den Schlaf von hinnen,
Indem er um den Hals den Arm ihm flicht
Mit solcher Macht und Schnellkraft, daß der Wilde
Vom Roß ihn reißt und hinwirft aufs Gefilde.

Doch schnell erhob sich Rüd'ger und entbrannte
Weit stärker als von Zorn von heißer Scham;
Denn als sein Blick sich auf die Gattin wandte,
Sah er ihr Antlitz trüb umwölkt von Gram.
Fast von sich, als er fiel, kam Bradamante,
So daß ihr Leben schier ein Ende nahm.
Held Rüd'ger schwingt, um diesen Schimpf zu rächen,
Sein gutes Schwert und stürzt sich auf den Frechen.

Der Heide spornt, um auf ihn loszureiten,
Doch Rüd'ger weiß geschickt ihm zu entgehn,
Faßt mit der Linken, im Vorüberschreiten,
Des Rosses Zaum und eilt, es umzudrehn.

Sein Schwert indes sucht in des Feindes Seiten,
Brust oder Bauch ein Plätzchen zu erspähn.
Zwei Stiche gibt es wirklich ihm behende,
Den in die Seit' und *diesen* in die Lende.

Fürst Rodomont, der vom zerbrochnen Degen
Noch Heft und Knauf behielt in seiner Hand,
Zerpochte Rüd'gers Helm mit solchen Schlägen,
Daß fast zum zweitenmal der Sinn ihm schwand.
Doch er, zum Sieg bestimmt von Rechtes wegen,
Packt' ihm den Arm und zog, unabgewandt,
So mit der Rechten ihn und mit der Linken,
Daß Rodomont vom Sattel mußte sinken.

Der Mohr, ob Kraft hier, ob Gewandtheit galten,
Blieb fallend noch dem andern gleich im Strauß:
Das heißt, ihm glückt, sich stehend zu erhalten,
Allein das Schwert hat jener doch voraus.
Nun sucht ihn Rüd'ger von sich abzuhalten,
Und *selbst* zu nahn fehlt ihm die Lust durchaus.
Es taugt ihm nicht, daß er mit solcher Masse
An Größ' und Wucht sich allzunah befasse.

Er sieht, daß seinem Feind aus Seiten, Lenden
Und andern Wunden vieles Blut entwallt,
Und hofft, wenn allgemach die Kräfte schwänden,
Erkenn' er sich als Überwundnen bald.
Noch hat der Heide Heft und Knauf in Händen
Und wirft sie nun mit äußerster Gewalt
Auf Rüd'ger los und weiß ihn so zu finden,
Daß diesem mehr als je die Sinne schwinden.

Der Heide traf die Schulter und den Backen,
Und Rüd'ger fühlt den mächt'gen Wurf so sehr,

Daß alles bebt, vom Kopf bis zu den Hacken;
Er wankt und taumelt und erhält sich schwer.
Eindringen will der Mohr, um ihn zu packen;
Doch der verletzte Schenkel hemmt nunmehr
Den Fuß im Lauf, und da er seine Glieder
Zu hastig regt, sinkt er aufs Knie danieder.

Nun will ihm Rüd'ger keine Zeit mehr geben,
Stößt Brust und Antlitz kräftig und gewandt,
Und hämmert fort und geht ihm so ans Leben,
Daß er zu Boden fällt auf eine Hand.
Doch glückt es ihm, sich wieder zu erheben,
Worauf er Rüd'gern mit dem Arm umspannt.
Sie drehn sich beide, reißen, schütteln heftig
Und zeigen sich so kunstgeübt wie kräftig.

Durch seine Wunden in der Seit' und Lende
Verlor der Heide schon gar viele Kraft;
Und Rüd'ger war geschickt und sehr behende
Und hatt' im Ringen Übung sich verschafft.
Auch läßt er nicht den Vorteil durch die Hände
Und, wo des Heiden Wund' am weitesten klafft,
Wo reichlicher die Ströme Bluts erscheinen.
Preßt er sich an mit Armen, Brust und Beinen.

Der wilde Mohr, den Zorn und Grimm durchtoben,
Packt Rüd'gers Hals und beide Schultern an.
Jetzt hält er hoch ihn von der Erd' erhoben,
Versucht es dann mit Ziehn, mit Stoßen dann,
Und dreht und preßt bald unten und bald oben,
Stets drauf bedacht, wie er ihn stürzen kann.
Doch Rüd'ger strebt, gefaßt in allen Lagen,
Durch Kunst und Kraft den Sieg davonzutragen.

So lange wechselt Rüdiger im Streite
Mit Griffen ab, bis er den Feind umfaßt.
Er drückt die Brust ihm an die linke Seite
Und preßt ihn dort mit seiner ganzen Last,
Setzt nun das rechte Bein ihm in der Breite
Vor beide Knie und drängt ihn ohne Rast,
Hebt von der Erd' empor den starken Recken
Und eilt, ihn köpflings auf den Platz zu strecken.

Mit Kopf und Rücken schlägt der Mohr so kräftig
Der Erde Grund, daß bei des Schlags Gewalt
Der Wunden Blut, wie aus dem Springquell, heftig
Aufspritzend, rot das Erdreich überwallt.
Beim Schopf faßt Rüdiger das Glück geschäftig,
Kniet auf den Bauch, packt ihm die Kehl' alsbald,
Läßt seinen Dolch ihm vor den Augen schweben
Und hindert so den Feind, sich zu erheben.

Wie wenn in Ungarns, in Iberiens Schachten,
Wo man nach Gold der Erde Schoß durchrührt,
Bergstürze schnell auf jene niederkrachten,
Die ein verruchter Geiz dort hingeführt,
Und nun ihr Geist, gepreßt bis zum Verschmachten,
Kaum zum Entrinnen einen Weg erspürt:
So ward, wie er zu Boden lag, nicht minder
Der Heide jetzt gepreßt vom Überwinder.

Den spitzen Dolch zeigt Rüdiger dem Heiden,
Zum Stoß bereit, aufs Helmvisier gekehrt.
Zur Unterwerfung soll' er sich entscheiden,
Dann, spricht er, sei das Leben ihm gewährt.
Doch Rodomont will lieber Tod erleiden,
Eh eine Tat der Feigheit ihn entehrt.

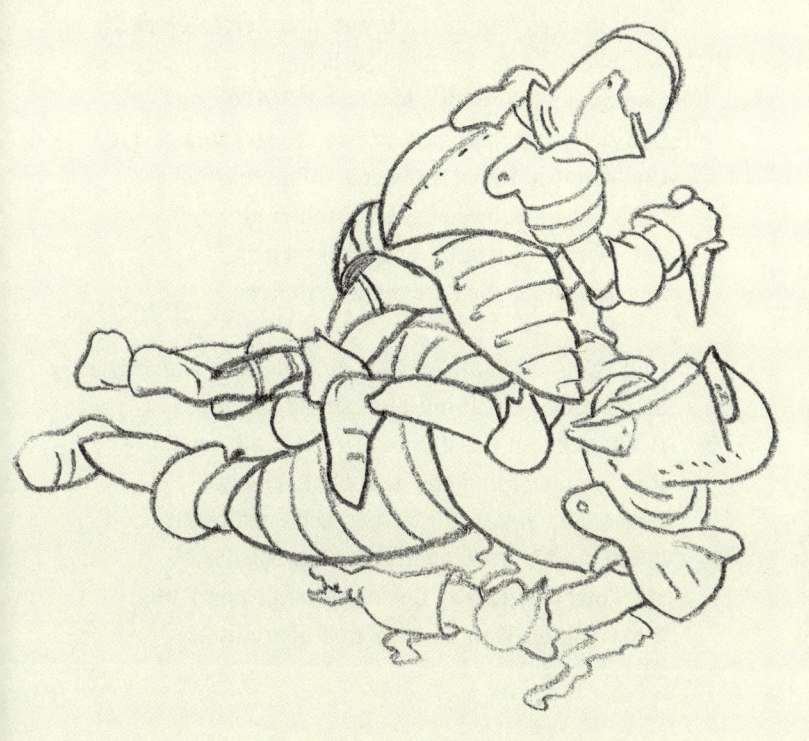

Er sagt kein Wort und sucht durch Drehn und Ringen,
Mit aller Macht, ihn unter sich zu bringen.

So wie ein Schafhund unterm Bullenbeißer,
Der schon die Gurgel ihm zerbeißt aufs Blut,
Umsonst sich quält und abmüht, heiß und heißer,
Mit schäum'ger Lipp' und Augen voller Glut,
Und nicht entkommt dem grimmen Kehlzerreißer,
Der ihn an Kraft besiegt, doch nicht an Wut:
So spannt umsonst der Heide Sinn und Nerven,
Um seinen Sieger von sich abzuwerfen.

Doch muß es ihm durch Drehn und Zerren glücken,
Den beßren Arm am Ende zu befrei'n;
Und da auch *er* im wilden Ziehn und Rücken
Den Dolch entblößt, will er noch Sieger sein
Und sucht in Rüd'gers Weichen ihn zu drücken.
Doch dieser sieht den großen Fehler ein,
Den er beginge, wollt' er länger weilen,
Den Todesstoß dem Frevler zu erteilen.

Und zwei-, dreimal, den Arm aufs höchste schwingend,
Stößt er den Dolch mit aller seiner Macht,
Des Rodomont furchtbare Stirn durchdringend,
Ihm ins Visier und endet so die Schlacht.
Dem schon erstarrten Körper sich entringend,
Flieht zu des Acheron graunvoller Nacht
Mit Fluchen jetzt der Geist, ergrimmt und wütig,
Einst auf der Welt so stolz und übermütig.

ANMERKUNGEN

Textgrundlage für die von Calvino ausgewählten Passagen aus Ariosts *Orlando furioso* ist die als ›klassisch‹ geltende deutsche Vers-Übersetzung von Johann Diederich Gries in der Ausgabe von 1827-28 (*Lodovico Ariosto's Rasender Roland,* übersetzt von J. D. Gries, zweite rechtmäßige Auflage, Neue Bearbeitung, Jena: Friedrich Frommann, 5 Bände, 1827-28). Eine erste Fassung hatte Gries bereits 1808 vorgelegt, die er jedoch in späteren Jahren noch einmal so gründlich revidieren und umschreiben sollte, daß die Ausgabe von 1827-28 nahezu als eine Neuübersetzung angesehen werden kann. Sie wurde verschiedentlich nachgedruckt oder neu herausgegeben, zuletzt 1980 bei Winkler in München (Ariost, *Der Rasende Roland,* deutsch von Johann Diederich Gries, Textredaktion von Susanne Eversmann, mit Erläuterungen und einem Nachwort von Horst Rüdiger, 2 Bände, Nachdruck dtv 1987, beide Ausgaben vergriffen).

Abgesehen von rein orthographischen Anpassungen an heutige Schreibweisen (Thor = Tor, Schaar = Schar, sey = sei usw., aber ohne Beachtung der sog. ›neuen Rechtschreibung‹), folgt der Text hier fast durchweg der Übersetzung von Gries, auch wo sie bisweilen etwas ›altfränkisch‹ klingen mag. Nur an den wenigen Stellen, wo Gries ausnahmsweise ein wenig unklar oder mißverständlich formuliert hat – von ›Fehlern‹ im technischen Sinn kann dabei kaum die Rede sein –, wurden behutsame Korrekturen vorgenommen. Leitlinie war jedoch, Gries' Fassung so weit wie möglich zu respektieren und nur das zu ändern, was zum Verständnis nötig schien oder sich eindeutig als die bessere Lösung anbot. Ein gutes Beispiel dafür gibt ausgerechnet die erste Strophe, die darum hier gleich ausführlicher behandelt werden wird. Nach derselben Leitlinie sind auch einige Textänderungen der Winkler-Ausgabe übernommen worden, besonders bei obsolet und damit un- oder mißverständlich gewordenen Ausdrücken. Auf die wichtigsten redaktionellen Eingriffe wird in den Anmerkungen hingewiesen. Eine komplette Liste aller geänderten Stellen findet sich in einem Anhang, unten S. 438 ff.

Die Erläuterungen zu Personen, Fakten und Hintergründen sowohl der Realgeschichte als auch der Legenden und antiken Mythen beruhen hauptsächlich auf dem schon von Calvino benutzten Ariost-Kommentar von Lanfranco Caretti (in dessen Ausgabe des *Orlando furioso* bei Einaudi, Turin 1966). Berücksichtigt wurden außerdem die Anmerkungen von Johann Diederich Gries in der Ausgabe von 1827–28 (im folgenden kurz JDG) sowie die Erläuterungen von Horst Rüdiger in der Winkler-Ausgabe (im folgenden kurz WA).

Da Gries' Übersetzung bei aller vers- und reimtechnischen Eleganz in der Regel auch bewundernswert genau das inhaltlich Ausgesagte wiedergibt und häufig sogar die formalen Kunstgriffe des Originals nachzubilden vermag, wurde hier darauf verzichtet, kleine Abweichungen der deutschen von der italienischen Fassung zu dokumentieren, solange sie die Aussage unverändert lassen (z. B. die Ersetzung eines Namens durch ein Prädikat, wie Roland durch ›der Graf von Anglant‹, oder umgekehrt). Geringfügige Zusätze oder Weglassungen sind bei einer gereimten Versübersetzung unvermeidlich, um so bemerkenswerter ist, wie selten Gries darauf zurückgreift. Seine Übersetzung gilt daher mit vollem Recht als klassisch, alle späteren Ariost-Übersetzer haben sich mehr oder minder explizit auf sie bezogen und dies auch offen bekannt. Sein nächster Nachfolger Hermann Kurtz nennt ihn geradezu den »ehrwürdigen Gries« und erklärt im Vorwort seiner Neuübersetzung (*Ariost's Rasender Roland,* Stuttgart 1840): »Griesens Verdienst kann nur der ermessen, der ihm seinen Weg Schritt für Schritt nachgeht: wie viel war hier urbar zu machen, und wie erklärlich ist es, wenn unebene Strecken zurückgeblieben sind! Wie leicht hat es ein Späterer nach einem solchen Vorgänger!« Diesen exemplarischen Worten, die sicher auch für manche andere (Erst- oder Neu-)Übersetzung gelten, kann ich mich hier nur anschließen.

Seite 23 *Die Frauen, Ritter, Waffen ... den verwegnen Mut:* Diese programmatischen Eingangsverse, die in knappen Stichworten das Thema des Waffen- und Glaubenskampfes (karolingischer Zyklus) mit dem der keltischen Zauber-&-Liebesgeschichten (Artus-Zyklus) verbinden (*Le donne, i cavallier, l'arme, gli amori / le cortesie, l'audaci imprese io canto,* wörtl.: Die Frauen, die Ritter, die Waffen, die Liebschaften, / die Höflichkeiten, die kühnen Unternehmungen [be]singe ich), haben allen Übersetzern Kopfzerbrechen bereitet. Sie gehören zu den wenigen, deren Übertragung auch Gries nicht ganz überzeugend gelöst hat. Seine Erstfassung von 1808 lautet:

Die Frau'n, Ritter, Waffen, art'gen Sitten,
Liebschaften sing' ich, den verwegnen Mut,

In der Neubearbeitung von 1827 wurde daraus:

Die Frau'n, die Ritter, Waffen, Liebesbande,
Die Zartheit sing' ich, den verwegnen Mut

Den wichtigen Terminus *cortesia,* der die höfische Lebensart meint, hat er an anderen Stellen treffender mit ›Artigkeit‹ wiedergegeben – was allerdings hier nicht ging, weil er ein zweisilbiges Wort brauchte –, und die Übersetzung von *amori* mit ›Liebesbande‹ verdankt sich allzu erkennbar dem Reimzwang (auf ›Libyens Strande‹ und ›Jugendbrande‹).

Die hier vorgeschlagene Wiedergabe von *amori* durch ›Amouren‹ mag zwar auch nicht ganz unanfechtbar sein, da in dem französischen Lehnwort heute – naturgemäß – andere Ober- und Untertöne mitschwingen als in den *amori* des Originals, aber sie kommt vielleicht gerade durch diese Töne der Ariostschen Ironie am nächsten.* Die danach erforderlichen

---

* Sie findet sich übrigens auch bei Kurtz, der den ersten Vers exakt wie hier vorgeschlagen übersetzt hat: »Die Frauen, Ritter, Waffen und Amuren, / Die Courtoisie besing ich und den Mut«. – Die drei anderen Ariost-

Reime müssen sich, ob sie wollen oder nicht, dem Leitbegriff fügen.

23 *Des Königs Agramant ... Karl dem Großen:* Mit dem Verweis auf »die Zeiten, da der Mohr von Libyens Fluren...« und den Namen Agramant und Trojan knüpft Ariost an Boiardos *Orlando innamorato* an, in dem erzählt wird, wie der junge »König von Afrika« Agramante (der Name geht wohl auf einen griechischen Agramantes zurück), ein imaginärer Nachkomme Alexanders des Großen, gegen den in Paris residierenden »römischen Kaiser« Karl einen Kriegszug unternimmt, um den Tod seines Vaters Trojan zu rächen, den Karls Neffe Roland im Zweikampf getötet hat.

24 *Wenn sie, die mich fast ebenso geschlagen...:* Kompliment an Alessandra Benucci, die Witwe des Ferraresers Tito Strozzi, die Ariost 1513 kennenlernte und gut fünfzehn Jahre später heimlich heiratete: Sie habe ihn – sagt er hier – ebenso verrückt gemacht wie Angelica den Roland.

– *Großmüt'ger Sproß von Herkules' Geschlechte:* Widmung für Kardinal Ippolito d'Este, Ariosts Dienstherrn.

– *Den Rüd'ger ... als Ahnherr Eures alten Stamms:* Ruggiero (Roger) von Risa (Reggio di Calabria), dessen Rolle als Ahnherr des Hauses Este sowohl Boiardos als auch Ariosts Roland-Dichtung untermauern sollte.

26 *abendwärts:* westwärts.

27 *Marsil:* sagenhafter König des maurischen Spanien, ein Schwager Karls des Großen, erst sein Verbündeter, dann sein Gegner. Der Name, der im altfranzösischen Rolandlied als ›Marsilie‹ auftaucht und in der deutschen Literatur oft als ›Marsilius‹ geführt wird, dürfte eher auf einen griechischen Marsilios zurückgehen; das gleiche gilt für Sacripante(s),

---

Übersetzer haben den Anfang wie folgt: Karl Streckfuss (Halle 1839): »Frau'n, Ritter, Waffen, Liebesabenteuer / Sing ich, die Höflichkeit, den kecken Mut«; Otto Gildemeister (Berlin 1882): »Frauen und Ritter, Lieb' und Heldenmut, / Die Taten, kühn' und edle, will ich singen«; Alfons Kissner (München 1908): »Frau'n, Ritter, kühne Tat der Hochgemuten, / Adel und Lieb ich mir zum Sang erkor«.

Galafrone(s), Argalía(s), Mandricardo(s) und viele andere sarazenische oder asiatische Namen – fremde Völker kannte das lateinische Mittelalter ja vor allem durch Vermittlung der Byzantiner, also mit Namen in griechischer Form.

27 *dem Herzog über Baiern:* Der greise Herzog Naims, der hier nicht ausdrücklich mit Namen genannt wird (wohl aber später, s. u. S. 361, 403), galt schon in den karolingischen Sagen als Freund und Berater des Kaisers.

30 *Haimons Sohn, der Herr von Montalban:* Rinaldo, einer der vier Söhne des Herzogs Haimon von Montalban (der auch in der deutschen Volkssage bekannt ist) und der Beatrix, einer Tochter des Herzogs Naims von Bayern.

– *Ferragu:* ein Neffe des Königs Marsil, von dem im *Orlando innamorato* erzählt wird, wie er sich in Angelica verliebt und ihren Bruder Argalías im Zweikampf tödlich verletzt. Er verspricht dem Sterbenden, zusammen mit seiner Leiche auch seine Waffen in einen Fluß zu werfen, behält aber dann entgegen seinem Versprechen den Helm für sich.

34 *Was bringt's dir denn, hier so mit mir zu rangen?:* Bei JDG: Was kannst du denn durch mein Verziehn erlangen? (Orig.: Was hast du denn davon, mich hier aufzuhalten? – *Di farmi qui tardar che guadagno hai?*)

– *Sonst weiß ich nicht ... als Schaden werden:* mit WA übernommen aus Otto F. Lachmanns revidierter Neuausgabe der Griesschen Übersetzung bei Reclam, Leipzig o. J. (1886); JDG: »Sonst weiß ich nicht, was sich für uns entlade / Aus langer Plackerei, als reiner Schade.«

39 *O Biederkeit der alten Rittersitten! ...:* Diese Stanze zitiert Friedrich Schiller in seinem Aufsatz *Über naive und sentimentalische Dichtung* als Beispiel für letztere: »Ariost ... kann bei der Erzählung dieses Vorfalls seine eigene Verwunderung, seine Rührung nicht verbergen. Das Gefühl des Abstandes jener Sitten von denjenigen, die sein Zeitalter charakterisieren, überwältigt ihn. Er verläßt auf einmal das Gemälde des Gegenstandes und erscheint in eigener Person.« Schiller übersetzt die Stanze wie folgt:

O Edelmut der alten Rittersitten!
Die Nebenbuhler waren, die entzweit
Im Glauben waren, bittern Schmerz noch litten
Am ganzen Leib vom feindlich wilden Streit,
Frei von Verdacht und in Gemeinschaft ritten
Sie durch des krummen Pfades Dunkelheit.
Das Roß, getrieben von vier Sporen, eilte
Bis wo der Weg sich in zwei Straßen teilte.

Gries hat Schillers Übersetzung »mit weniger Abänderung«, wie er anmerkt, übernommen. Dabei hat er jedoch sowohl den Anfang – mit ›Biederkeit‹ statt ›Edelmut‹ für *gran bontà* – als auch den Schlußvers deutlich verbessert.

47 *Mich, jenen Bruder der Angelica:* hier gibt er sich als Geist des von Ferragu erschlagenen Argalías zu erkennen.
 – *So gräm dich nicht... dich beschämen:* Diese beiden Verse sind mit WA der Übersetzung von Hermann Kurtz entnommen. Im Orig. lauten sie: *Non ti turbare e se turbar ti déi, / turbati che di fé mancato sei.* JDG hat etwas mißverständlich: »Sei nicht betrübt und mußt du dich betrüben, / Betrübe dich, Verrat am Wort zu üben.«
 – *Den hat Mambrin, und den Almont getragen:* Mambrin und Almont sind Sarazenenfürsten, die im Kampf mit Paladinen getötet wurden, der erste von Rinaldo, der dabei in den Besitz seines kostbaren Helms gelangte (›Mambrins Helm‹ geistert noch durch die Abenteuer des Don Quijote), der zweite von Roland, der dabei nicht nur seinen Helm, sondern auch das Wunderhorn Olifant, die gefeite Rüstung, das Schwert Durindana und den Hengst Brigliadoro erbeutete.

49 *Stumm bleibt er, ohne Antwort ihm zu geben:* mit WA übernommen aus Otto F. Lachmanns revidierter Reclamausgabe der Griesschen Übersetzung, op. cit. JDG: »Drum wagt er nicht, die Lippen aufzuheben« (dazu in Vers 1: »anzuheben«).
 – *schwörend bei Lanfusas Leben:* Lanfusa war Ferragus Mutter.

49 *In Aspramont:* im kalabresischen Aspromonte, wo der Überlieferung zufolge Karl der Große die Sarazenen besiegte und Roland im Zweikampf mit Almont, dem Bruder des Maurenkönigs Trojan, dessen Kampfausrüstung erwarb.

50 *von des Pardels Klauen:* von Leoparden, die zur Jagd dressiert wurden.

52 *Nachdenkend, Herr, wohl eine Stunde:* Der Dichter redet seinen Dienstherrn Kardinal Ippolito d'Este an, womit er den alten Brauch der Ritterepenerzähler und Bänkelsänger aufnimmt, zwischendurch das Publikum anzureden.

55 *Es mochte wahr sein, doch nicht glaublich war es ...:* Die Verse 1–6 dieser Stanze sind mit WA der Übersetzung von Otto Gildemeister (Berlin 1882) entnommen. Bei JDG lauten sie:

Vielleicht ist's wahr; doch wer nicht ganz im nichtigen
Besitz der Sinn' ist, hätt' ihr nicht getraut.
Ihm aber dünkt die Sache von den richtigen
Auf schlimmern Irrtum hat er schon gebaut.
Was keiner sieht, kann Liebe wohl versichtigen,
Unsichtbar machen, was ein Jeder schaut.

63 *Traf er das Ziel:* hätte er das Ziel getroffen. – Hier wie häufig bei Gries vertritt das Imperfekt den Konjunktiv.

– *Hatt' in Albracca ... Als sie in Liebe für Rinalden brannte:* Anspielung auf Ereignisse, die im *Innamorato* erzählt werden: Als Angelica in der fernöstlichen Festung Albracca von dem Tatarenkönig Agrican belagert wurde, war sie wegen des Trunks aus der Liebesquelle hoffnungslos in Rinaldo verliebt und kümmerte sich persönlich um sein Pferd.

64 *spornt und hält ihn scharf genug:* gibt ihm gleichzeitig die Sporen und zügelt ihn – die übliche Technik, um ein ungebärdiges Pferd gefügig zu machen.

68 *Nekromant:* Schwarzmagier, Zauberer.

– *Mal fliegt er auf ... oder dafür taub:* Die Übersetzung dieser Stanze ist mit WA der Fassung von Alfons Kissner (Berlin 1922) entnommen und in den Versen 1–6 nochmals bearbeitet worden. Bei JDG lautet sie:

Bisweilen fliegt er zu den Sternenauen,
Bisweilen streift er dicht am Erdenplan
Und pflegt die Schönen, die in diesen Gauen
Ihm wo begegnen, insgesamt zu fahn.
Daher die armen Mädchen oder Frauen,
Die reizend sind, wär's nur im eignen Wahn
(Denn er entführt die einen wie die anderen),
Nicht mehr hervor ans Licht der Sonne wandern.

72 *So werden Tusziens und Dalmatiens Wogen ...:* das toskanische (thyrrhenische) Meer und die Adria, die man beide – behauptet Ariost hier – von den Höhen des Apennin bei Camáldoli (etwa 40 Kilometer östlich von Florenz) sehen könne.

73 *die er einen Ritter meint:* die er für einen Ritter hält.

76 *Ein Greif erzeugt's mit einem Mutterpferd:* Der griechische Name Hippogryph heißt übersetzt ›Pferdegreif‹.

– *In die Rhipäen:* ein fernes Gebirge in Nordosteuropa, das schon bei Plinius und Vergil erwähnt wird, vielleicht der Ural.

77 *Was sie die kluge Zauberin gelehrt:* Bradamante war von der sie beschützenden Zauberin Melissa auf die Begegnung mit Atlas vorbereitet worden.

– *Nicht daß der Blitz des leuchtenden Metalles ...:* In den Versen 2–4 und 6–8 folgt die Übersetzung dieser Stanze mit WA der Fassung von Alfons Kissner; Vers 5 wurde leicht bearbeitet. JPG hat:

Nicht daß der Blitz des leuchtenden Metalles
Ihr schädlich war, wie er bei anderen pflag;
Sie tat's, damit der Zaubrer jeden Falles
Zu ihr herab vom Rosse kommen mag.
Und wie sie's ausgesonnen, glückt ihr alles;
Kaum daß sie mit dem Kopf zu Boden lag,
So kam der Hippogryph in weiten Bogen
Mit schnellem Schwung zur Erd' herab geflogen.

78 *Mit dem allein er sonst gewußt zu kriegen:* Krieg zu führen, hier: seinen Zauber zu vollbringen.

81 *»Ollen« zubenannt:* Töpfe, von spanisch ›olla‹.

82 *Seit sie den Helm einst abnahm ...:* Die Szene wird im *Innamorato* erzählt, mit ihr begann die Liebe der beiden.

84 *Was sie vordem von Ganymed erfahren ...:* Ganymed, Sohn des troischen Königs Tros, wurde seiner großen Schönheit wegen von Zeus in Gestalt eines Adlers auf den Berg Ida entführt und zum Mundschenk der Götter gemacht.

86 *Wo Sol sich senkt ...:* wo die Sonne untergeht, wenn sie im Sternbild des Krebses steht – er fliegt also in Richtung Spanien.

89 *Das Zeichen ... das Herkules den Schiffern vorgeschrieben:* die ›Säulen des Herkules‹, d. h. Gibraltar – er fliegt also bereits über dem Atlantik.

– *Dem gleich, zu welchem ... Sich Arethusa wandt' ...:* Die Nymphe Arethusa, die von der Liebe des Flußgottes Alpheios bedrängt wurde, wandte sich hilfesuchend an die Göttin Artemis und wurde von ihr in eine Quelle verwandelt. Alpheios vermischte sein Wasser mit ihr, da führte Artemis sie aus Arkadien unter dem Meer hindurch nach Sizilien, um sie bei Syrakus entspringen zu lassen. Doch Alpheios folgte ihr, so daß sie »sich umsonst verhehlte«. – Das Eiland gleicht also der Insel Sizilien, ist aber keine bestimmte Insel im Atlantik, sondern ein nach literarischen Modellen gestalteter idealer *locus amoenus*.

99 *Sie schienen von Arachnen selbst gemacht:* Arachne war eine berühmte Webkünstlerin; sie forderte ihre eigene Lehrerin, die Göttin Athene, zu einem Wettkampf heraus und wurde zur Strafe dafür in eine Spinne verwandelt.

104 *Kleinbritanien:* die Bretagne (bei Ariost *la Bretagna*), eine hübsche Erfindung von Gries – mit nur einem *n* geschrieben, damit es sich auf Spanien reimt.

– *an einen Fluß ... zwischen Normann und Bretagner:* gemeint ist wohl der Couesnon, der zwischen Normandie und Bretagne fließt und beim Mont Saint-Michel in den Ärmelkanal mündet.

109 *ein Rittersmann auf irrem Zug:* ein umherziehender oder ›fahrender‹ Ritter *(un cavalliero errante)*.

110 *bei Volana:* heute Volano, östlich von Ferrara, wo der Po di Volano in die Adria mündet.

113 *hat Roland keine Tücke:* hat R. es nicht abgesehen.

114 *Wie Libyens Antäus einst vom Sande...:* Der libysche Riese Antaios stand jedesmal wieder neu gestärkt auf, wenn er seine Mutter Gaia, die Erde, berührte, so daß Herakles ihn in die Luft heben mußte, um ihn zu besiegen.

– *Wer je vom Himmel sah das Feuer fallen ... auf Schwefel und Salpeter:* Wer je gesehen hat, wie der Blitz in ein Pulvermagazin einschlug.

117 *zuerst den Deutschen zugebracht:* Die Deutschen galten als Erfinder der Feuerwaffen.

122 *Halkyonen:* Eisvögel. Anspielung auf den Mythos der trojanischen Königin Halkyone, die sich von einer Klippe ins Meer stürzte, als sie den Leichnam ihres verunglückten Gatten Kéyx im Meer treiben sah. Beide wurden von Zeus in Eisvögel verwandelt, die seither Halkyonen *(Halcyones)* heißen.

129 *Wie Hekuba im wilden Wahnsinnsbrande...:* Hekuba, die Gattin des trojanischen Königs Priamos, wird nach dem Untergang Trojas als Sklavin des Odysseus nach Thrakien verbracht; als sie dort den Leichnam ihres Sohnes Polydor sieht, gerät sie in Raserei und reißt dem Mörder die Augen aus.

130 *Den Weisen gleich, die dem Herod entwichen:* Die drei Weisen aus dem Morgenland nahmen, um dem Herodes auszuweichen, bei der Rückkehr von Bethlehem einen anderen Weg als auf der Hinreise, vgl. Matthäus 2,12.

– *Auf jenen Kriegesplatz der beiden Frauen ...:* der Feen Alcina und Logistilla, deren Geschichte im *Innamorato* erzählt wird.

– *Cathay ... Quinsay ... Mangiana ...:* Die Ortsnamen hat Ariost aus Marco Polos Reisebericht *Il Milione* übernommen, sie lassen sich nur annähernd lokalisieren. *Cathay* ist vermutlich Nordchina, *Quinsay* vielleicht die Provinz Tschekiang, *Mangiana* (bei Marco Polo *Mangi*) Sinkiang oder Tibet, *Imaus* der Himalaya, *der Sericaner Land* (dessen König Gradasso war) eine Gegend in Innerasien, vielleicht Afghanistan, *Skythiens*

Nord das westliche Sibirien, die *Flut Hyrkaniens* das Kaspische Meer und *Sarmatien* der östliche Teil Südrußlands.

130 *Wo Asiens und Europas Gau'n sich trennen:* nach antiker Vorstellung verlief die Grenze der beiden Kontinente am Don; westlich davon lag das ›europäische Sarmatien‹.

133 *Glocester:* so bei Gries für Gloucester.

134 *del diuca di Nortfozia:* Man beachte die phonetische Wiedergabe des englischen *duke* durch italienisch *diuca*.

– *Barklay:* so bei Gries für Berkeley.

141 *Ich meine jenen Ring, den Bradamante Brunellen nahm:* vgl. oben S. 72 ff. – Die weitere Geschichte des Rings wird in den Gesängen VI–VIII erzählt.

143 *Aurora ... den Phöbus:* die Morgenröte ... die Sonne.

– *des Tithon:* Tithonos ist der greise Gatte der Aurora.

147 *Der alte Proteus:* mythischer Hirte der Meerestiere, Sohn des Poseidon und der Thetys; hat die Fähigkeit, immer neue Formen anzunehmen.

– *Ino:* Gattin des Königs Athamas von Theben, springt mit ihrem kleinen Sohn Melikertes ins Meer, um sich vor ihrem rasend gewordenen Gatten zu retten (nachdem sie versucht hat, dessen Kinder aus erster Ehe zu töten), und wird von den Nereiden in die Meeresgöttin Leukothea verwandelt.

– *Nereiden ... Tritonen ... Glauken:* Meeresgottheiten im Gefolge Poseidons.

151 *Doriphöbus ... Folvirant ... Isolier ...:* Namen der spanisch-sarazenischen Heerführer aus dem *Innamorato*.

152 *der Betis:* = der Guadalquivir.

153 *Norizien ... Tremisen:* die Truppen aus den Herkunftsländern von Alzirdo und Manilardo.

154 *der Erb' und Sohn von Agrican:* Dem *Innamorato* zufolge war der Tatarenherrscher Agrican von Roland getötet worden.

– *Daß er im Feenschloß ... den Panzer sich errungen:* Dem *Innamorato* zufolge war Mandricard unbewaffnet auf die Suche nach Roland gegangen, denn er wollte sich dessen Waffen durch die bloße Kraft seiner Arme erobern. Im Schloß einer syrischen Fee war es ihm dann nach allerlei Schwierigkeiten und harten Kämpfen gelungen, sich Hektors Rüstung und Waffen anzueignen – bis auf das Schwert, das erst in Almonts und dann in Rolands Besitz gelangt war.

156 *Otricoli:* Bergdorf im südlichen Umbrien.

158 *Die Durindana, die Almont so ehrte:* vgl. Anm. zu S. 47, oben S. 420.

159 *Wie Simson, der Hebräer...:* vgl. Richter 15, 15–17, wo es heißt, daß Simson mit einem Eselskinnbacken tausend Philister erschlug.

168 *der Erbe von Pippinnen:* König Pippin der Jüngere (reg. 751–768), der Vater Karls des Großen.

– *Sarzas Fürst:* Rodomont, der König von Algier und Sarza, einem nicht näher bestimmbaren Ort in Algerien.

172 *dem Nimrod gleich zu achten...:* jenem »Riesen« und »großen Jäger vor dem Herrn«, der den Turm zu Babel erbaut haben soll.

– *Durchs Rohr der sumpfigen Mallea:* ein Sumpfgebiet nördlich der Mündung des Po di Volano, unweit von Ferrara.

173 *Von daher, wo der Rhein zum Meere fließt:* vom Rheindelta, also aus Holland bzw. Flandern.

– *Oldrad ... Prand:* offenbar je zwei Ritter aus Flandern und zwei aus der Normandie. Diese und viele der folgenden Namen tauchen hier zum ersten und – naturgemäß – letzten Mal auf.

– *Moskin:* Spitzname eines bekannten Trinkers am Hofe der Este (Antonio Magnanino, genannt *Moschino*), dem Ariost hier ein spöttisches Denkmal setzt.

175 *Ulienos Sohn:* Rodomonte.

177 *So wie der Tiger auf des Ganges Wiesen, Hyrkaniens Au'n...:* in Indien und in Persien.

– *Auf jenem Berg, der Typhons Toben bricht:* der Ätna. Im Kampf der Götter mit den Giganten hatte Zeus den Ätna auf den wilden Typhon geschleudert und so dessen Kraft gebrochen.

179 *Herr, glaubt es mir, Ihr habt bei Padua nimmer...:* Anspielung auf die Belagerung von Padua durch Kaiser Maxi-

milian im Jahre 1509, die Kardinal Ippolito d'Este miterlebt hatte.

179 *auf dem Blachreviere:* auf dem Blachfeld, in der Ebene vor der Stadt.

– *Oldrad, Pharamund ...:* britische Heerführer, die zumeist schon in der Truppenschau (oben S. 133–135) erwähnt wurden.

183 *Guido, Ranier..., Der falsche Gan, der redliche Turpin:* mehr oder minder bekannte Figuren der alten Ritter-Epen und -Romanzen. Der »falsche Gan« ist jener Gano oder Ganelon von Mainz, der Roland in Ronceval verrät. Auf seinen Namen, merkt Gries hier an, gehe das italienische Verb *ingannare* (betrügen) zurück. – Der »redliche Turpin« ist jener Erzbischof von Reims, der als Autor einer Chronik der Zeit Karls des Großen gilt und auf den Ariost sich gerne ironisch beruft, s. unten Anm. zu S. 214, 245, 310, 336.

186 *in Numidiens und Massiliens Hainen:* afrikanische Wälder bzw. Steppen.

187 *war auch Antäus dein:* vgl. Anm. zu S. 114, oben S. 424.

190 *Fluß Trajans:* ein aus pharaonischer Zeit stammender Kanal vom Roten Meer zum Nildelta, den der römische Kaiser Trajan im 2. Jh. restaurieren ließ.

– *Einst war es Argalías':* einst gehörte es Argalías, dem Bruder Angelicas.

195 *Die schöne Chloris:* die Blumengöttin (lat. Flora), die blumenstreuend der Morgenröte folgt und der Merkur mit dem Netz nachgestellt.

196 *zu Kanopus ... Anubis' Tempelgut:* im Anubistempel von Kanopus westlich von Alexandria.

201 *Oliviers Söhne ... Gryph ... Aquilant:* Personen aus dem *Innamorato*, Söhne des burgundischen Paladins Olivier von Vienne, eines Bruders der mit Roland verlobten Alda. Die Namen, die auf ›Greif‹ und ›Adler‹ zurückgehen, tragen sie, weil sie als Knaben aus den Klauen zweier entsprechender Vögel gerettet wurden, und die Beinamen haben nichts mit

ihrer Hautfarbe zu tun, sondern kommen daher, daß sie von zwei Feen beschützt werden, deren eine in Weiß und die andere in Schwarz gekleidet ist, vgl. unten.

201 *Ein wildes Tier ... dergleichen nur dies Land hervorgebracht:* offensichtlich ein Krokodil.

– *Drum ist es auch dem Rechte nicht zuwider:* Es widerspricht nicht dem ritterlichen Kodex, zu zweit gegen Orril zu kämpfen, da er sich das Krokodil als Helfer mitgebracht hat.

202 *Jenes Silber ... (Von Alchimisten wird's Mercur genannt):* das Quecksilber.

– *Zwei schöne Frau'n ...:* die beiden Feen, die Gryph und Aquilant aufgezogen haben und sie beschützen.

– *Die ganze Welt muß die Geschichte wissen ...:* Anspielung auf ein damals bekanntes Ritterepos, *Uggeri il Danese,* in dem diese Einzelheiten geschildert werden, allerdings mit falscher Angabe des Vaters der beiden Brüder, wie Ariost moniert. Er hält sich an Boiardo, der Olivier als Vater nennt.

203 *hoch noch auf Fortunens Inseln:* auf den Kanarischen Inseln, die viel weiter im Westen liegen.

– *an ihren Zeichen:* an ihren Wappen.

– *der Pardelritter:* Astolf trug den englischen Leoparden im Wappen.

210 *Ptolemais:* heute Tolmeta, nordöstlich von Bengasi in der Cyrenaika.

– *Als noch, vom Horizont in gleicher Weite ...:* gleich weit von Abend und Morgen, also um Mitternacht.

212 *Alpheus' ... berühmt als Magier, Arzt und Astrolog:* unklar, wer hier gemeint ist, vielleicht Pietro da Pisa, der wegen seiner Gelehrtheit an den Hof Karls des Großen gerufen worden war.

214 *Turpin vergaß die Namen mitzuteilen:* ironische Berufung auf die Chronik des Erzbischofs Turpin, vgl. Anm. zu S. 183, oben S. 427.

– *Und macht den Andropon und Konrad kalt:* Einen Priester Andropon hatte bereits Rodomont in Paris erschlagen: s. oben

S. 173. Ob es sich um eine andere Person oder um ein Versehen Ariosts handelt, ist nicht zu entscheiden.

217 *als dreigestaltig pries der Väter Flehn:* nach antiker Vorstellung hatte die Mondgöttin drei Gestalten: als Selene/Luna stand sie am Himmel, als Artemis/Diana jagte sie auf der Erde, und als Hekate herrschte sie in der Unterwelt.

– *sich deinem heiligen Geschäft ergeben:* der Jagd, für die Artemis zuständig ist; Dardinell war ein großer Jäger.

– *vom Arm Endymions umfahn:* Selene besucht nachts den Jäger und Hirten Endymion.

– *der Sohn Almontens:* Dardinell.

218 *schon kommt des Lichtes Herrin ...:* schon geht die Sonne auf.

223 *Reißt Kreons, des Thebaners, Wut dich fort:* Der thebanische König Kreon verbot seiner Nichte Antigone, ihren gefallenen Bruder Polyneikes zu bestatten.

227 *der Flügelschütz:* der geflügelte Liebesschütze Amor.

244 *ihr Elenden:* Gries betont ›Elenden‹ auf der zweiten Silbe entsprechend der Etymologie: althochdeutsch *elilenti,* das Ausland, die Fremde, wo es einem ›elend‹ ergeht.

245 *Turpin hat sie gezählt:* erneute Berufung auf den Chronisten Turpin.

247 *Doch diesem darf er sich nicht widersetzen ...:* von Roland, dem er sein Leben verdankt, muß er sich alles gefallen lassen. Ariost wörtl.: »Doch gegenüber dem Grafen verlangt seine Schuld, daß er sich von ihm den Fuß auf den Nacken setzen läßt« *(ma verso il conte il suo debito chiede / che se lo lasci por sul collo il piede).* Gries hat den letzten Vers zwar korrekt übersetzt: »Will er den Fuß auf seinen Nacken setzen«, aber unkorrekt ›setzen‹ auf ›widersetzen‹ gereimt.

– *Trifft jäh die Freude sie wie ein Taifun:* Die plötzliche Freude bringt sie ins Taumeln. Orig.: vor plötzlicher Freude entfärbt sie sich *(di subito gaudio si scolora),* bei Gries: »So macht die Freud' ihr alle Farb' entfliehn.« Die Stelle ist kennzeichnend für die Schwierigkeiten von Reimübersetzungen, daher lohnt es sich, sie hier einmal genauer zu betrachten.

Gries hat die Verse 2–6 wie folgt übersetzt:

Und steigen ab, ein wenig zu verziehn.
Der Graf enthelmt sich an der kühlen Stelle,
Auch jener soll den Helm vom Haupte ziehn.
Kaum nun erblickt den Treuen Isabelle,
So macht die Freud' ihr alle Farb' entfliehn.

Darin stecken zwei Probleme: erstens das Verb ›verziehn‹ in der heute ungebräuchlich gewordenen Bedeutung ›verweilen‹ und zweitens dessen tautologischer Reim mit ›ziehn‹, also genaugenommen mit sich selbst. Ändert man nun im zweiten Vers das Verb in ›auszuruhn‹, so muß man im vierten und sechsten Vers einen passenden Reim darauf finden. Im vierten bietet sich zwanglos ›tun‹ an, im sechsten muß man etwas hinzuerfinden. Zwar ließe sich eine Lösung mit ›nun‹ basteln (»Macht jähe Freude sie ganz farblos nun«), aber das klingt nicht sehr befriedigend, außerdem würde es das ›nun‹ im vorausgehenden Vers verdoppeln, also weitere Änderungen nach sich ziehen.

Eine mögliche Alternative wäre: »Macht jähe Freud' sie farblos wie Kattun« (i. S. v. »weiß wie ein Laken«), allerdings hätte man dann wieder ein silbenidentisches Reimpaar ›tun/Kattun‹. So ist schließlich der Taifun hier hereingekommen, der vielleicht auf den ersten Blick etwas überraschend klingt, aber dem in fernöstlichen Dingen ja durchaus bewanderten Ariost sicher nicht unbekannt war.

250 *ist schon genuggeschehen:* ist schon Genüge getan.

254 *Wie Jovis' Sohn es mit Antäus machte:* wie Herakles, ein Sohn des Zeus, den Riesen Antäus bezwang, indem er ihn in die Luft hob, vgl. Anm. zu S. 114, oben S. 424.

262 *Denn Phöbus läßt der Schwester schon den Lauf:* Die Mondgöttin Diana ist Schwester des Sonnengottes Phöbus: Es wird Abend, die Sonne weicht dem Mond.

276 *Den Vogel, der den Ganymed entrückt:* den Adler, in dessen Gestalt Zeus den Jüngling Ganymed auf den Olymp entführt hat, vgl. Anm. zu S. 84, oben S. 423.

276 *jenes Tags ... Da ihm der Sieg im Schloß der Fee geglückt:* vgl. Anm. zu S. 154 oben S. 425.

278 *fodern:* alte poetische Form für ›fordern‹.

282 *Und sicher sprang sein Helm ... War nicht der Stahl:* Imperfekt statt Konjunktiv: sicher wäre sein Helm zersprungen ... hätte der Stahl nicht ...

288 *Auch unsern Leibern hoff' ich viel zum Frommen:* zu Nutz und Frommen, zum Besten (wörtl.: Für unsere Leiber habe ich noch einige Hoffnung, *De' corpi nostri ho ancor non poca speme*).

289 *der römische Senator:* Roland, der nach italienischer Tradition auch den Titel eines römischen Senators trug und Isabella schon aus anderen Gefahren gerettet hatte.

292 *An jenem, der, von ihrem Arm umschlossen:* Zerbino, der in ihren Armen gestorben war.

294 *sich fest zu machen:* unverwundbar zu werden.

– *Ganz Afrika, das Lügenland:* Das ›lügnerische Afrika‹ war schon im alten Rom sprichwörtlich (*Punica fides* = die punische Treulosigkeit), vergleichbar der griechischen Redensart von den ›verlogenen Kretern‹.

– *Was Kyknos einst gewesen und Achill:* Kyknos, Sohn des Meergottes Poseidon, der auf seiten der Trojaner kämpfte, und der Griechenheld Achilles waren beide unverwundbar (letzterer bis auf die nach ihm benannte Ferse).

295 *im Trinken nur ein Schächer:* im Trinken unerfahren (wörtl.: Er war den Wein nicht gewohnt, *non era ... usato al vino*). ›Schächer‹ steht gewöhnlich für die beiden neben Jesus gekreuzigten Sträflinge, kann aber eben deswegen auch die Bedeutung von ›armer Teufel‹ annehmen.

296 *Ob dieses Schärf', ob jener Macht zu loben:* ob des Schwertes Schärfe oder die Macht der Stärke (des Giftes) zu loben ist (wörtl.: ob dieses Stärke hat, ob jenes schneidet, *se questo abbia vigor, se quella rada*).

298 *Die sterbend brach Tarquinius' Herrscherstab:* die Römerin Lucretia, die der Sage nach durch ihren Freitod, nachdem

sie vom Sohn des Königs Tarquinius Superbus vergewaltigt worden war, das Ende der Königsherrschaft in Rom herbeigeführt hatte.

298 *Ich schwör' es bei der unverletzbarn Welle:* Ariost legt dem christlichen Gott eine heidnische Schwurformel in den Mund: Das ›unverletzbare Wasser‹ *(le inviolabil'acque)* ist das des Unterweltflusses Styx, bei dem Jupiter in Vergils *Aeneis* schwört (Aen. IX, 104, X, 113–115).

– *Stets ›Isabella!‹ sich vernehmen lasse:* Hierzu merkt Gries an: »Diese zu Gunsten aller Isabellen gegebene Verheißung ist ohne Zweifel eine Huldigung des Dichters an Isabella von Este, vermählte Herzogin von Mantua, die Schwester Alfonso's und Hippolyts.«

– *Zum dritten Himmel:* zum Himmel der Venus, in den die Seelen der Liebenden kommen.

– *Der neue Brehus:* ein besonders grausamer Ritter aus König Artus' Tafelrunde.

301 *Den Hadrian errichten ließ in Rom:* das Mausoleum, das Kaiser Hadrian sich am Ufer des Tiber errichten ließ, die sog. Engelsburg.

304 *Herr, wenn Ihr sie nicht vergessen:* Anrede an Kardinal Ippolito d'Este.

310 *So hört' es auch Turpin und schrieb es nieder:* erneute Berufung auf den Chronisten Turpin, den Ariost als Gewährsmann zitiert.

– *in Syenes Gluten ... wo der Garamant zum Ammon fleht:* in Oberägypten (Syene = Assuan), wo das dort lebende Volk der Garamanten zu Jupiter Ammon betet.

311 *jach:* jäh.

– *gefeit und fest geboren:* durch Feenzauber unverwundbar.

315 *Dem Ritter auch, der ihn ihr zugewandt:* Rüdiger, der ihr den Ring an den Finger gesteckt hatte, als er sie vor dem Seeungeheuer rettete, vgl. oben S. 141.

317 *Marsils gesamte Lande:* ganz Spanien.

318 *Zizera:* Algeciras.

318 *Gibraltars (Zibelterras):* Bei Ariost: *di Zibeltarro, o vuoi di Zibelterra,* »von Zibeltarro oder, wenn man so will, Zibelterra«. – In der ersten Namensform klingt noch das arabische Dschebel-al-Tarik (»Tariks Felsen«) durch, die zweite ist italianisiert.

320 *an Settas Bord:* an den Strand von Ceuta, gegenüber Gibraltar.

327 *Von dem die Rede bei den Brüdern scholl ...:* Hierzu verweist Gries auf Joh. 21,23 in Luthers Übersetzung: »Da ging eine Rede aus unter den Brüdern: Dieser Jünger stirbet nicht. Aber Jesus sprach nicht zu ihm (Petrus): Er stirbet nicht; sondern: So ich will, daß er bleibe, bis ich komme, was gehet es dich an?«

328 *Erzvater Henoch ... Prophet Elias:* Beide wurden, ohne den *letzten Abend* gesehen zu haben, d. h. vor ihrem leiblichen Tod, in den Himmel entführt, letzterer auf einem feurigen Wagen (1. Mose 5,21–24; 2. Könige 2,11f.).

– *Das erste Paar:* Adam und Eva.

– *Und nun Aurora scheidet von dem Greise ...:* am frühen Morgen, wenn sich Aurora vom Lager ihres greisen Gatten Tithonos erhebt (der unsterblich war, aber nicht die Gabe der ewigen Jugend hatte, sondern zu einem Winzling zusammengeschrumpft und in eine Zikade verwandelt worden war).

329 *So wie er den Philistern einst ... den Simson schickte:* erneute Anspielung auf Simsons Kampf gegen die Philister, vgl. Anm. zu S. 159, oben S. 426.

– *Den treuen Vetter:* Rinaldo.

– *Nebukadnezar einst ...:* Anspielung auf den Wahnsinn des Königs von Babylon, vgl. Daniel 4,30.

330 *Der von Planeten uns zunächst sich hält:* der uns von den Himmelskörpern der nächste ist.

– *Vier Rosse, die der Flammen Rot besiegen:* die röter als Flammen sind.

– *Und langt gar bald im ew'gen Feuer an:* nach antiker Vorstellung lag zwischen Erde und Mond die Sphäre des ewigen Feuers.

332 *Die oft das unbeständ'ge Rad versehrt:* das Rad der Fortuna, das Glücksrad. Der Sinn ist also: die oft ein wechselvolles Schicksal hatten.

333 *Den Ganymeden erst erzeigte Güte:* Ganymed hier allgemein für Günstling der Götter bzw. der Fürsten.

– *Dieb' und Münzer:* Diebe und Falschmünzer.

– *So zeigt elender Höfe Dienst sich dorten:* Die Idee ist: Ausgediente Höflinge werden weggeworfen wie alte Flaschen.

– *Auch Suppen sieht er stehn in großen Tassen:* Orig.: Von ausgegossenen Suppen sieht er eine große Masse *(di versate minestre una gran massa vede);* bei JDG: Auch Suppen sieht er, aus dem Napf gelassen.

– *das Geschenk ... das Konstantin Sylvestern übertragen:* Anspielung auf die sog. Konstantinische Schenkung, mit der im Mittelalter die weltliche Macht des Papstes begründet wurde. Angeblich hatte Kaiser Konstantin der Große dem Papst Sylvester I. das Weströmische Reich geschenkt. Die betreffende Schenkungsurkunde wurde 1440 von dem Humanisten Lorenzo Valla als Fälschung entlarvt, aber schon Dante hat ihren Wert bestritten, s. Inferno 19, 115–117.

336 *gibt uns Turpin sein Wort:* der schon mehrmals erwähnte Chronist Turpin. Um welchen künftigen Fehler Astolfos es sich handelt, wird nicht gesagt.

337 *Weift emsiglich ... :* wickelt das Garn auf die *Weife,* eine spezielle Winde.

343 *Begierig, ihn zu werfen auf die Bahn:* ihn aus dem Sattel zu werfen. Bei JDG: »Voll der Begier, im Zweikampf ihn zu fahn.«

345 *sicher gleich erblaßt:* hier: gleich vor Haß stirbt.

– *muß bei diesem Stoß sich legen:* zu Boden stürzen.

346 *Wenn solche Kraft nicht in der Lanze steckte:* in Bradamantes goldbeschlagener Zauberlanze, die sie von Astolfo erhalten hat, der sie seinerseits von Argalías bekommen hatte.

– *Trojans hochherz'ger Sohn:* Agramante.

348 *Silberadler ... auf blauem Schilde:* das spätere Wappen des Hauses Este.

348 *zu den dunklen Flüssen:* in die Unterwelt.

349 *den Vertrag zu brechen, / den sie gemacht:* das gegenseitige Eheversprechen und Rüdigers Zusage, sich taufen zu lassen.

351 *die Schwester des Rinald:* Bradamante.

353 *Sie kommen gleich bis auf die halben Klingen:* bis auf Armeslänge.

355 *Und hatt' er andre jetzt als Hektors Waffen ... den Arm entraffen:* Und hätte er jetzt andere als Hektors Waffen, hätte der Hieb ihm den Arm abtrennen können.

360 *zu ihrem Gatten:* ihrem künftigen Gatten, ihrem Verlobten. Bradamante ist in Gedanken schon in der Zukunft.

361 *Den Helm, gerühmt in herrlicherm Gesange:* gemeint ist Homers *Ilias* (VI. Gesang, Vers 467–475).

– *Mambrins in vor'gen Tagen:* Mambrin war von Rinaldo getötet und seines Helms beraubt worden, vgl. Anm. zu S. 47, oben S. 420.

– *Naims:* Herzog Naims von Bayern, vgl. Anm. zu S. 27, oben S. 419.

362 *Mahoms Lehre:* Mahomets = Mohammeds Lehre, also der Koran (bei Ariost direkt: *e l'altro è l'Alcorano*).

363 *Sei's von der Gattin:* der künftigen Gattin. Auch Rüdiger ist in Gedanken schon in der Zukunft.

364 *gepanzert mit dem Drachenfelle:* Rodomont trug bekanntlich einen Panzer aus Drachenhaut.

– *dem Vertrage nicht genuggeschehn:* nicht Genüge getan, die Absprache nicht eingehalten.

367 *Dem Tore zu:* dem Stadttor von Arles.

368 *zwei schöne Pardel:* Jagdleoparden.

– *ohn' alles Frommen:* vergeblich.

369 *Bei Arles sind von Gräbern voll die Auen:* Hierzu Gries: »Dies bemerkt auch Dante, Inf. 9, 112 ff.« – Von einem römischen Friedhof bei Arles hieß es im Mittelalter, dort seien die Opfer einer Schlacht zwischen Christen und Heiden begraben.

373 *ausziehn, um zu kriegen:* um Krieg zu führen.

– *mittagwärts:* nach Süden.

373 *der nach den Bären eilt:* der in Richtung des Großen und Kleinen Bären weht, also nach Norden.

– *Mit einem Schlauche war Astolf versehen...:* Sicher dachte Ariost hier an die Stelle bei Homer, wo Odysseus erzählt, wie ihm Aiolos, der Herr der Winde, einen ledernen Schlauch übergibt, in den er alle widrigen Winde gesteckt hat, damit sie seine Fahrt übers Meer nicht stören (Od. X, 19 ff.).

– *Wie ihm vom Meister das Gebot geschehen:* wie ihm der Apostel Johannes geraten hatte.

374 *Diesseits des Jochs:* diesseits des Atlasgebirges, das die Geographen zur Zeit Ariosts bis fast in die libysche Cyrenaika hinein verlängerten.

378 *Und da sie den Bardin in ihm erkannte...:* Anspielung auf eine Episode im *Innamorato,* die Gries in einer Anmerkung zu dieser Stelle wie folgt zusammenfaßt: »Bardin, ein Diener des Königs Monodant von Dammogir, war von diesem beleidigt worden und raubte ihm aus Rache seinen kleinen Sohn, Bramador, den er Brandimart nannte und an einen Grafen von Waldburg (Rocca Silvana) verkaufte. Dann aber, seinen Fehler bereuend, blieb er bei dem Kinde als Erzieher, und als Brandimart heranwuchs und von dem Grafen an Sohnesstatt angenommen ward, begleitete er ihn auf seinen Ritterzügen. In der Folge wurden sie getrennt. Bardin kehrte nach Dammogir zurück und ward von Monodant, der indes seinen eigenen Sohn wiedergefunden hatte, begnadigt.«

– *Erfuhr, kaum angelandet, dieses Paar:* das Paar Fleurdelys und Bardin.

379 *Da er erblickt der Gattin holdes Bild:* der künftigen Gattin, auch hier wieder gedanklicher Vorgriff.

381 *Indes ersteht der Markgraf vom Gefilde:* indessen steht Olivier wieder auf.

383 *gafft' er ... den Bruder Aldas an:* Olivier, den Bruder seiner Verlobten Alda (die jedoch im ganzen *Furioso* nicht weiter erwähnt wird).

– *wie Silen zu jenen sagte:* Anspielung auf eine Stelle bei Vergil (VI. Ecl., 13–24), wo Silen, der Erzieher des Dionysos, in betrunkenem Zustand von zwei Hirten gefesselt wird, während ihm eine Nymphe das Gesicht bemalt, woraufhin er sie bittet: *Solvite me, pueri...*, »Bindet mich los, Kinder«.

385 *Und jene, die er einst so hoch verehrt:* Angelica.

387 *Weil er vorhin so wenig trug Verlangen:* vorhin = als er noch Zeit dazu hatte *(quando ebbe tempo)*.

– *Auch jener Eid... Den er Rinalden... schwor:* Vor seinem Zweikampf mit Rinaldo hatte Rüdiger geschworen, sich Karl dem Großen anzuschließen und Agramant zu verlassen, wenn dieser den Kampf irgendwie stören würde, was ja dann geschehen ist, s. oben S. 362.

390 *Doch war die feste Haut nicht zu durchbohren:* weil Roland bekanntlich ›gefeit‹ *(affatato)*, d. h. unverwundbar war.

– *mit halbem Schwerte:* mit der Mitte des Schwertes (*a mezza spada*), also mit voller Kraft.

– *kam... abhanden, / Wenn nicht die Ketten... es banden:* wäre abhanden gekommen, hätten die Ketten es nicht...

394 *Schwarz sollte sein die ganze Waffentracht:* Brandimart hatte versprochen, am Kampftag zum Zeichen der Trauer über den Tod seines Vaters Monodant Schwarz zu tragen.

396 *Und Cäsarn sie und Petrus dargebracht:* metonymisch für Kaiser und Papst: dem Reich und der Kirche dargebracht.

– *Der Markgraf blieb zurück, des Fußes wegen:* Olivier hatte sich beim Duell eine schwere Fußverletzung zugezogen.

402 *Gnügt einer nicht: Vier, sechs will ich befehden:* Hierzu Gries: »Von Rodomonts stolzer Prahlsucht ist der Ausdruck *Rodomontaden* in alle europäischen Sprachen übergegangen.«

403 *Es eilten Gryph und Aquilant herbei... Rüd'gern zu behüten:* Hier ist JDG etwas mißverständlich: »Auch kamen Gryph und Aquilant herbei, / Marfisa, Dudo auch, um an dem frechen / Hochmüt'gen Heiden Rüdigern zu rächen.«

– *Des Dänen Sohn:* Dudo.

405 *Riß sie den Panzer auf... entschied den Kampf:* hätte sie den Panzer aufgerissen, wäre er auch aus Diamant gewesen, und nur *ein* Zug hätte den Kampf entschieden.

409 *Der Heide spornt, um auf ihn loszureiten ...:* Rodomont will Rüdiger, der zu Fuß ist, unritterlicherweise zu Pferde angreifen, doch Rüdiger zieht ihn vom Pferd herunter. Das Turnier artet immer mehr zu einer wüsten Rauferei aus.

410 *Der Heide traf ... den Backen:* den Wangenschutz am Helm *(la guancia de l'elmo).*

412 *Beim Schopf faßt Rüdiger das Glück geschäftig:* Die Redensart »das Glück beim Schopf ergreifen« kommt aus der antiken Vorstellung, daß die Glücksgöttin Fortuna vorn einen Haarschopf hat und hinten kahl ist.

Anhang: Abweichungen von JDG

A. Änderungen am Wortlaut (ohne orthographische Anpassungen und phonetische Umstellungen wie ›edeln‹ zu ›edlen‹ etc.), zitiert nach Gesang, Strophe und Vers. Die Fassung von JDG folgt jeweils nach dem Gleichheitszeichen.

I, 1,1–6: s. Anm. zu S. 23
I, 15,8: ist = sei
I, 19,5: s. Anm. zu S. 34
I, 35,3: Gehölz = Gebüsch
I, 39,5: steigt hinab zum = steigt vom Pferd am
I, 42,5: die Eiche = die Pinie
I, 65,5: der linden Luft = des sanften Wests
IV, 4,1: Alsbald sieht man = Und sieht alsbald
IV, 4,5: ein großes Wunder sieht man = ein hohes Wunder sieht sie [Subjekt ist im Original die als Ritter verkleidete Bradamante]
– 4,7: mächt'ges Roß = großes Roß
IV, 6,1–8: s. Anm. zu S. 68
IV, 7,4: Wie ... keines je geschaut = Daß ... kein ihm gleiches schaut
IV, 24,5: wie sie es geplant, so = wie sie's ausgesonnen

IV, 46,7: entnommen = genommen

IV, 50,6: Meereswind die Segel bläht = Meerwind in die Segel weht

VII, 24,8: beim Weitergehn = beim Übergang

X, 9,5–6: Milchbart ... der = Milchhaar ... das

X, 34,8–6: zu Fels = zum Fels

X, 100,7: Angst = Furcht

XI, 25,6: Hin ... alle, bis zum Schwert = All ... hin, bis auf das Schwert

XI, 38,7: da jetzt hoch = wie nun fest

XI, 38,8: Faßt Roland nur im Sprung = Greift Roland springend nur

XI, 41,8: Ankerspill = Kabestan

XI, 49,5: Er tut, als nähm' er gar nicht davon = Nicht tuend nur, als nähm' er davon

XI, 50,8: wie Diamant sei = sei wie Demant

XIV, 51,3: ihr Schrei = ihr Schrei'n

XV, 43,3: Dort haust = Da haust

XV, 48,7: Astolf indes folgt weiter = Und längs dem Nil folgt jener

XV, 65,1: Doch hart = Denn hart

XVI, 85,5: Doch Karl, der jetzt = Karl, der anjetzt

XVIII, 165,7: An = Am

XVIII, 167,7: Von = Vom

XVIII, 187,3: Weil Sorgen um sein Leben ihn nicht scheren = Weil Sorgen für sein Leben ihn betören

XIX, 6,2: Daß man ihn fangen solle, ruft Zerbin = Und ihn sogleich zu fahn gebeut Zerbin

XIX, 12,8: erglühte = entglühte

XIX, 13,1: In dem Moment = Im Augenblick

XIX, 27,8: ungleich größre = unweit größre

XXII, 21,3: Schon fliehn die Ritter eiligst = Und schnell entfliehn die Ritter

XXIII, 59,6: denn der war = denn er war

XXIII, 66,8: s. Anm. zu S. 247

XXIII, 67,2–6: dito

XXVI, 98,6: Streitfall zu bemühn = Streit herbeizuziehn
XXVI, 115,8: wutentbrannt = wutentflammt
XXVII, 27,5: Die Hoffart = Der Hochmut
XXIX, 36,6: nur wenig = ein wenig
XXIX, 57,7–8: Hier ... nun Wohnung machen = Nun ... hier Wohnung machen
XXIX, 67,3: nicht erlahmt = nicht erlaut
XXXIV, 48,3: Wo man = Der mit
XXXIV, 48,8: des Berges Spitze hat = zuletzt des Berges Kulm
XXXIV, 69,3: Und als = Und da
XXXIV, 71,1: erstaunt den = erstaunt der
XXXIV, 72,1: anders als = anders wie
XXXIV, 80,1: s. Anm. zu S. 333
XXXVI, 17,4: s. Anm. zu S. 343
XXXVI, 40,1; 40,8: von Mittag = vom Mittag; zu Marmor = zum Marmor
XXXVIII, 77,8: erschienen = geschienen
XXXIX, 45,5: Wär' dieses nicht = War dieses nicht
XXXIX, 48,2: wild und wütend = toll und wütend
XXXIX, 51,1–2: Und wär' ... So gäb' = Und war ... So gab
XXXIX, 54,7–8: niederreißen ... umzuschmeißen = niederschmeißen ... umzureißen
XXXIX, 73,3: manches leichtre = manche leichtre
XLI, 48,7: gelobt = verheißt (in Gries' erster Fassung: gelobt)
XLI, 49,7: schon kann er merken = und kann schon merken
XLI, 97,5: benommen = beklommen
XLI, 97,7–8: und hätt' ihn nicht verloren, / Gäb' er Bajarden etwas mehr die Sporen = der sicher ihn erreichte, / Wenn er Bajarden mehr die Sporen reichte (in der ersten Fassung: Doch würde bald Gradaß erreicht ihn haben, / Spornt' er sein Pferd zu etwas raschrem Traben)
XLIII, 182,3: den Grundriß zeigen = den Riß vorlegen
XLVI, 108,6–8: s. Anm. zu S. 403
XLVI, 123,6: Hämmern = Klopfen.

B. Übernahmen der Textredaktion von Susanne Eversmann in der Winkler-Ausgabe von 1980:

I, 5,4: erfocht = erhöht
I, 7,4: von Sonnenauf- bis -untergang = vom Aufgang bis zum Niedergang
I, 20,7–8: s. Anm. zu S. 34
I, 27,7–8: s. Anm. zu S. 47
I, 30,1+3: s. Anm. zu S. 49
I, 56: s. Anm. zu S. 55
IV, 6: s. Anm. zu S. 68
IV, 24: s. Anm. zu S. 77
VI, 21,5: Verdecken = Bewält'gen
VI, 25,3: sich zu ziehn = auszuziehn
VI, 32,8: versah = begabt
IX, 5,7: fließend = fertig
IX, 72,8: Scheint fast wie lahm = Scheint stätisch fast
XIV, 132,7–8: Grund, als Zeichen es verkünden / ... entzünden = Grunde, da's die Zeichen fodern /... entlodern
XIX, 6,7–8: Zuletzt, als sie ... / ... umher im Kreise. – So die Fassung von Alfons Kissner, bei JDG: »Gezwungen, legt er doch zuletzt sie nieder, / Und sie umirrend läuft er hin und wieder.«
XXIX, 45,3: an Kraft = von Kraft
XXIX, 50,4: aus der Last = aus dem Prast
XXIX, 58,6: Hinabgeklommen, wie ich sagt' vorher = Hinabgeklimmt, wie ich erzählt' vorher
XXIX, 60,1: struppig = struppicht
XXX, 4,6: und nirgends hemmt man ihn = ohn' irgend zu verziehn
XXXIV, 48,3: den höchsten Höh'n = dem höchsten Kulm
XXXIV, 56,5: das dir = so dir
XXXIV, 59,6: Genießen hier den ew'gen Lenz fortan = Ein ew'ger Lenz solange wird umfahn
XXXIV, 63,7–8: So wie er den Philistern ... zu der Juden Schutze. – Übernommen von Alfons Kissner, bei JDG: »Wie er

den Simson wider Philistäer / Erkor zum Hort und Schutze der Hebräer«

XXXIV, 64,5: Weil frevlerische Liebe ihn verzehrte = Weil ihn blutschändrische Begier verzehrte

XXXVI, 33,5: wen'ger = minder

XXXVIII, 71,1: End' = Ziel

XXXIX, 8,3: ein End' = ein Ziel

XXXIX, 45,3: die die = so die

XXXIX, 57,8: mehr denn je = mehr als je

XLIII, 156,3: entgegen = zuwider

XLIII, 158,8: Tobt' die Mänade = Die Mänas tobt' und

XLIII, 159,5: Und lindern will = Und will verlüften

XLIII, 177,4: Tuch, das = Boi, der

XLVI, 111,6: mit Hagel = mit Schloss' und

XLVI, 114,4: Des Lebens End' = Des Lebens Ziel.

INHALTSVERZEICHNIS

Präsentation *6*

Die verfolgte Angelica *45*
Bradamante und der Hippogryph *67*
Die Insel der Fee Alcina *87*
Roland, Olympia und die Arkebuse *101*
Die verlassene Olympia *119*
Die Angeketteten auf der Träneninsel *136*
Mandricard entführt Doralise *151*
Rodomont in der Schlacht um Paris *166*
Astolfo gegen Caligorant und Orril *188*
Cloridan und Medoro *209*
Das verwunschene Schloß *231*
Der Zweikampf um das Schwert Durindana *243*
Rolands Wahnsinn *258*
Zwietracht im Lager Agramantes *271*
Zerbins und Isabellas Tod *286*
Rodomonte, Roland als Verrückter, Angelica *300*
Astolfo auf dem Mond *321*
Bradamante und Marfisa *338*
Der Zweikampf zwischen Rinaldo und Rüdiger *359*
Rolands Heilung *372*
Der dreifache Zweikampf auf Lampedusa *386*
Rodomontes Ende *398*

Anmerkungen *415*

LUDOVICO ARIOSTO, geboren 1474 in Reggio Emilia, 1533 in Ferrara gestorben; er brachte sein Leben in den Diensten der Herzöge d'Este zu, an deren Hof es ebenso kriegerisch und brutal wie gebildet und luxuriös zuging.

ITALO CALVINO lebte von 1923 bis 1985; Leser in aller Welt lieben seine Romane und Erzählungen.

JOHANNES GRÜTZKE ist 1937 in Berlin geboren, wo er heute noch lebt und malt. *Die Andere Bibliothek* hat ihm 77 Zeichnungen zu Tor Åge Bringsværds Buch *Die wilden Götter* zu verdanken.

BURKHART KROEBER, geboren 1940 in Potsdam, ist Übersetzer u. a. von Italo Calvino, Umberto Eco, Charles Dickens, Alessandro Manzoni, John Steinbeck und lebt in München.

LUDOVICO ARIOSTS RASENDER ROLAND, nacherzählt von ITALO CALVINO, mit ausgewählten Passagen des Originals in der Verdeutschung von Johann Diederich Gries, ist im April 2004 als zweihundertzweiunddreißigster Band der *Anderen Bibliothek* im Eichborn Verlag, Frankfurt am Main, erschienen.

Die Erstausgabe des *Orlando furioso* erblickte 1516, in erweiterter Fassung 1532 in Ferrara das Licht. Johann Diederich Gries hat 1827 bis 1828 bei Frommann in Jena die bis heute beste deutsche Übersetzung von Ariosts Gedicht vorgelegt; in unserer Ausgabe grau gedruckt.

Italo Calvino hat seine Nacherzählung zuerst 1970 bei Einaudi in Turin veröffentlicht; sie trägt den Titel *Orlando Furioso di Ludovico Ariosto raccontato da Italo Calvino. Con una scelta del poema.* Calvinos Prosa (schwarz gedruckt) hat Burkhart Kroeber aus dem Italienischen übersetzt, die Verse von J. D. Gries hat er durchgesehen und kommentiert.

Das Lektorat besorgte Rainer Wieland.

Johannes Grützkes Zeichnungen sind eigens für diese Ausgabe entstanden.

DIESES BUCH wurde in der Borgis Caxton Antiqua von Wilfried Schmidberger in Nördlingen gesetzt und bei der Fuldaer Verlagsagentur auf 100g/m² holz- und säurefreies geglättetes Bücherpapier der Papierfabrik Schleipen gedruckt. Reproduktionen von Günter Mayr, Donauwörth. Den Einband besorgte die Buchbinderei G. Lachenmaier in Reutlingen. Ausstattung & Typographie franz.greno@libero.it

1. bis 7. Tausend, April 2004.

Von diesem Band der *Anderen Bibliothek* gibt es eine handgebundene Lederausgabe mit den Nummern 1 bis 999; die folgenden Exemplare der Erstausgabe werden ab 1001 numeriert. Dieses Buch trägt die Nummer: N° 5781